확장판

개발자 원칙

10년이 가도 변치 않을 불변의 지혜

박성철
강대명
공용준
김 정
박미정
박종천
이동욱(네피림)
이동욱(향로)
장동수 공저

GOLDEN RABBIT

추천사

> "생각의 방향을 잡아주고,
> 동시에 스스로를 정리해 한 단계 더 성장할 기회를 제공합니다."

이 책의 추천사를 요청받았을 때, 표지에 적힌 저자 명단을 보고 '이런 훌륭한 선수들을 책 쓰는 일로 한 번에 모을 수 있다니'라는 생각이 먼저 들었습니다. 워낙 경력이 많은 분들이라 어쩌면 종종 보던 '라떼는 말이야' 책일 수도 있겠다는 선입견과 함께 말이죠. 선입견은 처음 몇 페이지를 보고 깨졌습니다.

책을 읽고 굳이 내 맘대로 책의 장르를 분류하자면 엿촉님들의 기술적 회고서에 가깝다고 말하고 싶습니다. 모든 저자의 글에서 소프트웨어 개발자, 기술, 프로세스가 서비스에 어떻게 녹아들어가는지, 또 저자 자신을 포함하여 그 과정에 참여하는 사람들에 대한 고수의 관점을 생생하게 느낄 수 있었습니다. 고수들의 소프트웨어 개발, 개발자의 성장에 대한 태도가 하나하나 감동적입니다.

이 책은 이제 코딩 좀 하게 된 주니어 개발자에게는 꼰대스럽지 않게 생각의 방향을 잡아주고, 동시에 시니어들에게는 스스로를 정리해 한 단계 더 성장할 기회를 제공합니다.

백만 권쯤 팔리면 좋겠습니다.

이민석
국민대학교 소프트웨어학부 교수

확장판을 엮으며

'10년이 가도 변치 않을 업의 지혜, 그 후 2년'

연두색 바탕에 나열된 블록들 위로 '코볼의 구조'라는 고딕 폰트를 사용한 흰색 글자가 선명하게 빛나고 있었습니다. 2024년 6월 21일 금요일. 이 책의 출간 1년 7개월을 기념한 행사 〈래빗톡 : 개발자 원칙 완전체〉 현장에는 'AI 코파일럿이 내 프로그래머라는 직업을 삼켜버릴 것 같다'는 위기감에 휩싸인 청중 70명의 눈이 잊혀진 언어의 구조에 초점을 맞추고 있었습니다. 발표자가 다음 페이지를 넘기자 코볼 코드가 등장했습니다. "Hello Cobol World"를 출력하는 단정한 코드 뭉치. 데이터 처리 목적으로 만들어진 양산형 개발자의 언어! 단순한 문법으로 사랑받으며 사실상 기업용 애플리케이션의 표준 언어로 자리잡았던 코볼이 프로젝트의 빔으로 소환되었습니다. 이어서 화자는 화두를 던졌습니다.

"AI 시대, 어떤 개발자가 될 것인가?"

공저자이자, 존경받는 (나만의 생각으로는) '구도자형 개발자'인 박성철 본부장은 '이런 개발자가 되고 싶었던 건 아니었는데 말이죠...'를 강연하며 개발 초년부터 지금까지 이어진 '진짜 프로그래머' 논쟁을 '어떤 개발자가 될 것인가'라는 명제에 이어붙였습니다. 끝없이 변화하고 혁신이 반복되는 업계에서 실존적 존재로서 적응하며 살아 남는 문제로 말이죠.

아홉 저자가 모두 모인 행사장에 질문이 끊임없이 이어졌습니다. 저자 사이에 의견도 갈렸습니다. 서로 마이크를 번갈며 반론에 반론을 더했습니다. 질문은, "AI가 개발자를 대체하지 않겠는가?", "AI 시대에 우리는 어떻게 해야 하는가?", "AI를 업무에 어디까지 이용하나?" 같은 AI 일변도 였습니다.

2022년 11월 이 책은 예약 판매에 들어갔습니다. 우연의 일치로 같은 기간 챗GPT 3.5가 공개되었습니다. AI 광풍이 개발 현장에 찾아왔습니다. 이 책의 엮은이로서 궁금해졌습니다. 그간 저자들에게는 무슨 일이 벌어졌을까? 과연 '10년이 가도 변치 않을 업의 지혜'를 담은 이 책의 내용이 AI 시대에도 유효한가? 그리고 개발자는 어떻게 살아가야 하는가?

행사 당일 강대명 저자는 이렇게 말했습니다.

"더 깊고 자세히, 더 많이 공부하라."

'프로그래머가 무엇인지'에 대한 정의는 아직 내려지지 않았지만, 그럼에도 프로그래머는 오늘을 살아가야 합니다. 길이 안 보일 때는 그저 할 수 있는 일을 할 뿐입니다. 그런 하루하루가 모이면 훗날 누군가가 길이라 부를 것입니다. 그러니 섣부른 답을 찾으려 책장을 펼치지는 말기 바랍니다. 이 책은 애초에 정답을 품지 않았습니다. 먼저 걸어간 선배의 발자취만 담았을 뿐입니다.

확장판에 좋은 프로그래머에 대한 선배의 고찰, 그리고 2년간 벌어진 저마다의 이야기를 추가했습니다. 보고 싶은 친구를 오랜만에 만난 기분으로, 지난 이야기 들어보는 시간이 되길 빕니다.

2024년 늦 여름 엮은이 **최현우**

엮은이의 말(초판)

"10년, 20년 뒤에도 쓸모 있는, 살아 있는 원칙 담기"

개발을 희망하는 입문자, 초보 개발자, 그리고 어느 정도 연차가 쌓인 시니어 개발자 할 것 없이 '나는 잘 하고 있나?', '이대로 하면 나도 CTO가 될 수 있나?', '5년 후에도 개발자로 살아남을 수 있을까?'라는 생각을 하루에도 수천 번 합니다. 누군가 나아갈 길을 알려주면 좋겠다 생각이 듭니다.

그래서 준비했습니다. 먼저 팀장으로, 먼저 CTO로 성장한 선배의 다양한 목소리를 들을 수 있는 기회를요. 국내 최정상 테크 기업에서 활약한 테크 리더 9명이 각자 어떤 원칙을 지켜서 지금까지 걸어올 수 있었는지를 딱 한 가지씩만 풀어놓습니다.

뜨거운 여름 어느 날 역삼동 로컬 카페에서 박성철 본부장님과 대화하며 이 책의 초기 콘셉트를 잡았습니다. '개발하면서 배운 지혜, 삶의 깨달음, 그리고 수련으로써 개발'에 대한 아이디어를 숙제로 받아들고 어떻게 세 단어를 포괄해야 하는지 적지 않은 나날을 고심했습니다. 그러다가 '원칙'이라는 단어가 떠올랐습니다. 테크 리더라면 개발자로 살아가는 데 실질적인 도움을 준 '원칙' 하나쯤은 가지고 계실 거다 생각이 들었죠.

100년 전에 데일 카네기는 《인간관계론》을 썼습니다. 100년이 지난 지금은 시대가 바뀌고 사회적 규범도 보편적 인식도 변했습니다. 게다가 사람 성향은 너무나 다양합니다. 그런데도 오늘날 《인간관계론》이 전 세계에서 인간관계의 바이블로 통하며 스테디셀러로 자리 잡고 있는 이유는 무얼까요? 바로 형식이 아니라 본질, 즉 인간의 본성에 집중한 책이기 때문입니다. 인간 본성이 변하기에는 100년은 너무 짧은 시간입니다.* 그렇기 때문에 100년 전 책이 전하는 메시지가 아직도 쓸모 있는, 살아 있는 메시지일 수 있는 겁니다.

10년이면 강산도 변한다는데 소프트웨어 산업에서는 3년도 깁니다. 이 책의 테크 리더는 길게는 40년부터 짧게는 10년이라는 개발 경력을 갖고 있습니다. 짧게는 10년을 훌쩍 넘기는 유구한(?) 세월을 개발자로 살아가며 만들고 지켜온 원칙이 오늘날에도 통하는 이유도 마찬가지입니다. 형식이 아니라 본질에 집중했기 때문입니다. 개발의 본질이 변하기에는 40년은 너무 짧은 시간입니다.

하나하나가 주옥 같은 원칙이지만 저마다 처한 환경이 달라 여러분께 꼭 맞지 않을 수 있습니다. 어떤 내용은 이제 막 개발을 시작한 분께 어려울 수도 있습니다. 저는 이 책을 진행하며 모든 원고를 10번 정도 읽었습니다. 처음 읽을 때와 10번째 읽을 때 다가오는 의미가, 해석되는 정도가 다릅니다. 그만큼 깊이가 있고 인사이트가 있는 원칙들입니다. 한 번 말고 두 번, 혹은 해마다 다시 읽으며 각자 환경에 맞게 자신만의 원칙으로 업그레이드해 활용하면 좋겠습니다. 이 책이 개발자로 살아가는 데 작은 등대가 되길 희망합니다.

엮은이 **최현우**

---

* 유발 하라리가 《사피엔스》에서 '진화의 관점에서 볼 때 7만 년은 상대적으로 짧은 시간이다'라고 말한 것처럼 말이죠.

핵심 메시지 소개

01_ 덕업일치를 넘어서

"단순한 덕업일치로 시작해 프로그래머란 직업을 탐구한 기록이
여러분의 탐구 여정에 작은 도움이 되었으면 합니다.
즐거운 여행 되십시오."

개발자에게 소위 덕업일치의 삶은 덜 고통스럽고 남보다 수월하거나 유리한 삶이라는 시선이 있습니다. 프로그래머라는 직업이 생소하고 정립되지 않았던 시절, 용기를 내어 어릴 때 접한 프로그래밍을 직업으로 삼고 살아보기로 결심했습니다. 그 결심에 도움이 되었던 생각을 원칙으로 삼고 미래가 불투명한 프로그래머라는 직업을 탐색했습니다. 직업인으로서 프로그래머는 단지 프로그래밍할 줄 아는 사람이라는 의미와 매우 다른 모습이었고 전문가로서 프로그래머는 더 먼 여정이 필요했습니다. 이 글은 이왕 선택한 직업이 의미 있고 인정받는 직업이었으면 하는 마음으로 길을 떠났던 여러 사람 중 한 사람의 중간 보고서입니다. 제가 경력을 시작할 때와 달리 개발자는 인기 많은 직업이 되었고 친숙해졌습니다. 하지만 아직도 전문가로서 인정받지는 못하고 있습니다. 남은 이 길을 같이 떠나 보기를 권하고 싶은 마음에 성급하게 글을 정리해보았습니다.

박성철_ 컬리 풀필먼트 프로덕트 본부장 겸 데이터 그룹장

02_ 오류를 만날 때가 가장 성장하기 좋을 때다

"오류를 만날 때가,
가장 성장하기 좋을 때입니다."

현재 레몬트리에서 가족 금융 서비스를 만들고 있습니다. 네이버 메일이나 카카오스토리 등 대규모 서비스를 만들어본 경험이 있고, 항상 해당 조직에서 가장 못하는 개발자 포지션을 차지하고 있습니다.

개발자가 성장하기 가장 좋은 시기가 언제라고 생각하시나요? 남의 코드가 이해될 때? 전에 못 짜던 코드를 한 번에 구현할 때? 저는 내가 운영하는 서비스에서 장애 또는 오류를 만났을 때라고 생각합니다. 오류를 만났을 때, 내가 사용하는 제품의 코드가 어떻게 동작하는지? 왜 이런 문제가 생기는지 확인할 수 있는 가장 좋은 시간이라고 생각합니다. 오류를 만났을 때 대처하는 자세를 이야기해보겠습니다.

강대명_ 레몬트리 CTO

03_ 소프트웨어 디자인 원칙

"소프트웨어 디자인,
 딱 이것만 기억하세요."

현재 카카오에서 클라우드 플랫폼 기술 이사로 재직하고 있습니다. 《클라우드 전환 그 실제 이야기》,《카프카, 데이터 플랫폼의 최강자》 등 저술 활동도 꾸준히 진행하고 있고요. 여러분은 '설계'가 뭐라고 생각하시나요? 소프트웨어 디자인에도 원칙과 방법이 있습니다. 꼭 필요한 디자인 원칙을 소개해드릴게요. 소프트웨어 디자인이 무엇인지 관점을 정리하지 못한 분들께 도움이 될 거라 확신합니다.

공용준_ 카카오 Head of AI SaaS

04_ 나의 메이저 버전을 업그레이드하는 마이너 원칙들

"일을 잘하는 게 무엇인지 막연하신가요?
성장하기 위한 나만의 원칙을 찾도록 도와드릴게요."

본업은 소프트웨어 교육/개발자지만 케텔 시절 비파툴, 델마당 개발자 커뮤니티부터 취미 맥 개발자 OSXDev를 거쳐 레츠스위프트 커뮤니티 운영진에 이르기까지 끊임없이 버전을 바꿔가며 살고 있습니다.

  개발자에게 학습과 성장은 소프트웨어를 만드는 것과 같아요. 꾸준히 버전을 업그레이드해서 생명력을 갖도록 해야 합니다. 지속해서 업그레이드하는 소프트웨어 버전처럼 내 메이저 버전을 업그레이드하는 마이너 원칙들을 소개합니다. 정답 대신 해답을 찾아가는 방향으로 알려드릴게요.

김정_ 코드스쿼드 대표

05_ 이직, 분명한 이유가 필요해

"성장을 위한 새로운 환경이 필요한가요?
잘 활용한다면 이직은 좋은 방법 중 하나입니다."

서비스/제품 만들기를 좋아하는 프로그래머로서 다양한 사람과 함께 일이 되게끔 하는 것에 관심이 많습니다. 현재 당근마켓에서 테크 리드로 일하며, 지금까지 베트남 배달 플랫폼 및 커머스, 비트코인 거래소, IoT 등 다양한 서비스를 경험했습니다.

  개발자는 부지런히 성장하는 직업이며, 성장에도 다양한 단계가 있습니다. 내가 속한 환경 안에서 성장을 위해 노력하지만 어느 순간 환경의 변화가 필요할 때도 있죠. 그때, 이직은 좋은 방법 중 하나입니다. 하지만 여느 도구와 마찬가지로 분명한 이유와 방향이 필요합니다. 정답은 없지만 제가 경험한 각 성장 단계에서 이직 이유와 방향을 전하고자 합니다.

박미정_ 당근마켓 개발 리드

06_ 목표를 달성하는 나만의 기준, GPAM

"목표를 달성하고 문제를 해결하기 위한
프레임워크가 필요하신가요? GPAM을 활용해 보세요."

한국과 미국 실리콘밸리를 오고 가며 30여 년 동안 개발자로 일하고 있습니다. 그동안 쌓은 노하우를 개발자 커뮤니티에 풀어놓고자 기술, 개발, 조직 문화를 주제로 강연과 코칭 활동을 병행하고 있어요.

"왜 목표를 달성하고 문제를 해결하는 건 일이 어려울까?" 같은 고민을 하고 계시다면 GPAM을 활용해보세요. Goal, Plan, Action, Measure. 목표를 달성하고 문제를 해결하기 위한 프레임워크입니다. GPAM을 이용해 개발자들이 제일 많이 하는 고민 몇 가지를 분석해볼게요. 목표를 달성하고 문제를 해결하기 위한 방법을 찾고 계셨다면 놓치지 마세요.

박종천_ 넥스트인텔리전스 AI 어드바이저

07_ 프로덕트 중심주의

"10년, 20년 후에 치킨집 말고 그냥 개발자 하면 안 되나요?
개발이 좋아 오랜 시간 계속하고 싶다면 자신의 성장 계획을
프로덕트 중심으로 설계해보세요."

10년, 20년 후에도 흔들리지 않고 개발자로 성장하는 방법은 무엇일까요? 개발자에겐 셀 수 없을 정도로 다양한 개발 기술의 습득도 중요하지만, 장기적인 관점으로 보면 어떤 목표를 갖고 성장하는지가 더욱 중요합니다. 여러 스타트업 현장에서 프로덕트를 처음부터 만드는 일을 하다 보니, 프로덕트를 만들면 그저 학습할 때보다 크게 성장한다는 사실을 알게 되었습니다. 그래서 '프로덕트 중심주의'라는 다소 과감한 제목으로 정리해봤습니다.

프로덕트 중심주의에서 '프로덕트'를 반드시 회사의 담당 업무로 개발할 필요는 없습니다. 어떤 환경에 있는 개발자이건 프로덕트 중심으로 성장 계획을 세우고 실천할 수 있습니다. 프로덕트를 중심에 놓는 순간, 오랜 기간 동안 투자한 여러분의 노력이 차곡차곡 잘 쌓이는 것을 경험하게 될 겁니다.

이동욱(네피림)_ SpaceVision AI 대표

08_ 제어할 수 없는 것에 의존하지 않기

"프로그래밍, 이직, 조직과 매니징에서
제어할 수 있는 것에 집중하세요."

현재 교육/채용 플랫폼인 인프런/랠릿에서 CTO로 근무하고 있습니다. 조직과 서비스의 규모에 맞는 적정 기술과 아키텍처를 적용하고 공유합니다.

아주 사소한 것부터 결정을 내리는 데 고민이 필요하다면, 나만의 원칙이 없어서 그럴 수 있습니다. 반면 나에게 맞는 원칙이 세워져 있다면, 빠르게 결정하고 중요한 고민에 집중할 수 있습니다.

프로덕트 엔지니어로서, 매니저로서 지침으로 사용하는 '제어할 수 없는 것에 의존하지 않기 원칙'을 어떻게 세웠고, 어떻게 사용하고 있는지 소개합니다.

이동욱(향로)_ 인프랩(인프런/랠릿) CTO

09_ 달리는 기차의 바퀴를 갈아 끼우기

"우리 모두 밥값하는 개발자가 되자!
그러나 가슴 속에는 슈퍼 개발자를 꿈꾸자!"

슈퍼 개발자가 되고 싶은가요? 그러려면 먼저 밥값하는 개발자가 되어야 합니다. 그리고 밥값하는 개발자로 만족하면 안 됩니다.

40년 전 8비트 애플로 코딩 인생을 시작해서, 30여 년 동안 세 번의 창업과 세 번의 이직을 거쳐, 4년 전 데이원컴퍼니(패스트캠퍼스)에 2호 개발자로 합류해서, 60여 명의 개발자와 함께 달리는 기차의 바퀴를 갈아 끼우는 일을 하고 있습니다.

좋은 코드와 아키텍처, 효율적인 개발 프로세스를 다루는 책은 차고 넘칩니다. 책을 읽는 동안은 모든 문제를 해결할 수 있을 것 같지만, 막상 실제 업무에 도입해서 실천하면 책과는 다른 현실에 좌절하게 됩니다. 현실은 언제나 케바케고, 나의 케이스는 항상 최악이죠. 그래서 준비했습니다. 개발자라면 처해 있는 현실에 무관한 뻔한 지침 세 가지. 그리고 그 지침을 뒷받침하는 원칙 한 가지. 참 쉽죠?

장동수_ 수수한기술 대표

목차

추천사 ... 2
확장판을 엮으며 ... 3
엮은이의 말(초판) ... 5
핵심 메시지 소개 ... 7

00 선배와의 인터뷰 ... 21

박성철 선배와의 인터뷰 ... 22
강대명 선배와의 인터뷰 ... 26
공용준 선배와의 인터뷰 ... 29
김정 선배와의 인터뷰 ... 31
박미정 선배와의 인터뷰 ... 33
박종천 선배와의 인터뷰 ... 35
이동욱(네피림) 선배와의 인터뷰 ... 39
이동욱(향로) 선배와의 인터뷰 ... 41
장동수 선배와의 인터뷰 ... 44

01 덕업일치를 넘어서 ... 47

뒤늦은 진로 선택 ... 49
덕업 일치의 시작 ... 55
테라포밍 ... 61
테크 리드의 길 ... 69
아직도 가야 할 길 ... 73
출간 후 2년, 그다음 이야기 ... 76

02 오류를 만날 때가 가장 성장하기 좋을 때다 ... 81

오래된 오류와의 만남 ... 86
정말인지 소스 코드로 확인하기 ... 93
결과물 내 것으로 만들기 ... 97
출간 후 2년, 그다음 이야기 ... 100

03 소프트웨어 디자인 원칙 ... 103

디자인이란 무엇인가? ... 110
설계와 요구사항 ... 117
소프트웨어 설계 원칙 : 통합적으로 설계하라 ... 120
명시적 소프트웨어 설계 ... 121
암묵적 소프트웨어 설계 ... 134
통합 설계의 미래 ... 144
출간 후 2년, 그다음 이야기 ... 147

04 나의 메이저 버전을 업그레이드하는 마이너 원칙들 ... 149

v 0.1.0 두리번거리면서 속력과 방향을 자주 확인하기 ... 151
v 0.2.0 낯선 방식으로 해결하기 ... 155
v 0.3.0 개구리를 해부하지 말고, 직접 만들기 ... 161
v 0.4.0 남을 향한 자존심을 버리고, 나를 향한 자존감 채우기 ... 164
v 0.5.0 결과를 향하면서 과정을 기록하기 ... 167
v 0.6.1 의도한 실수를 반복하면서 작은 부분을 개선하기 ... 170
v 0.7.0 기준을 정하기 전에 여러 답을 찾아서 공유하기 ... 173

v 1.0.0 배포하기 그리고 다음 버전 준비하기 ... 176
출간 후 2년, 그다음 이야기 ... 180

05 이직, 분명한 이유가 필요해 ... 185

어떻게 기술을 교류할 수 있을까? ... 188
제품에 대한 주인의식을 가질 수 있을까? ... 190
체계적인 개발/조직 문화 경험하기 ... 191
경험을 넘어 개발/조직 문화에 기여하기 ... 193
완전히 새로운 서비스/도메인 경험하기 ... 195
조직을 만들고, 관리자 역량 향상시키기 ... 196
출간 후 2년, 그다음 이야기 ... 199

06 목표를 달성하는 나만의 기준, GPAM ... 203

목표 달성 가능성을 높여주는 GPAM을 소개합니다 ... 206
S.M.A.R.T. 하게 목표 세우기 ... 210
개발 사이클과 GPAM 원칙을 비교해보기 ... 212
GPAM 실천 사례를 공유합니다 ... 214
개발자의 7가지 고민, GPAM으로 타파하기 ... 216
출간 후 2년, 그다음 이야기 ... 224

07 프로덕트 중심주의 ... 227

프로덕트 중심으로 목표 정리하기 ... 230
반복적으로 완성하기 ... 231
디테일까지 도달하기 ... 233
항상 협업 모드로 작업하기 ... 235
망설일 바에는 실패하자 ... 237
조직과 팀의 선택 ... 239
출간 후 2년, 그다음 이야기 ... 242

08 제어할 수 없는 것에 의존하지 않기 ... 245

코드 설계에 적용하기 ... 251
이직에 적용하기 ... 255
조직과 매니징에 적용하기 ... 257
출간 후 2년, 그다음 이야기 ... 266

09 달리는 기차의 바퀴를 갈아 끼우기 ... 269

밥값에 대하여 ... 272
기술 부채에 대하여 ... 280
삽질에 대하여 ... 285
은탄환은 없다. 많이 읽고, 많이 쓰고, 많이 생각하자 ... 288
출간 후 2년, 그다음 이야기 ... 292

00
선배와의 인터뷰

박성철 선배와의 인터뷰

Q. 개발자란, 좋은 개발자란 무엇일까요?

개발자란 컴퓨터를 사용해서 현실의 문제를 해결하는 사람이라고 생각합니다. 좋은 개발자는 그 일을 잘하는 사람이겠고요. 좋은 개발자의 조건을 나열해보라면, 전문 지식과 공학적 기법을 꾸준히 습득하고, 풀어야 할 문제를 정확히 이해한 상태에서 최적의 해법을 끌어낼 줄 알며, 주어진 제약 안에서 최선의 결과를 만들어내는 사람이라고 말할 수 있겠습니다. 하지만 이것이 정답은 아니겠죠.

제가 쓴 1장 '덕업일치를 넘어서'에서는 우리 직무를 '프로그래머'로 부르다가 어느 순간 '개발자'로 바꾸어 부릅니다. 시간이 지남에 따라 우리 직무에 일종의 역할 변화가 있었다는 것을 은연 중에 표현하고 싶었습니다.

'프로그래머'는 종종 (저는 이 구분에 동의하지 않지만) 전체 소프트웨어 개발 과정에서 일부 구현 단계에만 관여하는 역할을 가리킵니다. 반면에 '개발자'는 소프트웨어 개발 전 과정에 참여하는 사람이라는 의미를 담고 있다고 할 수 있습니다. 그런 면에서 '개발자'로 칭호만 변하고 의미는 여전히 구현에 치우친 역할로 축소해서 사용되는 현실에 아쉬운 마음이 큽니다.

'좋다'는 평가는 상대적입니다. 맥락에 따라 기준과 의미가 달라집니다. 따라서 '좋은 개발자'도 처한 상황에 따라 의미가 다릅니다. 회사마다 분야마다 시대마다 아마도 '좋은'이란 의미는 다를 겁니다. 소속된 회사에서의 '좋은'과 더 큰 사회의 '좋은'도 다를 겁니다. 자신이 처한 환경, 또는 속하고자 하는 환경에서 말하는 '좋은 개발자'가 무엇인지 찾아야 합니다.

무엇보다 각자 스스로에게 '좋은 개발자'가 다를 수 있습니다. 저마다 가진 개성과 욕구와 동기가 다릅니다. 자신에게 맞는 '좋은 개발자'가 다 같을 리 없습니다.

결국 정반합입니다. 처한 환경과 나라는 실존이 종합되어 결론으로 도출되는 것이 아마도 '좋은 개발자'의 모습 아닐까 싶습니다.

저는 이 책에 '좋은 개발자'가 무엇인지 찾아가는 저의 여정을 그렸습니다. 그리고 글을 읽은 분들이 각자의 '좋은'이란 말의 의미를 찾아 여정을 떠나보시기를 권합니다. 좋은 개발자, 개발 조직, 개발 관리자란 무엇일까요?

Q. 개발자가 되어서 언제가 가장 즐거웠나요?

제가 코딩을 하게 된 이유는 코딩이 재미있었기 때문입니다. 이 순수한 즐거움이 평생, 이 일을 하는 힘이 되어주었습니다. 하지만 직업인으로서 느낀 즐거움은 제가 쓸모 있는 사람이란 느낌을 받았을 때라고 할 수 있습니다.

경력 5년차 쯤에 지인들과 같이 창업을 했습니다. 자본금 없이 시작한 작은 회사였고 당시엔 마땅히 투자를 해주는 사람도 없어서 모두 노력해서 근근이 매달 월급을 마련해 나누어 가져야 했습니다. 그러다가 영락

없이 월급을 가지고 갈 수 없을 것 같은 상황이 발생했습니다. 마침, 어떤 급한 의뢰가 들어왔고 혼자서 몇 주간 밤샘 작업을 해서 무사히 월급을 나누어 가졌습니다. 그때, 내 주머니에 들어온 돈이 어떻게 만들어졌는지 안다는 것이 얼마나 기분 좋은 일인지 알게 되었습니다. 가장 즐거웠던 순간이라고 하면 그때가 먼저 떠오릅니다.

늘 한직에 머물다가 제가 한 일 덕에 승진한 고객도 있고, 정말 하찮게 시작한 사업이 제가 만든 시스템 덕에 큰 기관으로 발전한 경우도 있습니다. 세상에 없던 서비스를 만들기도 했고 문화의 변화를 만들어내기도 했습니다. 이 모든 것이 즐거웠던 순간들입니다.

언제부턴가 일을 시작할 때 할 일에 어떤 의미가 있고 어떤 영향을 미치는지 찾고 확인하는 습관이 생겼습니다. 그것이 명확해지면 더 몰입해서 일하게 되고 얻는 기쁨도 큽니다. 아무리 찾아도 보이지 않으면 그런 요소를 만들어 넣기도 합니다. 의미있는 가치를 만드는 것이 즐겁습니다.

제가 데이터와 O2O 영역을 좋아하는 이유가 이것이기도 합니다. 실생활에서 일어나는 일을 정확히 알고 기술로 더 낫게 바꾸는 것, 그리고 그 효과를 바로 확인하는 것이 재미있습니다.

Q. 이 일을 계속하게 되는 원동력이나 에너지는 어디에서 얻나요?

즐거움에 대한 질문의 답과 이어지는 것 같습니다. 종종 열정을 계속 유지하는 비법이 뭐냐는 질문을 받습니다. 어떤 사람에게는 제가 열정적인 사람으로 보이는 모양입니다. 이에 열정이 많은 건 아니고 다만 쾌락주의자일 뿐이라고 답합니다. 일에서 즐거움을 찾고 그 즐거움 때문에 계속 일을 하게 된다고 설명하죠.

자신이 쓸모 있는 사람이라는 것을 확인하는 게 즐겁습니다. 그래서 하게 되는 일에서 쓸모를 찾으려 노력하고 더 쓸모 있을 수 있는 기회를 선택합니다. 내면 깊이 들어가 보면, 저는 자존감이 무척 낮은 사람입니다. 한없이 위축된 자아를 가진 아이가 세상을 등지고 컴퓨터에 빠져 살고 있었습니다. 컴퓨터가 세상 전부였습니다. 어느 날, 컴퓨터 덕에 세상의 구석에서 한 일원으로 살 수 있는 방법을 발견했고, 조금씩 내면의 상처를 치료하면서 세상과 화해하고 어우러져 삶을 살 수 있었습니다. 이런 경험이 즐거움이라는 감정으로 드러난 것 같습니다.

소프트웨어 개발은 어떤 면에서 저와 세상을 연결하는 고리이고 통로입니다. 구원이라고 할 수도 있습니다. 결국 이 일 덕에 삶을 즐기며 살고 있고 조금은 더 나은 사람이 될 수 있었습니다.

흔히 사람들은 일이란 더럽고 힘들고 가능하면 피해야 할 필요악이라고 생각하는 것 같습니다. 남이 내린 정의와 결정에 얽매일 필요는 없습니다. 각자의 삶은 스스로 정의하고 만들어가야 하는 것이고 일도 삶의 중요한 일부이므로 그래야 합니다.

강대명 선배와의 인터뷰

Q. 개발자란, 좋은 개발자란 무엇일까요?

좋은 개발자란, 계속 성장해나가는 개발자라고 생각합니다. 다만 개발 실력만을 의미하지는 않습니다. 개발 실력도 중요하지만, 다른 사람들과 어떻게 문제를 풀어나갈지, 즉, 어떻게 적절한 커뮤니케이션을 할 수 있는지 등, 소프트 스킬도 갖춰야 합니다.

개발 능력은 조직에 개별적으로 더하기를 할 수 있는 능력이지만, 커뮤니케이션 능력은 조직 전체에 영향을 주는 능력입니다. 따라서 지속적으로 개발 관련 기술을 학습할 뿐 아니라, 반대로 팀원으로서 또는 매니저로서, 팀이나 조직에 무엇이 필요한지 고민해보고, 이를 제안하거나, 도와줄 수 있는 능력까지 계속 고민하고 학습해나가는 개발자가 좋은 개발자라고 생각합니다.

Q. 개발자가 되어서 언제가 가장 즐거웠나요?

해결되지 않던 문제에 대해서 해결책을 시도하고, 생각한 대로 문제가 해결될 때 즐거움을 느낍니다. 어떤 경우는 쉽게 해결될 때가 있고, 어떤 경우는 엄청나게 고생을 합니다. 결국 해결하지 못할 경우도 있긴 합니다. 그럼에도 저는 다양한 근거를 모아서, 여러 시도를 합니다.

최근에 특정 시간마다 서버 부하가 늘어나는 문제를 겪었습니다. 처음에는 코드를 의심했습니다. 다음과 같은 가설을 순서대로 세워보았습니다.

1. **가설 : 외부에서 실제로 유저의 요청이 많이 있다.**

    확인 : 실제로 해당 서버에는 큰 트래픽이 발생했는데, 해당 시간대에 유저의 요청 트래픽을 확인해보면, 다른 시간대와 크게 다를 바가 없었습니다. 그래서 해당 가설을 폐기했습니다. 다만, '뭔가 네트워크로 많은 유입이 있었다'라는 근거를 확인할 수 있었습니다.

2. **가설 : 특정 유저나, 데이터에 이슈가 있어서 해당 데이터에 접근할 때, 트래픽이 많이 발생했다.**

    확인 : 특정 데이터라고 해서 특별히 많은 데이터를 가져오는 특이점은 발생하지 않았습니다. DB 쿼리를 살펴봐도 그 시간대에 특별히 요청이 있지는 않았습니다. 그래서 해당 가설도 근거가 없어서 폐기했습니다.

3. **가설 : 해당 시간마다 소프트웨어 업데이트가 발생하는 것은 아닐까?**

    확인 : 해당 시간에 변경된 파일들을 모두 확인해보니 motd 파일이 같은 시간마다 변경되고, 해당 시점에 업데이트를 위해서 네트워크로 많은 데이터를 가져온다는 사실을 확인할 수 있었습니다. 결국 이 motd 업데이트 설정을 끄면서 해결할 수 있었습니다. 원인 자체가 큰 이슈는 아니었지만, 이런식으로 많은 경우에, 가설을 세우고 검증하게 되는데, 그 이유가 들어맞아서 해결될 때마다 개발자 하길 잘했다는 생각이 듭니다.

Q. 이 일을 계속하게 되는 원동력이나 에너지는 어디에서 얻나요?

뭔가 컴퓨터에서 새로운 걸 알게 되는 거 자체가 즐겁습니다. 물론 새로운 걸 배울 때, 쉽게 이해하거나 하지는 못 하고, 이해하기까지 많은 시간을 쓰고, 여러 번 반복해도, 이해 못 하는 경우도 많지만, 어느 순간 '아 이게 그런거였구나' 이해하게 되고, 거기에 맞춰서 실제로 동작하는 것을 보는 것이 즐겁다 보니, 개발을 계속하게 되는 거 같습니다.

기술 서적을 읽을 때, 세미나를 들을 때, 커뮤니티에서 사람들과 의견을 나누거나 스터디를 할 때 에너지를 얻게 됩니다.

공용준 선배와의 인터뷰

Q. 개발자란, 좋은 개발자란 무엇일까요?

개발자 developer라는 단어는 부동산 개발에서 차용한 단어입니다. 아무것도 없는 황무지를 개간해서 멋진 생활 공간으로 만드는 것처럼, 소프트웨어 시대 그리고 인터넷/모바일/AI라는 황무지에 필요한 물건이나 구조를 만드는 사람을 소프트웨어 개발자로 부릅니다. 그런 관점에서 좋은 개발자는 그 소프트웨어 제품이나 구조에 '좋은' 가치를 더하는 데 시간을 들이는 사람입니다. 제품이 어떤 문제를 해결해줘야 좋다고 생각하는 사람, 내부 아키텍처가 단단하면서도 유연해야 좋다고 생각하는 사람, 돈을 벌기에 적합한 제품이어야 좋다는 사람이 있을 겁니다. 그러한 저마다의 가치를 이루기 위해서 계속 노력하는 사람은 다 좋은 개발자입니다.

Q. 개발자가 되어서 언제가 가장 즐거웠나요?

사람들은 '본 적이 없는 건데, 어떻게 만든 거에요?'라고 반응 할 때, 즉 사용자를 놀라게 하는 것을 만들 때가 가장 그리고 여전히 즐거운 것 같네요. 억지스럽게 기능을 자랑하는 게 아니라 딱 필요했던 제품을 짠 하고 만들어서, 사용자의 필요를 만족시켜주고 싶습니다.

Q. 이 일을 계속하게 되는 원동력이나 에너지는 어디에서 얻나요?

대학원에서 전산유체역학 병렬 프로그래밍을 전공하고 소프트웨어 개발자가 되었습니다. 항상 스스로 부족하다는 생각을 하게 되고 모르는 건 다 알아야 할 것 같아서 계속 공부하게 되었습니다. 엄밀히 저는 소프트웨어 전공자가 아닙니다. 아마 전공자가 아니라서 호기심이 유별나게 남아 있어서 더 열심히 공부하게 된 것 같습니다. 그래서 호기심을 유지하는 게 가장 중요한 원동력이 아닐까 합니다.

김정 선배와의 인터뷰

Q. 개발자란, 좋은 개발자란 무엇일까요?

제가 생각하는 개발자는 자신의 역량으로 무언가를 만들어서 다른 사람들에게 영향을 주는 사람입니다. 다른 사람의 문제를 해결해주기 위해서 무엇이든 시도를 하게 될 것이고, 그 과정에서 스스로 성장할 기회를 만들게 됩니다.

좋은 개발자란 자신만의 에너지를 갖고 있어서 그 에너지 자체가 다른 사람들에게 긍정적인 영향을 주는 사람입니다. 단지 나이가 많고 실력이 많아야 좋은 개발자가 되는 것은 아니고, 나이가 어리고 실력이 뛰어나지 않아도 얼마든지 좋은 영향력을 줄 수 있다고 생각합니다. 모든 개발자가 모두에게 좋은 개발자가 될 필요는 없는 것 같고, 자기 에너지만큼 세상을 비추면 됩니다.

Q. 개발자가 되어서 언제가 가장 즐거웠나요?

개발자를 처음 시작할 때는 일이 즐겁다는 생각을 하기보다는 같이 어울리는 사람들과 즐겁다는 생각을 했습니다. 그러다가 개발자로 일하면서 즐거운 순간들을 만날 수 있었습니다. 가장 즐거운 순간은 내가 만든 서비스를 수많은 사람이 일상 생활에서 사용하는 것을 지켜보고 경험을 함께 공유할 수 있을 때였습니다. 내가 고민하고 설계하고 작성한 코드가 사람들의 일상에서 어느 순간을 함께하고 감정을 느끼게 한다는 것을 지켜보며 함께 하는 경험은 무척 뿌듯했습니다. 그러면서 사용자가 불편하게 생각하는 부분이 무엇인지 찾아내고, 그 불편한 부분을 어떻게 개선할지 고민하고, 고민한 부분을 만족하도록 구현하고, 구현한 부분을 점검하는 과정이 여러 원칙을 떠올리게 만들고 지금의 나를 만든 것 같습니다.

Q. 이 일을 계속하게 되는 원동력이나 에너지는 어디에서 얻나요?

개발 자체가 즐거워서라기보다는 개발하는 과정에서 느낀 감정들이 저에게 힘이 되어준 것 같습니다. 그래서 이제는 사용자가 있는 제품을 개발하기 위해 기획하고 설계하고 구현하고 점검하고, 직접 사용자가 사용하는 것을 관찰하고 다시 개선할 때까지 어느 하나가 아니라 각 단계가 예전과 다른 감정을 느끼게 해줍니다. 내가 하는 일이 다른 사람들에게 편리함을 주고 조금이라도 행복감을 안겨준다면 계속 개발을 할 수 있을 테니까요.

그게 꼭 내가 만든 서비스 사용자가 아니라 같은 직장 동료나 같은 관심사를 가지는 커뮤니티 일원이더라도 가능할 수 있습니다. 성장의 순간에서 나의 고민을 들어주고 공감해주고 함께 도전할 수 있도록 만들어주는 것은 옆에 있는 사람들이니까요. 개발 그 자체보다는 사람들에게서 에너지를 얻는 것 같습니다.

박미정 선배와의 인터뷰

Q. 개발자란, 좋은 개발자란 무엇일까요?

좋은 개발자란 무엇인가에 대해 질문을 많이 받았습니다. 기술이라는 범주에서 멋진 대답을 기대했던 분들에게는 실망일 수 있겠으나, 이 질문에 대한 저의 대답은 늘 같았습니다. 제품에 기여하는 개발자. 이 질문에 제 생각과 꼭 같지만 더 많은 경험과 더 나은 가치를 접하신 김범준, 전 우아한형제들 대표는 인터뷰에서 다음과 같은 통찰력 있는 답을 했습니다.

"'내가 작성한 코드로 만들어낸 비즈니스 가치가 무엇인가?' 입니다. 그 비즈니스 가치로 나의 가치가 증명되는 거고 인정받는 것이지 코딩 자체로 인정받는 것은 아니기 때문입니다."

– 〈배달의민족 CEO가 말하는 함께 일하고 싶은 개발자의 기준〉, EO

문제를 어떻게 풀었는지보다, 이 문제가 제품을 위해 정말 풀어야 하는 문제가 맞는지 의심하며 문제를 발굴하는 개발자가 되기를 바랍니다.

Q. 개발자가 되어서 언제가 가장 즐거웠나요?

동료에게 필요한 사람이 되었을 때 이 일을 하기 잘했다 생각이 들었습니다. 조금 더 정확히 표현하자면, 개발 직군이 아닌 다른 직군의 동료들에게도 필요한 사람이 되었을 때입니다. 커리어 초중반에는 특정 기술을 어떻게 하면 더 잘 사용할지, 혹은 주어진 문제를 풀기 위해 어떤 기술을 어떻게 사용할지에 도움이 되는 사람으로 만족했습니다. 이는 개발 직군 동료들에게 도움이 되는 일이었죠. 이후에는 '이 문제가 정말 우리 제품이 풀어야 하는 문제인가? 이 문제를 해결하는 방식이 꼭 기술이어야 하는가?'에 대한 혜안으로 다른 직군의 동료들에게도 힘을 보태는 사람이 되고 싶었습니다. 실제로 그런 피드백을 받고 직군과 상관없이 동료에게 신뢰받는 사람이 되었다는 것을 확인했을 때 큰 즐거움을 느꼈어요.

Q. 이 일을 계속하게 되는 원동력이나 에너지는 어디에서 얻나요?

어떤 일을 계속하고 싶다는 건, 그 일에서 꾸준하게 새로움을 발견할 수 있다는 의미라고 생각합니다. 새로움 없이 늘 같은 일을 한다면 지칠 테고, 지치기만 한다면 지속하기 어렵겠죠. 저에게 직업인 개발자로 일을 하며 지내는 것은, 크고 작은 새로움을 지속적으로 만날 수 있는 기회라고 생각해요. 기술에서 제품을 바라보는 과정, 개인에서 팀으로 협업을 하게 되는 과정, 팀과 팀을 넘나들며 일을 관리하는 과정, 시대의 흐름에 따라 변화하는 제품과 시장, 이 모든 요소가 개발자의 일을 지루하지 않게 만듭니다. '내가 커리어의 어느 시점에 있는가? 내가 어떤 환경과 도메인에 있는가? 내가 어떤 역할을 하고 있는가?'라는 질문에 따라 원하는 새로움을 택할 수 있게 되는 거죠. 그 고민에 대한 과정과 결과가 이 책의 5장 '이직, 분명한 이유가 필요해'에 녹아 있다고 생각합니다.

박종천 선배와의 인터뷰

Q. 좋은 개발자, 개발 조직, 개발 관리자란 무엇일까요?

좋은 개발 조직이란 일의 성과가 나오며, 조직원들이 성장을 하고, 이런 성과와 성장을 통해서 조직원들이 행복을 느낄 수 있는 조직입니다. 하나 하나가 어려운 과제이지만 세 가지를 위해서 항상 노력하는 조직이 되어야 합니다.

여기에서 성과는 '기대한 일의 결과'입니다. 정확하게 목표와 기대치를 세운 후 달성하는 것이지요. 그러한 이유로 우연히 당첨된 복권은 성과라고 하기는 어렵습니다.

성장은 조직의 성장과 개인의 성장이 있습니다. 조직이 성장하는 속도와 개인이 성장하는 속도를 맞추는 것도 쉬운 일은 아닙니다. 조직 초기에 성과를 많이 내던 직원이 조직이 커진 다음에 성과를 못 내는 경우가 허다합니다. 조직의 성장 속도에 맞추어 개인이 성장하지 못했을 때 벌어지는 일입니다. 따라서 조직은 항상 조직의 성장에만 신경쓰는 것이 아니고 개인의 성장에도 신경을 써주어야 합니다. 결국 개인의 성장이 기반이 되어서 조직이 성장하는 것이 유지 가능한 성장이니까요.

행복이란 무엇일까요? 삶에서의 행복은 여러 정의가 있겠지만, 조직에서 직장에서 업무에서 행복은 사실상 성과와 성장입니다. 일이 잘 돌아가지 않은데 행복할 수가 없고, 본인이 계속 정체되고 있는데 행복할 수가 없겠지요. 성과와 성장은 행복의 필수 조건이므로, 항상 조직도 개인도 성과와 성장에 신경을 써야 합니다.

좋은 개발 관리자란 결국 좋은 개발 조직을 만들어주는 사람입니다. 물론 모두의 공동 노력이 있을 때만 좋은 개발 조직을 만들 수 있습니다. 제일 책임과 권한이 큰 사람은 당연히 관리자가 될 것이고, 좋은 개발 관리자는 좋은 개발 조직에 대해서 끊임 없이 관심을 가지고 노력을 하는 사람이 되어야 할 겁니다. 무엇보다도 소통이 제일 중요합니다.

좋은 개발자라면 역시나 성과를 내고, 성장을 하고, 이런 과정에서 행복을 느낄 수 있어야 합니다. 물론 혼자만의 성과, 성장, 행복이면 안 되겠고, 모두와 같이 성과, 성장, 행복을 만들어내야 합니다. 모두의 성과, 성장, 행복에 관심과 역량이 충분히 커지면 관리자에 도전을 해볼 수도 있을 겁니다.

우리 대부분은 직장에서 하루 중 제일 많은 시간을 보냅니다. 이 곳에서 행복을 느끼는 것이 삶의 만족을 위해서 중요한 일입니다. 최대한 나의 모두의 행복을 위해서 성과와 성장과 그리고 이 모든 것을 아우르는 행복에 대해서 항상 고민을 많이 하고 실천을 해보길 바랍니다. 부디 행복한 개발자가 되기를 응원합니다.

Q. 개발자가 되어서 언제가 가장 즐거웠나요?

낚시는 손맛이라 합니다. 물고기를 잡혔을 때 물 속의 물고기를 끌어내면서 싸우는 손맛이 제일 즐거움이라는 뜻이지요. 그것과 동일하게 사용자를 위한 소프트웨어 개발은 실제 사용자들이 우리가 열심히 만든 소프트웨어를 잘 사용할 때 제일 즐거운 것 같습니다.

　제가 처음 소프트웨어 개발자로 꿈을 꾸게 된 것도 어려서 만든 게임을 주변의 친구들이 재밌게 플레이해주었을 때였고, 아래아한글을 개발해서 50만 명의 사용자가 생기고, 미국으로 건너가서 새로운 소프트웨어와 서비스를 개발하면서 계속 더 많은 사용자를 만나다가, 처음 〈하스스톤〉으로 5천만 명 사용자를 달성했을 때 정말 기뻤습니다. 공들여 만든 제품을 무려 5천만 명이 즐겁게 이용한다니! 정말 쾌감이지요.

　물론, 그것보다 더 큰 기쁨은 한국 출장 중에 우연히 지하철을 탔는데 제 옆에 앉으신 분이 〈하스스톤〉 게임을 휴대폰으로 하고 있을 때였습니다. 너무나 기쁜 마음에 "그 게임 제가 만들었습니다"라고 말했고, 그 분은 저를 이상한 눈으로 쳐다보면서 다른 자리로 옮기셨지요. 하지만 그때의 기쁨은 아직까지도 제 머리에 생생합니다.

　개발을 하는 이유는 다양합니다만, 만든 제품을 사랑해주는 사용자가 있다는 것 자체가 제일 큰 즐거움일 겁니다. 개발자이든 개발 리더든 개발임원이든 항상 이 마인드를 가지신다면 매일 매일 즐겁게 개발을 할 수 있을 것이라고 믿습니다.

Q. 이 일을 계속하게 되는 원동력이나 에너지는 어디에서 얻나요?

　"삶은 무엇일까요?"라는 질문에 "삶은 계란"이라는 농담이 있습니다. 썰렁한 농담인 것 같지만, 지혜가 담겨 있다고 생각합니다. 결국 각자의 정의가 있고 각자의 정답이 있는 것이 삶이라고 생각합니다. 그런 의미에서 저에게 있어서 '삶은 호기심'이라고 생각합니다. 새로운 기술에 대한 호기심, 새로운 장소에 대한 호기심, 새로운 음식에 대한 호기심, 그리고 새로운 사람에 대한 호기심 등 끝이 없겠지요.

세상이 아무리 넓다고 해도 새로운 장소, 새로운 음식, 새로운 사람들은 한계가 있습니다. 하지만 새로운 기술은 끝이 없습니다. 지금과 같은 인터넷 시대, 모바일 시대, AI 시대가 열릴 줄 아무도 몰랐지만, 저희는 십년마다 급격하게 바뀌는 기술 대격변 시대에 살고 있습니다.

이렇게 새로운 기술이 계속 나오고 세상이 바뀌는 것이 두려울 수도 있겠지만, 반대로 호기심을 충족시켜주는 모험이 될 수도 있습니다. 저는 새로운 것을 두려워 하지 말고, 도리어 호기심을 가지고 먼저 달려들어서 경험해보고 실패해보고 변화하면서 살려고 노력합니다. 물론 힘들고 지치고 아플 때도 많지만, 삶은 경험의 총합이라는 믿음으로 다양한 일에 도전하면서 살려고 노력합니다.

여러분도 AI 시대에 많은 도전을 해보시길 응원합니다!

이동욱(네피림) 선배와의 인터뷰

Q. 개발자란, 좋은 개발자란 무엇일까요?

좋은 개발자란 모든 협업 상대자를 배려하는 개발자입니다.

Q. 개발자가 되어서 언제가 가장 즐거웠나요?

스스로 프로덕트를 만드는 걸 좋아하는 입장에서 개발자가 되어서 가장 즐거운 점은, 노트북만 있으면 어느 장소에서나 시간에 구애받지 않고 유용한 제품을 만들고 그 제품을 직접 사용하는 즐거움까지 누릴 수 있다는 겁니다. 그러나 제품을 이상 없이 동작하는 수준으로 만들어도 그것은 제품을 제작할 때 느끼는 즐거움의 일부입니다. 저는 이전 결과를 개선할 때 즐거움과 성장을 동시에 달성한다고 생각합니다. 모두 아는 바와 같이, 소프트웨어는 무형의 제품으로 지속적인 개선이 가능합니다. 개발이 즐거운 건 손쉽게 지난 결과물을 개선하고, 제품의 완성도를 다음 단계로 끌어올릴 수 있다는 점이라 생각됩니다. 혹시 스스로 맡은 코드를 완성하고 이후 개선점을 충분히 찾아보지 않았다면 기존 코드의 업데이트 버전을 만드는 것을 시도해보기 바랍니다.

Q. 이 일을 계속하게 되는 원동력이나 에너지는 어디에서 얻나요?

개발자로서 향후 진로 자체를 고민하는 것도 중요하지만, 얼마나 좋은 결과물들을 만들어낼 것인가에 집중하는 것이 좋은 전략 같습니다. 예를 들어 AI 시대가 와서 개발자가 필요 없어지면 어쩌나를 고민하는 것도 좋지만, 랭체인LangChain을 살펴보고 주어진 AI 도구와 환경으로 어떤 프로덕트를 만들 수 있는지를 고민하고 초기 이터레이션을 빠르게 돌려보는 것이 훨씬 개발자로서 앞으로의 방향을 판단하는 데 좋은 방법입니다. 다른 진로에 대한 막연한 고민이나 방황 요소를 최대한 덜어내고, 프로덕트를 폭넓게 보고 다양한 고민을 해보는 것이 오랜 기간 개발자로서 살아남고 커리어를 지속하게 하는 원동력이 되어줄 겁니다.

이동욱(향로) 선배와의 인터뷰

Q. 개발자란, 좋은 개발자란 무엇일까요?

개발자는 크게 '직업이 아닌 개발자'와 '직업으로서의 개발자'로 나뉜다고 봅니다. 이 둘 사이에는 '하고 싶은 것을 하는 것'과 '해야 하는 것을 하는 것'이라는 큰 차이가 있다고 생각합니다.

그래서 이 질문에 대해서는 좀 더 구체적으로 '직업으로서의 개발자, 좋은 개발자'를 기준으로 답변드리자면, '적절한 시기에 적합한 도구로 고객의 문제를 해결하는 개발자'를 좋은 직업 개발자라고 생각합니다.

어떤 문제는 당장 해결이 필요할 수 있으며, 어떤 문제는 해결할 필요가 없기도 합니다. 직업인으로서 좋은 개발자는 '언제까지 해결하는 것이 좋은지' 판단 후, '그 시기를 위한 가장 적절한 도구를 선택'합니다. 그리고 그런 선택들을 통해 함께 일하는 동료들과 고객들의 신뢰 자산을 거대하게 쌓습니다.

직업으로서 개발자를 선택한다면 저는 이런 분들이 좋은 직업 개발자라고 생각합니다.

Q. 개발자가 되어서 언제가 가장 즐거웠나요?

도파민이 가장 폭발할 때를 하나만 고르기는 어렵네요. 큰 장애를 해결했을 때, 제가 세운 가설이 맞아 고객들의 반응이 좋았을 때, 오랫동안 고민해온 기술적 고민을 해소했을 때 등 순간적으로 성취감, 통쾌함이 터져

나갈 때가 왕왕 있었기 때문입니다.

다만 '즐겁다'라는 감정은 매일 매일 느끼려고 합니다. 어제까지 몰랐던 내용을 오늘 아침 공부하다가 알게 되었을 때, 그동안 한 문장으로 정리되지 못한 모호한 감정, 생각을 책에서 명확한 단어와 문장으로 만났을 때, 경험을 기반으로 한 조언이 팀원에게 도움이 되었을 때 항상 즐겁다는 생각을 합니다.

개발자라는 직업은 평생 가져가야 할 직업이라기보다는, 평생 가질 직업 중 하나라고 생각합니다. 다만, 현재까지 '즐거움이란 감정을 가장 빈번하게 느끼게 해주는 직업'임에는 틀림 없습니다. 그래서 특정 시기가 가장 즐거웠다기보다는 개발자라는 직업을 선택하고, 생각을 전환하고 나서는 매일 매일이 즐겁습니다.

Q. 이 일을 계속하게 되는 원동력이나 에너지는 어디에서 얻나요?

만화책, 소설 속 주인공에서 에너지를 얻습니다. 〈소라의 날개〉, 〈전지적 독자 시점〉, 〈오늘만 사는 기사〉와 같이 만화책이나 소설 속 주인공들이 계속해서 노력하여 역경을 이겨내는 스토리를 좋아합니다. 그런 주인공들의 서사를 제 삶에 투영해보면 제가 겪는 많은 어려움이나 고난을 이겨낼 힘을 얻게 됩니다.

대부분의 주인공들은 목표 달성을 못할 때가 많습니다. 〈슬램덩크〉 강백호와 그 팀은 결국 전국 대회 우승을 하지 못했고, 〈소라의 날개〉 주인공 소라와 그 팀은 도대회를 통과하지 못했습니다. 그럼 그 이야기들은 모두 새드엔딩이냐 하면 그건 아니었습니다. 고난한 여정의 보상은 어떤 목적지에 도착하는 것이 아니라, 여정 그 자체에 있었기 때문입니다.

마찬가지로 여러 회사, 여러 팀을 거치면서 그 과정에서 어떤 목적을 달성하고자 행동하고 노력하기보다는 이 조직에서 동료들과 함께 역경을 이겨가는 여정 그 자체가 보상임을 알게 되었습니다.

그래서 지금도 어려운 상황에서의 스타트업 리더로서의 여정을 최대한 즐기고 있으며, 어려움이 있을 때마다 만화속, 소설속 주인공처럼 이겨낼 수 있음을 믿고 나아가고 있습니다.

장동수 선배와의 인터뷰

Q. 개발자란, 좋은 개발자란 무엇일까요?

개발자는 컴퓨터를 이용해 문제를 해결하는 사람입니다. 문제는 '요구사항'과 '제약'을 포함합니다. 직업professional 개발자라면 제약을 극복하고 요구사항을 충족하는 제품을 제때 만들어야 합니다. 회사 입장에서 좋은 개발자는 좋은 제품을 만드는 데 기여하는 개발자입니다. 코딩도 잘하고 협업도 잘하는 개발자는 좋은 개발자입니다. 코딩도 못하고 협업도 못하는 개발자는…(생략) 그렇다면, 코딩은 잘하지만 협업을 못하는 개발자는 어떨까요? 코딩은 못 하지만 협업을 잘하는 개발자는 어떨까요? 지금의 나는 어떤 개발자일까요? 자신의 부족한 점을 보완하기 위해 노력하는 개발자는 그것만으로도 좋은 개발자입니다. 그렇게 노력하다 보면 분명히 더 좋은 개발자가 되어 있는 자신을 발견하게 될 겁니다.

Q. 개발자가 되어서 언제가 가장 즐거웠나요?

중학교 수학 시간에 벡터를 처음 배운 날, 집에 가자마자 벽돌깨기 게임을 만들었던 기억이 있습니다. vx = - vx; x = x + vx;의 의미를 알게 된 '깨달음의 순간'은 30년이 훌쩍 넘은 지금도 잊혀지지 않습니다. 아무 상관없어 보이는 두 개의 퍼즐 조각이 긴 시간, 먼 거리를 빙빙 돌아 딱 맞춰질 때가 있습니다. 빙빙 돌았던 길을 되짚어가다가 쭉 곧은 지름길을 발견했을 때의 기분을 설명할 방법이 없네요. 그 기분을 한 번 더 느껴보려고 지금도 내가 놓친 오솔길이 있나, 지난 주에 짠 코드를 두리번 거립니다.

Q. 이 일을 계속하게 되는 원동력이나 에너지는 어디에서 얻나요?

30년은 긴 시간이고, 순수한 즐거움만으로 업을 지속하는 것은 불가능합니다. 지금 이 순간 개발을 계속하는 원동력은 '먹고사니즘'과 '7살짜리 아들의 존재'입니다. 지금 할 수 있는 일 중에서 가성비가 가장 좋은 일이 돈 버는 개발입니다. 그 일을 통해서 여유가 생기면 즐거운 개발도 할 수 있고, 마당 한켠에 새 나무도 심을 수 있습니다. 다행스럽게도 돈 버는 개발도 여전히 꽤 재미있습니다. 예전같은 순수한 깨달음의 순간은 거의 없지만, 예전엔 몰랐던 지름길을 발견하는 소소한 즐거움은 끊이지 않습니다.

01
덕업일치를 넘어서

> 늘 변하고 불확실한 개발자란 직업, 원칙을 중심으로 경력을 만들어가보세요.

박성철 fupfin@gmail.com

현) 컬리 풀필먼트 프로덕트 본부장 겸 데이터 그룹장
전) 우아한형제들 딜리버리 플랫폼 실장
전) SK 플래닛 데이터 플랫폼 본부장
전) Gen128, inc. 대표
전) 한국 스프링 사용자 모임 대표

중 2 때 중2병으로 컴퓨터에 빠진 후 지금까지 40년 가량 컴퓨터를 매개로 세상을 탐험하고 있습니다. 평생 혼자 살 운명이었으나 천사를 만나 구원받고 용인 한적한 산기슭에서 아들과 함께 셋이서 행복한 가정을 꾸리고 삽니다. 지금은 컬리에서 멋진 개발자들과 IT와 데이터 기술을 바탕으로 세상을 바꾸는 즐거운 퀘스트를 수행 중입니다. 소프트웨어 개발에 대한 인식을 바꾸고 개발 현장을 개선하는 데 관심이 많습니다.

fb.com/fupfin.geek   blog.fupfin.com

프로그래밍을 시작한 지 40년, 업으로 삼은 건 30년 정도 됐습니다. 저는 정말 겁이 많고 부정적이고 외로운 사람이었습니다. 이런 모습으로 당시에는 생소하고 불안정한 프로그래머의 삶을 시작했고 지금까지 계속 이 일을 하면서 조금씩 성장하고 그때마다 세상과 나를 발견했습니다. 덕분에 지금은 사회 초년생 때 생각도 못했던 멀고 높은 곳을 탐험하며 즐거운 삶을 살고 있습니다.

개발자 그리고 개발 조직 리더로 일하면서 많은 선택의 순간이 있었습니다. 그때마다 프로그래머로 살기로 선택했을 때 결심한 '쓸모 있는 일을 하자'라는 원칙을 선택 기준으로 삼았고 이 원칙을 달성할 방법을 모색했습니다. 이 글에서 지금까지 그 여정이 어떠했는지 담백하게 정리해 보았습니다. 무엇보다 이 글은 저 자신도 충분히 이해하지 못하고 시작한 프로그래머란 직업에 대한 탐구 과정이기도 합니다. 우리가 서로 추구하는 가치와 길이 다르겠지만 프로그래머라는 공통점을 가진 동료로서 타산지석이나 반면교사로 여기고 읽어주신다면 고맙겠습니다.

뒤늦은 진로 선택

대학 3학년을 끝내고 군대를 다녀와 4학년으로 복학했습니다. 복학한 학교는 과거 3년과는 사뭇 다른 느낌이었습니다. 토목 공학이 전공이었는데 3학년까지만도 하나 같이 놀 궁리만 하던 친구들이 기사 자격증 취득과 대기업 공채 준비 공부로 혈안이 되어 있었습니다. 당시 저도 앞으로 무엇을 하며 살지 고민하며 시간을 보내고 있었지만 확실히 결정하지는 못했습니다.

애초에 저의 성향이 크고 경직된 조직에는 맞지 않는다고 생각해서 공기업이나 대기업은 후보에서 제외했습니다. 그래서 남들은 졸업을 위한 최소한 수업만 들으며 자격증 취득이나 입사 시험 공부 등 취업 준비에 집중할 때 저는 가능한 많은 학교 수업을 들으면서 앞길을 탐색하는 시간을 가져보기로 했습니다.

오랫동안 개인적인 취미로 삼고 즐기던 컴퓨터 프로그래밍 쪽으로 경력 방향을 잡을 것인지, 전공인 토목 공학 쪽으로 잡을 것인지, 또는 또 다른 길을 찾을 것인지 결정하는 것이 가장 큰 고민이었습니다.

은둔 시절

중학생 때부터 프로그래밍을 했다고 말하면 사람들은 내가 프로그래머로 경력을 시작하고 계속 그와 관련된 일을 한 것이 당연하다고 생각하지만 그렇게 단순한 문제는 아니었습니다.

저는 청소년기에 은둔형 외톨이에 가까운 생활을 했습니다. 소수의 친구와 사귀면서 집에서만 시간을 보내는 경우가 많았습니다. 사회에 나가 무엇을 해보겠다거나 미래의 나를 꿈꾸거나 하는 일 없이 그냥 주어진 삶에 최소한으로 수동적으로 반응하며 이런저런 관심사에 빠져 시간을 보냈습니다. 전자 키트 조립, 프라모델 조립, 천문 관측 등이 주로 관심을 가지던 분야였습니다. 그조차 대부분 시간을 공상만 하며 보냈던 것 같습니다.

컴퓨터에 빠진 건 중학교 2학년 때였습니다. 그냥 누가 시키거나 한 것이 아닌, 중2병 때문에 갑자기 컴퓨터에 꽂혀서 청소년기를 쭉 컴퓨터와 프로그래밍에 빠져 보냈습니다.

지금이야 누구나 프로그래밍을 시작할 수 있는 환경이지만 제가 중학교 2학년이었던 1982년 당시는 우리나라에 정식으로 개인용 컴퓨터가 보급되기 전이었습니다. 영화에서 말고는 컴퓨터를 실제로 본 적도 누가 이야기해준 적도 없습니다. 말 그대로 뜬금없이 컴퓨터에 꽂혔던 겁니다.

컴퓨터를 시작한 이듬해인 1983년에 정부는 교육용 컴퓨터 5,000대를 학교에 보급하는 사업을 전개했고 그와 함께 우리나라 여러 기업에서 개인용 컴퓨터를 출시했습니다. 갑자기 컴퓨터 교육 붐이 일어나면서 물 만난 물고기 같이 신나는 분위기가 형성되었습니다. 1983년은 삼성전자에서 64K DRAM을 발표한 해이기도 합니다. 세계에서 세 번째로 만들어낸 쾌거라고 온 나라가 시끌벅적했습니다. 그리고 11월에는 《월간 마이크로소프트》가 창간되었습니다. 당시 분위기는 운명이 저를 컴퓨터에 점점 깊숙이 빠져들게 만드는 듯했습니다.

2년가량 컴퓨터만 이야기하는 아들이 기특했는지 아버지는 한 달 치 월급에 해당하는 애플 2 컴퓨터를 고등학교 입학 선물로 사주셨습니다. 이때부터 밤낮을 가리지 않고 컴퓨터를 끼고 살았습니다. 이런 삶은 대학생활까지 이어졌습니다.

학기 중에는 학업과 캠퍼스 생활에 집중했지만 여름 방학 때는 두문불출하고 게임만 했습니다. 주로 〈울티마〉, 〈바즈테일〉, 〈마이트 앤 매직〉 같은 RPG나 어드벤처 게임을 하며 시간을 보냈습니다. 당시에는 컴퓨터 게임이 사회문제가 되기 훨씬 전이었기 때문에 어머니는 제가 컴퓨터 앞에만 있으면 공부하는 줄 아셨습니다. 더욱이 당시 게임은 자동으로 지도를 그려주지도 않고 기록해두어야 할 게임 속 대화량도 엄청나서 게임을 하다 보면 옆에 쌓이는 메모지가 수백 장은 되었습니다. 누가 봐도 공부하는 걸로 보였을 겁니다. 게임으로 영어도 배웠고 진도가 안 나갈 때 인내하는 법도 배웠으니 뭔가를 공부한 것이 맞기도 했습니다.

겨울 방학 때는 혼자서, 또는 친구와 개인 프로젝트를 진행해서 만들고 싶은 프로그램을 만들었습니다.

이렇게 삶의 큰 축을 차지하는 컴퓨터 프로그래밍이었지만 순수한 취미와 즐거움이었을 뿐 내 직업으로는 생각되지 않았습니다. 제가 앞날을 그리 심각하게 생각하지 않고 살았기 때문이기도 했지만, 당시엔 컴퓨터가 희귀한 것이던 만큼 컴퓨터 프로그래머가 주변에 없었고 직업으로서의 프로그래머는 현실이 아닌 먼 미래의 일로 여겨졌습니다.

한편 전공인 토목 공학도 재미있었습니다. 별 생각없이 친구 따라서 선택한 학과였지만 제가 좋아하는 고전 물리가 기본인 학문이어서 즐겁게 공부했고 성적도 괜찮았습니다.

사회성의 창발과 진로 고민의 시작

프로그래머를 직업으로 생각하지 않았던 이유가 하나 더 있는데, 군대에서 저는 생각이 크게 바뀌었기 때문입니다. 늘 혼자 또는 정해진 한두 친구와만 생활하다가 처음으로 다양한 사람들과 오랜 시간 생활하면서 여러 사람이 서로 영향을 주고받으면서 같이 살아간다는 것에 대해서, 그리고 그 사람이 힘을 합쳤을 때 놀라운 일을 만들어낼 수 있다는 것에 대해서 감탄을 넘어 경이로움을 느꼈고 이렇게 서로 연결되어 사는 이 세상이 참 아름답다고 생각하게 되었습니다.

거의 평생 자신만의 세계에 빠져 살다가 처음으로 큰 외부를 인식하고 그 일원으로서 자신을 자각하기 시작했습니다. 이 일을 두고 저는 제 내면에 사회성이 갑자기 창발되는 사건이었다고 종종 표현합니다. 대부분 사람이 성장과 함께 자연스럽게 경험하며 알게 되는 것을 저는 거의 성인이 된 후에 갑자기 깨달은 겁니다.

군대에서 이런 경험을 한 후에는 그전과 달리 계속 다양한 사람을 만나고, 그룹에 속하고, 여러 사람이 사는 모습을 관찰하면서 이 사회에 속하고 또 기여하고 싶다는 욕망을 느꼈습니다. 그런데 내가 할 줄 아는 프로그래밍은 그저 저 개인의 유희였을 뿐 전혀 도움이 될 것처럼 보이지 않았습니다. 남들 앞에서 신기한 마법을 보여주는 것 이상은 아니었습니다.

요즘은 디지털 네이티브란 말이 나올 정도로 많은 것이 디지털 기술 위에서 돌아가고 디지털이 사회의 기간을 구성하는 요소 중 하나로 자리 잡고 있지만 당시에는 일부 괴짜들이 가지고 노는 어설픈 흑마술에 불과했습니다. 저는 더는 그렇게 살고 싶지 않았습니다. 그래서 사회에 쓸모 있는 일 중에서 직업을 찾아봐야겠다고 결심하고 처음으로 프로그래밍에서 손을 뗐습니다.

쓸모 있는 직업의 가능성 발견

이렇게 진로를 두고 고민하면서 지내던 중에 하루는 후배를 위해 간단한 전기 회로를 만들어줄 일이 있었습니다. 후배가 어떤 행사 퀴즈 대회 준비를 맡았는데 TV 퀴즈 프로그램에서 나오는 것처럼 버튼을 누르면 버저가 울리고 가장 먼저 누른 사람에게만 불이 켜지는 장치를 만들고 싶어 했습니다. 전기에 대해 거의 지식이 없던 후배의 계획을 듣고는 그대로 놔두어서는 안 되겠다 싶어서 도와주게 되었고 릴레이와 트랜지스터를 사용해 그럭저럭 쓸 만한 장치를 만들 수 있었습니다.

문득, 어떤 식일지는 모르지만 내가 지금까지 배운 흑마술도 그냥 자신의 재미를 위해서가 아닌, 누군가의 문제를 풀고 어려움을 해소하는 데 쓰일 수 있지 않냐는 생각이 들었습니다. 만약 그렇게 쓰일 수 있다면 한 번 잘해보고 싶다는 생각이 들면서 잠시 멈추었던 프로그래밍을 다시 시작했습니다.

마침 한 교수님으로부터 실력 좋은 분이 시작한 작은 소프트웨어 회사를 소개받아 프로그래머로 경력을 시작할 수 있었습니다. 회사에 들어가서 보니 사장님과 저 둘이서만 일하는 영세 기업이었습니다.

이렇게 쓸모 있는 일을 하고 싶다는 저의 결심은 프로그래밍의 가능성을 발견하고 프로그래머로 기울었습니다. 당시에는 건설 산업이 호황기여서 관련 학과 취업률이 거의 100%에 가까웠고 대우도 좋은 편이었지만 저는 조금 더 도전적이고 낯선 길을 가보기로 결심했습니다.

이제부터 쓸모 있는 일을 해보자는 생각을 가지고 프로그래머라는 직업을 탐구하면서 어떤 교훈을 얻었고 어떻게 제 생각을 구체화했는지 이야기해보겠습니다.

· 원칙 ·

쓸모 있는 소프트웨어를 만들자

덕업 일치의 시작

첫 직장에서 많은 것을 배웠습니다.

저는 오랫동안 컴퓨터를 끼고 살았기 때문에 프로그래밍에 익숙했고 컴퓨터 내부 구조에 대해서도 어느 정도 이해하고 있었습니다. 대학에서 전공 외로 전산과(당시 컴퓨터 과학과 이름) 수업을 신청해서 듣기도 했고 따로 독학도 했기 때문에 기본적인 컴퓨터 과학 지식도 가지고 있었습니다. 그래서 자신감이 매우 넘치던 때였습니다. 모두 저의 실력에 깜짝 놀랄거라 믿었습니다. 더닝 크루거 효과*의 대표적인 예였던 것이죠. 하지만 실무에서 일하려면 그 이상이 필요했습니다.

사장님은 미국에서 공부하고 직장 생활하다가 귀국해 소프트웨어 개발 회사를 만드신 분입니다. 그분에게 대규모 코드베이스를 만들고 관리하는 법, 모듈화와 코드 복잡도 관리법, 외부 라이브러리를 선택하고 관리하는 법, 문서를 작성하고 관리하는 법, 내가 만든 코드가 오류가 없는지 확인하는 법, 오류가 발생했을 때 빨리 찾아 해결하는 법, 여러 사람이 같이 협업하며 개발하는 법 등을 배울 수 있었습니다.

무엇보다 프로그래머라고 해서 프로그래밍만 잘하면 되는 것이 아니라는 것을 알게 되었습니다. 여러 사람에게 설명도 할 줄 알고 협상도 하고 계획도 세울 줄 알아야 하고 무엇보다 진행 중에 닥치게 되는 난관을 해치고 목표를 달성하며 이를 위해 여러 결정도 스스로 내릴 수 있어야 한다는 것도 배웠습니다.

---

* Dunning-Kruger effect. 능력이 없는 사람이 잘못 판단해 잘못된 결론에 도달하지만, 능력이 없어 실수를 알아차리지 못하는 현상

사장님은 저희에게 종종 "너희는 아직 전문가professional가 아니야"라고 말씀하셨습니다. 저는 이 말이 무슨 뜻인지 잘 모르겠지만 실력이 부족하다는 의미로 받아들였고 이것이 제가 쓸모 있는 무엇을 만들 수 있는 사람이 되는 '자격'이란 생각이 들었습니다. 그 이후로 전문가는 누구이고 어떻게 되어야 하는지 고민하기 시작했습니다.

• 최초의 전문가에 대한 나의 정의 •

쓸모 있는 사람 = 전문가 = 역량 = 전문 역량 + 일반 역량

광신, 실망, 첫 실패

첫 회사에서 몇 년은 이미지 데이터베이스, CD 롬 라이팅 프로그램, 열화상 이미지 관리 시스템, 교통 시뮬레이터, JPEG 디코더, 동영상 재생기, VOD 기반 멀티미디어 교육 시스템 등을 만들면서 재미있게 일했습니다. 그러던 중 문득 내가 그다지 쓸모 있는 일을 하고 있지 않다는 것을 깨달았습니다.

내가 만든 것 중 어느 것도 시장에서 충분히 팔리지 못했습니다. 단지 충분히 팔리지 못한 것이 아닌, 거의 팔리지 않았습니다. 당시에는 컴퓨터가 살아가는 데 꼭 있어야 하는 필수품이 아니었습니다. 소수의 선각 수용자early adopter가 시험 삼아 컴퓨터를 사서 업무에 사용해볼 뿐이었습니다. 그조차 외국에서 수입해 팔리는 유명 소프트웨어가 아니면 거의 유통

이 되지 못했습니다. 불법 복사도 아주 극심했고요.

당시 한국 사회에서 컴퓨터는 아직 유용하게 쓰이기보다는 여흥을 위한 기기이자 앞으로 유망해 보이는, 하지만 실생활과는 큰 상관이 없는, 주로 문서 편집용으로 사용하는 고급 타자기 정도의 의미였습니다.

가트너의 재키 펜은 1995년에 하이프 사이클 hype cycle 모델을 만들었습니다. 이 모델은 새로 등장한 기술이 얼마나 성숙했는지 표현하는 목적으로 사용됩니다.

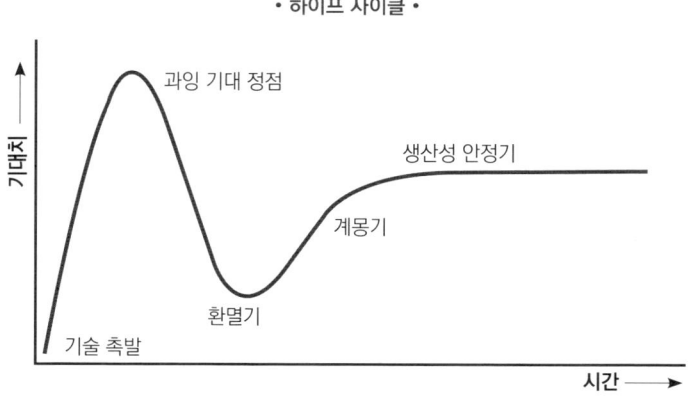

· 하이프 사이클 ·

재키 펜은 어떤 기술이 사회에 수용되는 과정에서 일정한 몇 가지 단계를 거친다고 봤습니다. 이를 모델에서 '기술 촉발', '과잉 기대 정점', '환멸', '계몽', '생산성 안정'의 5단계로 구분합니다. 어느 기술이든 처음에는 지나친 기대를 받으면서 주목받다가 곧 실망하고 서서히 성공 사례가 나오면서 자리를 잡아가다가 주류에 편입되는 생애주기를 따른다고 이 모델은 봅니다. 그리고 다수의 기술이 환멸의 깊은 계곡에서 빠져나오지 못하고 사라지고 맙니다.

제가 보기에 당시 개인용 컴퓨터는 그 자체가 주류에 편입되지 못한 기술이었고 그렇기에 PC를 사용하는 대부분이 별 쓸모가 없는 것이었습니다. 많은 기술이 당시 컴퓨터로는 감당할 수 없는 것들이었음에도 무책임하게 낙관적인 미래를 약속했고 사람들은 열광하다 실망하는 일을 반복했습니다.

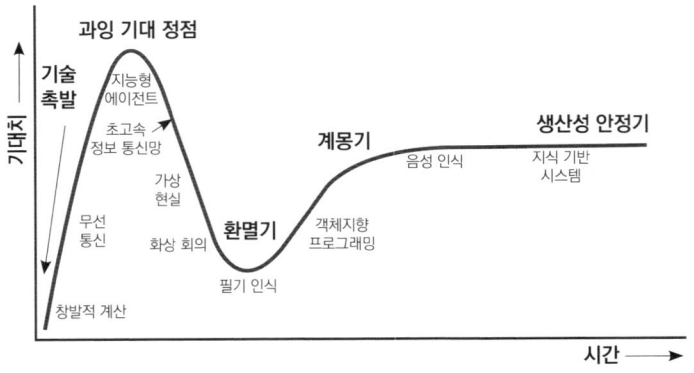

• 1995년 가트너 신흥 기술 하이프 사이클* •

1995년 처음 발표된 하이프 사이클을 보면 그 시대의 부실한 컴퓨터로 어떤 시도를 했는지 가늠해볼 수 있습니다. 참고로 당시 인텔은 제온의 전신이라고 할 수 있는 펜티엄 프로가 출시되었는데 이 CPU의 클럭은 150에서 200MHz, 집적된 트랜지스터 수는 5백5십만 개 정도 수준이었습니다. 요즘 CPU가 트랜지스터 수십억을 넘어 수백억 개 가까이 집적되는

---

* 출처 : Gartner Inc.

것에 비하면 형편없었습니다. 전문적인 일에는 고성능 워크스테이션과 서버가 쓰였지만 대중이 컴퓨터를 사용하게 하려면 결국 PC로 이런 일들을 해야 했는데 성능이 부족했습니다. 기술들이 표방한 꿈은 컸지만, 현실은 아직 시간이 필요했습니다.

솔직하게 말하면 저는 당시에 프로그래머가 사기 행각에 동원되고 있다는 느낌을 받았습니다. 당시에는 마음 속으로 사장님을 비난했지만, 시간이 지난 후에는 사장님도 어쩔 수 없었다는 생각이 듭니다. 그냥 그런 시절에 살고 있었을 뿐입니다. 많은 IT 회사가 사회의 과잉 기대에 편승해 무책임한 약속을 하면서 돈을 벌었습니다.

물론 선행 기술 자체가 의미 없다는 뜻은 아닙니다. 기술이 발전하려면 이런 시도는 계속되어야 하고 투자도 이루어져야 합니다. 그런 면에서 과잉 기대가 긍정적인 효과를 낼 수도 있습니다. 다만 저는 그런 경향에 편승해 돈만 보고 따라다니는 사람들을 많이 보았고 그 삶에서 벗어나고 싶었습니다.

・수정된 전문가에 대한 나의 정의・

쓸모 있는 사람 = 일의 가치 * 전문가 = 일의 가치 * (전문 역량 + 일반 역량)

인터넷의 대중화와 새로운 기회

내가 하는 일이 별 쓸모 없는, 거품에 의해 돌아가는 업계에 속했단 생각이 들어 탈출구가 필요하다고 느낄 때 쯤 인터넷이 우리나라에 보급되고 되었습니다. 1996년 가트너 하이프 사이클을 보면 1995년과 사뭇 다르게 월드와이드웹, 자바, 인트라넷, 스마트 카드 등 우리가 일상생활에 친숙하게 접하는 기술들이 막 업계에 소개되어 주목받는 것이 보일 겁니다.

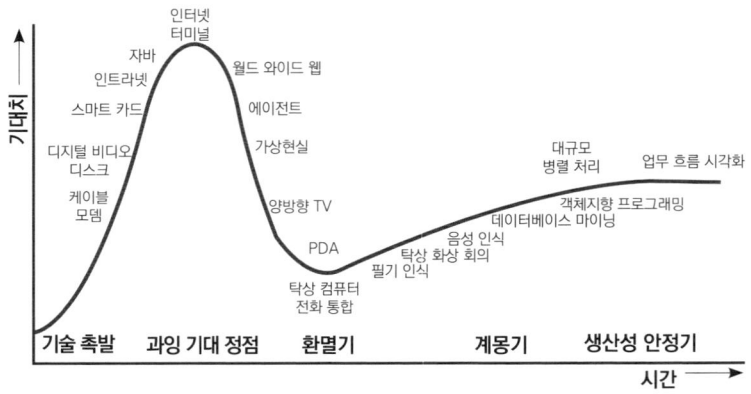

• 1996년 가트너 신흥 기술 하이프 사이클* •

특히 1996년에는 과잉 기대 단계에 있던 월드와이드웹이 사회에 도입되는 속도는 엄청나서 1997년에는 절망의 환멸 단계를 거의 거치지 않고 바로 안정 단계로 넘어갔습니다. 사실, 월드와이드웹은 하이프 사이클 모델에 맞지 않게 과잉 기대 상태에서 곧바로 사회에 도입이 된 사례입니다. 일반 기술들과 달리 마치 거대한 쓰나미가 몰려오듯 업계를 쓸어버렸다고 말할 수 있습니다.

이때 사장님과 의견이 갈렸습니다. 사장님은 기술 관점에서 웹은 너무나 저수준이었고 디자이너들이 보기 좋게 디자인하면 좋은 웹사이트로

---

* 출처 : Gartner Inc.

인정받을 수 있는, 엔지니어는 별로 기여할 것이 없는 영역이라고 생각하셨습니다. 반면에 저는 이에 동의하면서도 웹이 매우 높은 접근성과 단순성을 바탕으로 누구나 쉽게 애플리케이션을 사용할 수 있는 UI 기술임과 동시에 애플리케이션을 배포하는 매체가 될 수 있다고 생각했고 가능성이 매우 높다고 봤습니다.

이렇게 생각이 갈리자 저는 프로그래머라는 직업에 대한 첫 시도가 실패했다고 판단하고 새로운 시도를 해보기로 했습니다.

테라포밍*

프로그래머의 삶이 사기 행각에 동원되는 것일 뿐이라는 느낌이 너무 싫어서 직접 사업을 해보기로 했습니다. 저에게 누군가 가치 있는 일을 시키지 못한다면 제가 그렇게 일할 수 있는 회사를 만들고 다른 프로그래머들과 함께 더 가치 있는 일에 자신의 재능을 사용할 수 있게 해야 하겠다는 포부를 품게 되었습니다. 이 세상이 프로그래머에게 적대적인 환경이라면 작은 영역뿐이라도 프로그래머가 살만한 환경으로 테라포밍하듯 바꾸어보자는 생각이었습니다.

마침 인터넷과 웹의 보급으로 업계는 활기를 띠었습니다. 소위 말하는 닷컴 버블이 시작할 때였기도 했습니다.

두 번 창업을 경험했는데 한 번은 일하다 만난 여러 지인과 함께 창업 멤버로 합류했다가 오래가지 못해 헤어졌고 또 한 번은 친구와 함께 회사를 만들어 약 10년간 직접 회사 공동 대표 역할을 했습니다.

---

* 지구가 아닌 다른 행성이나 위성을 인간이 살 수 있도록 만드는 작업. 지구화 또는 행성 개조라고도 합니다.

"내 말은 스스로 새로운 문화를 만들어내라는 뜻이야. 〈중략〉 어떻게 생각할지, 어떤 가치를 중요하게 여길지 등 줄기가 큰 것들은 스스로 결정을 내려야 하네. 다른 사람이 - 혹은 사회가 - 우리 대신 그런 사항을 결정하게 내버려둘 순 없지."

– 모리 슈워츠 〈모리와 함께한 화요일〉에서

동기

그전에도 중간 관리자 역할을 안 했던 것은 아니었지만 명목상의 직함이 었을 뿐이고 실제로 사람들을 이끌어본 것은 처음이었기에 조직 관리와 경영에 대해 틈나는 대로 공부했습니다. 그중 동기부여 방법이 필요하다고 느껴 여러 책을 읽었는데 그중 한 책에서 인생의 중요한 교훈을 얻었습니다.

책은 사람의 동기를 부여할 수 없다고 선언하고 시작합니다. 사람은 저마다 자기만의 동기를 가지고 살고 있고 외부에서 부여하거나 제어할 수 없다는 것이 그 책의 주장이었습니다. 그래서 각 개인의 동기를 이해하고 이 동기에 맞게 일을 주어야 한다고 가르쳤습니다. 자기결정성 이론에 기반해 회사에서 동기를 어떻게 다루어야 하는지 설명하는 책이었습니다.

그때 이후로 저는 저 자신을 포함해서 저와 같이 일하는 사람들을 수동적인 대상으로서가 아닌 주체로서 바라보게 되었습니다.

• 수정된 전문가에 대한 나의 정의 •

전문가 = (전문 역량 + 일반 역량) * 동기

당시만 해도 저는 소프트웨어를 잘 만들기 위한 방법을 찾고 싶어했고 소프트웨어 공학 중 요구사항 분석, 설계, 프로세스 쪽에 관심이 많았습니다. 이중 프로세스는 대체로 개발자를 대상화하는 경향이 컸고, 이것이 매우 마음에 들지 않았습니다. 그러던 중 익스트림 프로그래밍, 스크럼, 린 소프트웨어 개발, 오픈업OpenUP 같은 애자일 개발을 알게 되었고 이들이야말로 개발자를 대상이 아닌 주체로서 인식하고 만든 올바른 개발 모델이라고 생각해 호감을 가지고 점차 수용하게 되었습니다.

그뿐만 아니라 자기 동기도 관리하기 시작했습니다. 어떤 일을 시작할 때면 그 일을 해야 할 개인적인 의미를 찾아 가능한 강한 내적 동기를 가지고 일하려고 의식적으로 노력했습니다. 정 동기가 찾아지지 않으면 일부러 제가 하고 싶은 일을 그 과제에 섞어넣기도 했습니다.

프레데릭 허즈버그Frederick Herzberg는 '2요인 이론*'에서 동기를 동기 요인과 위생 요인으로 나눕니다. 위생은 생물로서 생존하기 위한 기본적인 생리적 필요에 대한 것으로서 부족할 때 문제가 되지만 넘치도록 채워진다고 만족감이 증대되지는 않는다고 합니다. 반면에 성장, 도전, 성취, 의미 같은 동기 요인은 만족도가 높아지는 쪽으로 기인한다고 합니다. 전통적으로 기업들이 사용하는 동기 부여 방법은 위생 요인에 지나치게 치우쳤거나 이 둘을 구분하지 않습니다. 에드워드 디씨Edward L. Deci는 이렇게 경고합니다.

> "내재 동기를 개발하고 고양하는 데 관심이 있는 사람이라면 금전적인 보상처럼 외부에서 통제되는 체제에 집중해서는 안 된다."
>
> 에드워드 디씨

---

* https://ko.wikipedia.org/wiki/동기-위생_이론

이는 경영자나 조직장에게 하는 말이지만 개인도 자기 동기를 관리하고 싶다면 명심하고 조심할 경고입니다. 우리가 살아가는 환경은 우리의 동기를 왜곡하거나 해치는 역기능적인 문화가 지배적이기 때문입니다.

동기를 관리할 때 또 신경 써야 하는 것은 에너지입니다. 일하다 보면 헌신적으로 일하던 분들이 번아웃으로 하고 싶은 일을 더 하지 못하고 이탈하는 안타까운 경우를 많이 봅니다. 스탠포드 대학 조나단 레바브Jonathan Levav 교수의 〈이스라엘 가석방 심리 결과〉 연구는 유명한데, 가석방 심사를 하는 판사가 충분히 휴식하거나 식사 후 배가 부를 때는 가석방 승인율이 높지만 그렇지 않을 때는 급격하게 낮아지는 현상이 이 연구로 밝혀졌습니다. 공정해야 하는 판결이 이렇게 에너지에 따라서 전혀 다른 결과를 보이는 것처럼 사람은 에너지에 따라 다르게 판단하고 행동합니다. 따라서 동기를 관리하는 사람은 자신의 에너지도 관리하고 지나치게 에너지를 소진하지 않으려고 노력합니다. 동기는 단순히 있고 없고 하는 것이 아닌 크기가 있는 양입니다.

에너지 관리는 단순히 에너지를 소진하지 않으려고 걱정하며 조심하는 소극적인 방식이 아닌 회복 탄력성을 키우고 에너지 그릇을 키우는 적극적 방식이 좋습니다.

지식 노동자

첫 회사에서 사장님이 숙제처럼 내주신 "너희는 아직 전문가가 아니야"라는 말은 평생 떠나지 않는 질문이 되어 시시때때로 떠올랐습니다. 흔히

'프로'라고 하면 프로 스포츠 선수를 떠올리지만, 이 예는 저의 궁금증에 해답을 주진 못했습니다. 그냥 돈 받고 일하면 프로 아니냐는 냉소적인 답만 얻을 수 있을 뿐이었습니다.

반면에 변호사, 세무사, 의사 같은 전통적인 전문가들은 대부분 매우 엄격한 자격 조건을 공인받아야 하고 대부분 1인 사업자로서 일하거나 자기 이름을 내걸고 일하는 편입니다. 하지만 이런 모습은 프로그래머 또는 개발자와는 맞아 보이지 않았습니다.

그러던 중 피터 드러커의 《프로페셔널의 조건》이라는 책을 읽고 지식 노동자란 개념을 알게 되면서 비로소 내가 찾던 전문가가 어떤 것인지 그림을 그릴 수 있게 되었습니다. 그는 지식 노동자와 그 중요성에 대해서 자기 경험을 곁들여 자세히 설명하는데 "지식 노동자는 시대적 소명임과 동시에 지식 사회인 현대의 가장 기본적인 생산 요소"라고 말합니다.

저는 개발자를 두고 공장에 자기만의 생산 설비를 들고 들어가서 일하는 노동자라고 표현합니다. 전통적인 공장에서는 자본가가 생산 시설을 소유하고 노동자는 노동력만을 제공합니다. 숙련공의 가치가 없는 것은 아니지만 노동자의 입장은 자본가에 비해 절대적으로 불리하여 노조 같은 단체를 구성해야 협상력이 생깁니다.

반면에 개발자는 그 자신이 생산 시설의 일부입니다. 개별 개발자는 기업의 성과에 큰 영향을 끼치는 존재이고 개인으로 어느 정도 협상력을 가집니다. 설사 회사에서 나가게 되더라도 전통적인 노동자에 비해서 쉽게 새로운 직장을 구할 수 있습니다. 그 자신이 그런 가치를 가지고 있기 때문입니다.

책에서 많은 내용을 다루지만 저는 성과를 내는 주체로서 이를 위해 노력해야 하고 목표에 집중할 수 있어야 한다는 점에서 큰 감명을 받았습니다. 무엇보다 개인이 스스로 목표를 설정하고 이 목표를 달성하려면 자신을 경영해야 한다는 가르침을 깊이 받아들였습니다. 피터 드러커는 "전문 지식은 과업과 연결되어야만 생산적인 것일 수 있고 조직은 끊임없이 자기 혁신을 추구하며 불안전해야 한다"고 하면서 이렇게 말합니다.

> "지식 근로자는 스스로 성과의 방향을 설정해야 하기 때문에, 자신에게 어떤 성과가 기대되고 있는지 그리고 자신에게 그러한 성과가 기대되고 있는 이유가 무엇인지를 이해하지 않으면 안 된다."
>
> 피터 드러커

이때부터 저는 동기를 스칼라가 아닌 벡터로 생각하기 시작했습니다. 내가 뭔가를 만들어냈다면 그 성과는 그 자체로 의미 있지 않고 원래 나에게 기대된 성과의 방향에 비추어 평가된다고 봤고 이는 결국 두 벡터의 정사영에 해당했습니다. 만약 나에게 기대된 성과와 직교 방향의 성과를 냈다면 그 성과가 아무리 큰 것이라도 인정받을 수 있는 성과는 아무것도 없습니다. 심지어 저는 마이너스 성과를 낼 수도 있는 겁니다.

• 동기 벡터 •

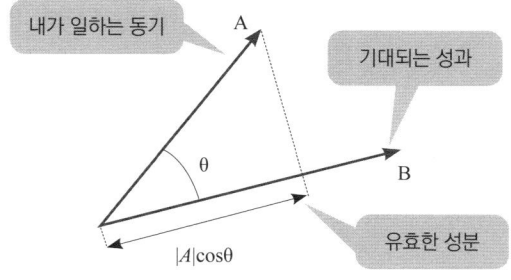

• 수정된 전문가에 대한 나의 정의 •

전문가 = (전문 역량 + 일반 역량) * 동기 * cos θ

적정 기술 선택

저는 대학생 시절만 해도 게임을 만들고 싶어했습니다. 게임이라는 컨텐츠 자체에 매력을 느끼기보다는 게임이 컴퓨터 성능을 최대로 활용하는 분야란 생각이 들었기 때문입니다. 반면에 업무용 소프트웨어를 만드는 일은 경멸했습니다. 그런 소프트웨어를 만드는 프로그래머는 진짜 프로그래머가 아니라고 말하기도 했었습니다. 80년대에는 진짜 프로그래머Real Programmer라고 부르는, 하드웨어를 직접 정밀하게 제어하는 프로그래머를 치켜세우고 고수준 언어를 사용해서 편하게 코딩하는 프로그래머를 폄하하는 분위기가 있었습니다. 이를 잘 드러내는 유행어가 "진짜 프로그래머는 파스칼을 쓰지 않는다Real Programmers Don't Use Pascal*"입니다.

가트너의 기술 성숙도 모델인 하이프 사이클과 유사한 기술 수용 생애주기Technology adoption life cycle**라는 모델이 있습니다. 어떤 기술이나 제품이 사회에 수용되고 확산되는 생애주기를 단계별로 구분한 그림입니다. 이 모델에서 초기 확산 단계를 기대치 관점에서 표현한 것을 가트너의 하이프 사이클이라고 흔히들 말합니다.

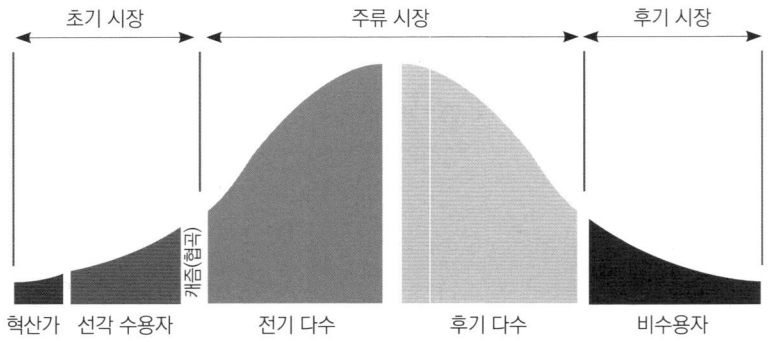

하이프 사이클에서 환멸 단계를 넘지 못하고 사멸되는 기술이 많다고 이야기하는 것처럼 기술 수용 생애주기에서도 선각 수용자에서 전기 다수로 넘어가지 못하는 기술이 많다고 말하고 이 사이를 좁고 깊은 협곡이란 의미의 캐즘chasm이라고 부릅니다.

저는 웹을 수용하기로 한 이후로 진짜 프로그래머를 추구하던 자세를 버리고 기술 선택 기준을 바꾸어 선각 수용자 단계를 넘어 전기 다수 단계로

---

*   https://en.wikipedia.org/wiki/Real_Programmers_Don%27t_Use_Pascal
** https://en.wikipedia.org/wiki/Technology_adoption_life_cycle

넘어오지 않은 (캐즘을 못 넘고 사라질 수도 있는) 기술을 실무에서 사용하지 않기로 했습니다. 그리고 그때까지 거들떠도 안 보았던 스크립팅 언어를 본업에 적극 사용하기 시작했습니다. 그 후로도 여러 새 기술을 맛보거나 학습하기는 해도 실무로 사용할 때는 엄격하게 이 기준을 적용합니다.

테크 리드의 길

10여 년간 경영했던 회사는 폐업했습니다. 사업으로서도 성공하지 못했을 뿐 아니라 쓸모 있는 일에 개발자의 삶이 쓰이게 하자는 포부도 별 성과를 내지는 못했습니다. 회사 문을 닫고 나서 기술력을 추구했던 첫 회사 사장님만큼이나 기업가로서 불순한 동기로 사업을 했다는 평가를 스스로 하게 되었습니다. 사업가는 이렇게 멋 부리는 사람이 아니고 치열하게 고객을 창출하고 계속 만족시키기 위해서 노력해야 하는데 그렇지 못했습니다.

2000년대 후반이었던 당시는 전 사회적으로 이공계 기피가 심했고 소프트웨어 개발은 3D 업으로 분류되기까지 했습니다. 개발자 업무 조건이 언론과 정치권의 관심을 받을 정도였습니다. 개발자 사이에는 직업을 바꾸어야 한다거나 외국으로 이민 가야 한다거나 하는 말이 심각하게 오갔습니다. 하지만 저는 상황이 생각보다 그리 암울하지도 않고 개발자의 미래도 긍정적이라고 봤습니다.

그때는 닷컴 버블 후유증이 가시고 소셜 미디어, 웹 2.0, 사용자 제작 콘텐츠UGC 같은 새로운 시도로 IT 업계에 오랜만에 생기가 돌고 있었습니다. 무엇보다 애플에서 아이폰이 출시되면서 대격변이 시작되고 있었습니다.

연대의 모색

회사를 접고 앞으로 어떤 일을 할지 고민하는 중에 이런 기운을 감지하고는 테라포밍을 계속하되 나만의 문화를 만들겠다는 전략을 버리고 '연대'를 통해서 그 일을 하기로 마음 먹었습니다. 지금까지는 깜냥도 안 되는 사업을 한다고 하면서 멋만 부리고 성과를 내지 못했다면 다른 사람들과 연대해 이 일을 계속해야겠다는 생각이 들었습니다. 테라포밍은 혼자서 할 수 있는 일이 아니었고 모두가 같이 힘을 합쳐야 하는 일이었습니다. 무엇보다 모든 일에는 때가 있다는 것 또한 알았습니다.

이제 사회에서 개발자를 필요로 하는 때가 되었고 만약 이때 우리 개발자가 사회의 요구에 전문가다운 모습을 보여준다면 개발자에 대한 인식이 달라질 것이라고 생각했습니다.

연대의 한 방향은 개발자 커뮤니티였습니다. 그 전까지 회사 외부와는 거의 교류를 하지 않았지만 다양한 개발자 커뮤니티에 참석하고 블로그나 소셜 미디어를 통해 여러 개발자와 소통하면서 전문가로서의 개발자를 함께 모색하기로 했습니다. 때마침 참석했던 한국 스프링 사용자 모임에서 창립자였던 이일민, 안영회 님이 차기 대표 역할을 제안해주셔서 대표로서 커뮤니티를 이끄는 기회도 얻을 수 있었습니다.

또 한 연대의 방향은 가능성과 의미가 있는 사업인데 개발 역량이 부족해서 어려움을 겪는 회사를 돕자는 것이었습니다. 개발 역량을 확보해 누구나 들어가고 싶어 하는 회사에는 제 역할이 별로 필요 없고 이미 좋은 분이 많기 때문입니다. 저는 사업에 비해서 아직 개발 역량이 떨어지고, 제가 그 부족한 부분을 채우게 되었을 때 훨씬 경쟁력 있고 사회적으로 가치 있는 일을 할 수 있는 회사를 선택하기로 했습니다.

무엇보다 직원으로서, 관리자로서, 회사 대표로서 여러 시도를 하고 다양한 실패를 경험한 사람이기에 일종의 '상처 입은 치유자', 즉 다양한 사람의 처지와 고충을 이해하고 대화를 돕거나 적절한 해법을 제시할 수 있는 역할을 할 수 있다는 생각이 들었습니다.

이런 연대를 결심하게 된 것은 앞으로 어떤 일을 할지 고민하면서 청계천을 걸어가다가 문득 발견한 도종환 시인의 〈담쟁이〉 덕이었습니다.

담쟁이*

도종환

저것은 넘을 수 없는 벽이라고
고개를 떨구고 있을 때
담쟁이 잎 하나는
담쟁이 잎 수 천 개를 이끌고
결국 그 벽을 넘는다

팀 개발

두 번째 연대, 즉 회사의 구성원으로서 다른 사람의 사업을 도와주는 일을 선택한 또 다른 이유는 좋은 팀을 만들고 싶다는 생각 때문이었습니다. 개인으로서 다른 사람의 사업을 도와주는 방법도 있지만 저는 제가

---

* 일부 발췌

회사를 경영하면서 좋은 팀과 일했다고 생각했고 이 팀이 해체됐다는 상실감과 더 좋은 팀으로 발전시키지 못했다는 아쉬움을 떨치지 못했습니다. 그래서 다시 한번 조직에 속해서 좋은 팀을 만들고 이 팀으로 일하는 경험을 하고 싶었습니다.

이는 단지 제가 팀으로 일하는 것을 좋아하기 때문만은 아닙니다. 사실 저는 혼자 일하는 것을 좋아합니다. 하지만 본질상 소프트웨어는 팀 작업입니다. 많은 문제가 좋은 팀으로 일하지 못해서 발생하지만 업계에서 이에 대한 심각성을 잘 인지하지 못합니다.

많은 회사가 단위 조직을 팀이라고 부르지만 사실 팀워크가 올바로 동작하는 팀은 많지 않습니다. 흔히 좋은 팀워크는 좋은 분위기를 의미합니다. 그래서 회식이나 대화를 많이 하는 것이 팀워크를 좋게 만드는 방법이라고 말합니다. 물론 좋은 분위기는 정말 중요합니다. 하지만 팀워크는 그 이상입니다. 1+1이 2 이상이 되도록 만드는 것이 팀워크입니다.

팀워크가 좋은 팀은 의미 있는 성과를 지속적으로 내며 늘 더 높은 목표에 도전합니다. 공동의 목표를 위해 협력할 줄 알고, 서로 배우고 가르치며, 개인과 팀 모두 성장합니다.

"뛰어난 팀 없이 뛰어난 소프트웨어는 얻을 수 없다. 그리고 대부분의 소프트웨어 팀은 역기능가정 같이 움직인다."　　　　존 맥카시

· 최종적인 전문가에 대한 나의 정의 ·

전문가 = (전문 역량 + 일반 역량) * 동기 * $\cos \theta$ * 연대

아직도 가야 할 길

저는 취미로 컴퓨터를 시작했다가, 당시엔 어엿한 직업이라고 말할 수 없는 프로그래머로 경력을 시작했습니다. 그 결심의 근거는 내가 취미로 하던 일도 다른 사람에게 쓸모 있게 쓰인다면 직업이 될 수도 있다는 막연한 희망뿐이었습니다.

요즘 말로 덕업일치로 충분하지 않느냐는 순진한 생각은 첫 회사 생활에서 여지없이 무너졌습니다. 무엇보다 사장님이 무슨 생각으로 하신 말씀인지 모를 "전문가가 아직 아니야"라는 말씀에 사로잡혀서 전문가로서의 개발자를 모색하며 지금에 이르렀습니다.

그동안 여러 시도를 했고, 교훈을 얻었고, 늘 다른 기회를 선택하지만 제 머릿속에는 처음 이 직업을 선택할 때 마음을 움직인 '쓸모 있는 일을 하자'는 결심이 자리잡고 있습니다. 오늘도 저는 제가 쓸모 있는 일을 하는지, 다시 말해서 이 사회에 가치 있는 결과를 만들어내고 있는지 묻습니다. 그리고 그 길을 찾습니다.

제가 경력을 시작했을 때 비하면 컴퓨터는 사회 깊숙히 스며들어 필수적인 것이 되고 있습니다. 특히 인터넷과 모바일 덕에 이런 변화는 급격하게 일어났습니다. 하지만 이제 막 디지털 전이가 거론되고 있으니 앞으로 더 많은 변화를 이루어내야 합니다. 오히려 지금이 본격적인 변화의 시작이라고 말할 수 있을 것 같습니다. 앞으로 컴퓨터는 더욱 쓸모 있는 수단이 되어야 할 겁니다.

이런 컴퓨터의 역할 변화와 함께 개발자의 역할과 그 책임 또한 중요해질 겁니다. 마리사 데일이란 디지털 서비스 디자이너는 피보탈에서 근무할 때 〈기술자 히포크라테스 선서〉*라는 글을 써서 기술자들이 현대에 미치는 영향력에 걸맞는 책임감을 인식하고 이를 실천해야 한다고 주장했습니다. 그가 쓴 선서의 마지막에는 이런 문장이 있습니다.

> "나는 내가 관문을 지키는 사람임을 안다. 권위에 복종하기보다 내가 만든 기술의 결과에 훨씬 더 관심을 둔다. 내가 이 선서를 어기지 않는다면, 나는 삶과 내 기술을 즐기며, 내가 사는 동안 존중받고 그 후에는 기억될 것이다."
>
> 마리사 데일

저는 아직도 우리 개발자가 전문가로 인정받지도, 그렇게 행동하고 있지도 않다고 생각합니다. 오히려 지난 10년 동안 호황기를 거치면서 지나치게 높은 대우를 받았을지도 모르겠습니다. 이렇게 말하면 거칠게 항의할 분도 있겠지만 제 주위의 다른 직군에 있는 사람들과 비교하면 분명히 그렇게 보입니다.

무엇보다 개발자를 양성하는 교육 과정과 개발이라는 행위는 여전히 흑마법 같습니다. 제가 보기에 어떤 대학도 이렇다 할 개발자 양성 교육 과정을 제시하지 못하고 있습니다. 애초에 개발자가 누구인지 분명하게 말하지도 못하는 것 같습니다. 개발 과정에 대해서도 이제 막 이해하기 시작한 수준이지 않나 싶습니다.

스티브 맥코넬은 우리 업계에 주기적으로 골드 러시가 일어난다고 말합니다. 이런 호황기에는 그냥 아무렇게나 일을 해도 돈을 벌 수 있습니다. 하지만 골드 러시가 끝나고 나면, 그래서 진짜 실력으로 평가되고 경쟁해

---

* https://blog.fupfin.com/?p=188

야 하는 때가 오면 엔지니어링 전문성이 중요해질 것이라고 말합니다.

"후기 골드 러시 소프트웨어 개발은 더 체계적이고, 위험이 낮으며, 자본 집약적인 개발 관행이 특징이다. 골드 러시 방식 개발 관행은 후기 골드 러시 단계에서 동작하지 않을 것이다." 스티브 맥코넬

저는 스티브 맥코넬이 그의 책에서 말하는 형태의 전문 소프트웨어 개발이 정답이라고 생각하지는 않습니다. 하지만 그의 전망대로 언젠가는 호황기가 끝나고 진짜 실력으로 만들어내는 성과에 따라서 평가되는 때가 올 것입니다.

2022년인 지금, 코로나로 인한 지나친 양적 완화의 반작용으로 극심한 양적 긴축이 진행되고 있고, 러시아의 우크라이나 침공으로 인한 여파가 전 세계에 미치고 있으며, 미국과 중국 두 강대국이 힘겨루기 중입니다. 이 와중에 IT 호황기는 끝나고 겨울이 왔다고 말하는 사람도 많습니다.

이것이 골드 러시의 끝일지, 또 다른 골드 러시가 시작될지는 모르겠습니다. 확실한 것은 전 사회의 디지털 전이는 계속될 것이고 확대될 것이란 사실입니다. 이미 바퀴는 굴러가기 시작했습니다. 호황기가 끝난 이후라 해도 사회는 이 변화를 사명의식을 가지고 책임지는 진짜 전문가를 필요로 할 것입니다.

개발자란 직업은 이제 그 정체가 서서히 명확해지기 시작한 신종 직군입니다. 아직 가야 할 길은 멀고 우리는 그 출발선에 서 있습니다. 여러 면에서 소프트웨어 개발자는 독특합니다. 그것을 장인정신이라고 부를지, 전문가주의라고 부른지 모르겠지만 사회에 미치는 영향력에 준하는

사명감과 전문 역량과 윤리의식을 겸비한, 그래서 스스로 자랑스럽고 사람들에게 존중받는 개발자의 모습을 저는 여전히 찾고 있습니다.

제가 찾은 전문 소프트웨어 개발자의 모습이 정답도 전부도 아닐 겁니다. 다만 이런 탐구가 모인다면 그 중에서 우리는 길을 발견할 수 있을 것입니다. 이것을 같이 찾아 보았으면 좋겠습니다.

• 출간 후 2년, 그다음 이야기 •

제 글은 절대적인 원칙을 소개하기보다, 나름의 원칙을 정하고 개발자로서 세상에 적응하며 살아본 중간 보고서 같은 성격입니다. 그래서 지난 2년간 원칙이 변화되었다기보다는 새로운 환경에 또 어떻게 적용되는지 지켜볼 문제입니다.

지난 2년간 AI 기술이 개발자에게 미치는 영향으로 질문을 많이 받았습니다.

AI 기술의 발전은 분명히 혁신적입니다. 강화학습, 딥러닝, GAN, 트랜스포머, 거대 언어 모델, 확산 모델로 이어지는 지속적인 빅뱅급 혁신은 충분히 놀랄 만하고 두렵기까지 합니다. 많은 사람이 '혁신은 여기까지'라고 선언한 이후에도 계속해서 양자적 도약이 일어나고 있어서 이 혁신이 끝이 없을 것 같다는 생각도 듭니다. 어떻게 될지는 모를 일이죠.

한 발짝 멀리서 바라보면 재미있게도 컴퓨터는 처음부터 '생각하는 기계'로 만들어졌습니다. 컴퓨터는 늘 기술적인 한계 내에서 생각하는 역할을 했습니다. 하드웨어 발전과 함께 기술적 한계도 계속 무너지고 경계가 넓어졌습니다. 저는 종종 개발자들에게 컴퓨터를 사용해서 문제를 해결하려 들지 말고 컴퓨터가 문제를 해결하게 만들라고 말합니다. 단순하게 어떤 일을 자동으로 반복하는 기계가 아닌, 생각하는 기계로서 컴퓨터를 활용하라는 뜻입니다. 단순히 프로그래밍 언어와 API를 익힐 뿐 아니라 자료구조나 알고리즘 같은 문제 해결법을 알아야 하는 이유입니다.

이런 관점에서 기계학습이나 신경망 기반 기술의 발전은 좋은 기회입니다.

저는 10여 년간 운영 지원 시스템을 만드는 일을 하고 있습니다. 지금은 컬리에서 고객이 주문한 상품을 박스에 담고 배송해 아침까지 문 앞에 배송해드리는 주문 이행 시스템을 만들고 있고요. 이런 운영 시스템에는 디지털화, 자동화, 최적화, 지능화, 자율화라는 다섯 가지 성숙도가 있다고 저는 생각합니다. 디지털화 단계는 모든 운영 작업이 IT 도구에 기반해서 처리되는 단계입니다. 이 단계를 통해 관련 데이터가 디지털화됩니다. 그러고 나면 작업이 정해진 정책에 의해 자동으로 처리되어야겠죠. 디지털화와 자동화 단계가 되면 운영 현장의 상황을 실시간으로 정확하게 측정하고 제어할 수 있게 됩니다. 빨라야 하루 단위로 이루어지는 계획, 이행, 평가의 주기가 극단적으로 짧아져 효율이 최적화될 수 있는 겁니다. 지능화 단계에서는 사람이 수행하는 관제 작업 상당수가 시스템에 의해서 처리됩니다. 사람은 특이상황만 대처하면 됩니다. 자율화 단계에서는 사람의 개입 없이 대부분의 운영 상황이 시스템에 의해 처리되고요. 자율주행 자동차의 각 단계를 생각하면 이해하기 쉬울 겁니다.

이 모든 것이 가능한 이유가 클라우드, 데이터 처리 기술과 함께 기계학습과 신경망 기반 기술이 발전하기 때문입니다.

적지 않은 사람이 AI 기술의 발달로 개발자 입지가 줄어들 것이라고 말합니다. 개발자 중에서도 그런 전망을 하는 분이 적지 않고요. 프로그래밍 관점에서 과거를 되돌아보면, 제가 처음 프로그래밍을 배울 때에는 실무에서 사용할 수 있는 소프트웨어는 당연히 어셈블리로 개발해야 했습니다. 어셈블리로 개발한다는 말은 단지 언어가 저수준이란 뜻이 아닙니다. CPU 사이클과 메모리 1비트까지 직접 개발자가 고려하고 제어하며 프로그래밍한다는 뜻입니다. 그러다가 C 같은 고수준 언어를 사용하게 되었고, 메모리 관리를 컴퓨터에 위임하게 되었고, 각종 라이브러리나 프레임워크의 지원을 받을 수 있었고,

동적 타입 언어나 표현력이 풍부한 추상화된 언어로 중요한 일을 처리하는 소프트웨어를 만드는 게 전혀 이상하지 않은 상황이 되었죠. 소프트웨어 개발 환경도 덩달아 발전했고요. 이제는 누구나 코딩할 수 있어야 한다고 믿는 사람이 많아졌습니다.

프로그래밍이 이렇게 계속 쉬워지면서 저는 거의 평생 "앞으로는 프로그래머가 필요 없어질 것이다"라는 이야기를 들어야만 했습니다. 하지만 최근까지도 개발자 품귀현상과 채용 경쟁이 심했고 여전히 좋은 개발자는 턱없이 부족합니다.

AI나 개발 기술의 발전으로 프로그래머가 필요 없어질 것이라는 전망은 1960년대에도 있었습니다. 이때 말하는 프로그래머는 이미 정해진 논리를 코드로 표현하는 사람을 말합니다. 요즘도 AI 기술로 개발자가 필요 없어질 거라고 주장하는 사람이 하는 말을 가만히 들어보면 비슷한 관점에서 개발자를 바라봅니다. 하지만 개발자는 다 정해진 무엇을 단순히 코드로 바꾸어 표현하는 사람이 아닙니다, 소위 말하는 주니어 개발자를 포함해서 말입니다. AI 기술 덕에 주니어 개발자가 필요 없다느니 시니어가 필요 없다느니 하는 말은 지나치게 앞서간 전망이고 현 시점에서는 다 헛소리입니다. 결핍의 아쉬움을 일부 해소해줄 수 있을 뿐이죠.

AI 기술이 코드로 표현하는 능력을 정말로 갖추게 될지도 의문이지만 그렇게 되더라도 개발자를 대체할 수 있다고 생각하지 않습니다. 오히려 개발자는 이런 AI 기술을 잘 활용해서 여전히 현실 문제를 푸는 일을 하게 될 겁니다. AI 기술 덕에 문제를 더 잘 풀게 되는 것이죠.

어떤 사람들은 AI로 개발자 대체를 시도하거나, 대체될 것이라고 주장하곤 하는데 그 이면에는 개발자가 하는 일이 단순한 작업이라는 오랜 오해가 자리잡고 있다고 봅니다. 개발자가 하는 일이 그렇게 단순한 작업이 맞다면 쉽게 대체되겠죠. 하지만 우리가 하는 일은 그렇게 정형화되기 어렵습니다. 소프트웨어 개발 현장이 난장판인 이유도 이런 오해 때문입니다.

• 원칙 준수에 도움이 되는 정보 •

《드라이브》

사람은 동기로 움직입니다. 나 자신과 동료의 동기를 알고 건강한 동기를 관리하는 것이 회사에서 성과를 내고 만족스러운 삶을 사는 비결일 겁니다.

《테크니컬 리더》

리더가 된다는 것이 얼마나 멋진 일인지 알게 해준 책. 단순히 지식을 설명하는 책이 아닌, 자신과 조직을 변화시키는 능력을 갖추게 도와줍니다.

《프로페셔널의 조건》

21세기를 지식 노동자가 이끄는 사회라고 전망한 피터 드러커가 개인이 지식 노동자로서 자각하고 준비되려면 어떻게 해야 하는지 설명한 책입니다. 소프트웨어 개발자는 어쩌면 이 지식 노동자의 대표 모델일 수 있습니다.

《성공하는 사람들의 7가지 습관》

시간과 기회를 효과적으로 사용해서 성과를 내는 삶을 안내해줍니다. 내면에서 출발하라고 하는 만큼 단순한 자기 계발서가 아닌 인격 수양에 대한 책입니다.

《만화로 보는 댄 애리얼리 최고의 선택》

넘쳐나는 정보와 다양한 관점이 충돌하는 세상을 살고 있습니다. 더구나 정치인과 기업은 자신들에게 유리한 선택을 하도로 우리를 조정하고 협박합니다.
한 개인으로서 후회없는 선택을 하려면 본질을 볼 수 있어야 합니다. 그리고 그 본질은 우리 내면에 있을 것입니다. 수많은 주변의 압박에서 벗어나 현명한 선택을 하도록 도와주는 책입니다.

02
오류를 만날 때가
가장 성장하기 좋을 때다

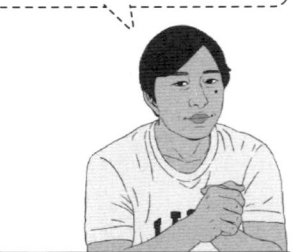

오류를 만날 때가 가장 성장하기 좋을 때다. 성장 발판으로 삼아보자.

강대명 charsyam@naver.com
현) 레몬트리 CTO
전) **위버스** 데이터 엔지니어
전) **유데미** 데이터 엔지니어
전) **카카오** 백엔드 엔지니어
전) **네이버** 백엔드 엔지니어

레몬트리 CTO. 네이버에서 메일 서비스를 개발했고, 카카오에서는 카카오스토리를 개발했습니다. 그 이후에 유데미(Udemy)와 위버스에서 데이터 엔지니어링을 하면서, 하둡, 스파크, 데이터브릭스, 스노우플레이크 등을 다뤘습니다. 지금은 레몬트리에서 가족 금융 서비스를 개발하고 있습니다.

🅆 charsyam.wordpress.com   🐦 twitter.com/charsyam

'오류'를 만나는 일은 개발자에게 즐겁지 않은 일입니다. 하지만 백엔드 엔지니어로서 저는 "백엔드 엔지니어의 실력은 얼마나 많은 오류와 장애를 만나고 이를 해결했는지 여부에 따라 갈린다"라고 말합니다. 2002년부터 개발을 시작하면서, 저는 항상 팀이나 회사에서 가장 많은 오류를 만드는 사람이었고, 경험하는 사람이었다고 생각합니다. 그리고 그런 장애가 저를 더 성장시켜주었다는 생각이 듭니다. 오류를 만날 때 좌절하지 않고 끝내 해결하고 어떻게 더 나은 개발자로 나아갈 수 있었는지 저만의 두 가지의 원칙을 소개해보겠습니다.

첫 번째 원칙은 '오류가 발생하면 소스 코드 레벨에서 이해하자'입니다. 현업에서는 다양한 도구와 프레임워크, 라이브러리를 사용합니다. 메뉴얼대로 코드를 작성하고, 도구를 사용할 때 한 번에 의도한 대로 동작하면 행복감이 들기도 하는데, 반대로 한 번에 되지 않으면 머리가 아파옵니다. 어디가 잘못된 것인지 찾아야 하는데 가장 쉬운 방법은 스택오버플로 StackOverflow 에서 이전에 같은 증상으로 올린 질문과 해답을 찾는 겁니다. 구글링하면 웬만한 해결책이 검색되니까, 구글신이라고도 부를 정도죠. 쉽고 확실하게 해결할 수 있는 방법을 두고 저는 왜 소스 코드 레벨에서 이해하자는 다소 고리타분한 소리를 하는 걸까요?

2012년에 백수로 필리핀에서 놀고 있던 시절, 저는 레디스*라는 오픈 소스를 이용해서 간단한 토이 프로젝트를 만들려고 했습니다. 레디스를 사용할 계획이었는데 센토스 5.3 버전을 사용할 때 레디스가 컴파일되지 않던 버그가 떠올랐습니다. 일단 나만의 문제인지 확인하기 위해서

---

* Redis. 비정형 데이터를 저장하고 관리하는 오픈 소스 기반의 비관계형 데이터베이스 관리 시스템

센토스 5.3을 지원하는 VULTR이라는 클라우드 업체를 이용해서 레디스를 컴파일해보았습니다. 역시 제대로 컴파일되지 않았습니다. sync_file_range() 함수를 찾을 수 없다는 오류가 났습니다. 구글링을 해도 같은 질문을 찾을 수 없었습니다. 직접 해결해보기로 마음먹고, 에러 원인을 계속 확인해보았습니다. 그런데 이상한 것은 소스를 확인해보니 sync_file_range() 함수가 없으면 fsync() 함수를 이용하도록 대응 코드가 이미 작성되어 있다는 겁니다. 결국 해당 코드를 중심으로 계속 확인하다 보니 이상한 부분이 눈에 띄었습니다. sync_file_range() 함수는 리눅스 커널 2.6.17부터 생겼습니다. 2.6.17 이상에서만 사용하도록 되어 있었습니다.

```
#if (LINUX_VERSION_CODE >= 0x020617 && GLIBC_VERSION_AT_LEAST(2, 6))
```

혹시 위의 코드를 보고 이상한 부분을 찾으셨을까요? 그렇습니다. 리눅스 커널 2.6.17부터 생겼는데, 위의 값은 헥사값으로 0x020617입니다. 16진수이므로 실제로 끝에 두 자리 17은 십진수로 23(16 + 7)입니다. 십진수 17을 16진수로 표현하려면 16 + 1이 되어야 하므로 0x020611이어야 합니다. 그래서 제 첫 패치는 해당 부분을 수정하는 것이었습니다.*

```
#if (LINUX_VERSION_CODE >= 0x020611 && GLIBC_VERSION_AT_LEAST(2, 6))
```

명확한 버그를 수정한 것이기 때문에 쉽게 코드가 레디스에 반영되었

---

* https://github.com/redis/redis/pull/730/files

고, 이를 계기로 레디스 컨트리뷰터가 될 수 있었고, 레디스를 제대로 다루는 도서 하나 없던 시절이지만 레디스를 좀 하는 개발자로 성장하게 되었습니다. 이후로도 많은 레디스 장애를 만나게 되었습니다.

서비스를 운영하다 보면 많은 툴을 사용하고, 많은 에러를 마주치게 됩니다. 이때 해당 오류를 스택오버플로에서 검색하면 대부분은 손쉽게 해결책을 얻을 수 있습니다. 하지만 단순히 여기서 끝내버리면, 실제로 깊은 지식을 얻기가 어렵습니다. 한 발 더 나아가서 해당 툴의 소스 코드를 확인하는 것으로 관련 에러가 왜 발생하는지 해결하려면 어떻게 해야 하는지 같은 깊은 지식을 얻을 수가 있습니다. 파생되거나 비슷한 문제를 예방할 수도 있게 됩니다. 이것이 바로 제가 소스 레벨에서 오류를 확인하라 주장하는 이유입니다.

두 번째 원칙은 알아낸 지식을 글로 공개하라는 겁니다. 소스 레벨에서 내용을 이해했다면, 결과물로 남기는 것이 중요합니다. 사람의 기억력을 믿을 수 없고, 때로는 제대로 이해했다고 생각하지만 제대로 이해하지 못했을 수도 있습니다. 그래서 저는 이해한 내용을 블로그에 정리하거나, 오픈 소스에 기여하여 결과물을 남깁니다. 블로그나 오픈 소스에 자신의 코드나 기술적인 내용을 공개하기가 꺼려지는 분이 있을 겁니다. 개발자로서 성장하는 데 좋은 정보를 뇌에 입력하는 것도 좋지만, 제대로 이해하고 있는지 확인받는 것도 중요합니다. 아예 모르는 것보다 잘못 아는 것이 더 위험합니다. 그러므로 가급적이면 결과물을 공개해 다른 사람의 조언을 들을 기회로 삼아보시길 바랍니다. 부끄럽지만 제 일화를 하나 꺼내어보겠습니다.

멤캐시디*에 전체 데이터를 지우는 `flush_all` 명령이 있는데, 레디스에도 전체 데이터를 지우는 `flushall`이라는 비슷한 명령이 있습니다. 레디스에서는 `flushall` 명령을 수행하면 데이터를 지우는 데 굉장히 오랜 시간(백만 개 아이템을 지우는 데 1초 정도)이 소요되는데 멤캐시디에서는 굉장히 빨리 모든 데이터가 지워지는 이유가 뭔지 비교하는 글을 블로그에 작성했습니다. 그런데 '멤캐시디는 때에 따라서 지워진 데이터가 다시 살아날 수 있다'라는 댓글이 피드백으로 달렸습니다. 제가 잘 알지 못하던 내용이었는데, 해당 코드를 추가로 분석하니, 특수한 상황에 한해서 다르게 동작했습니다. 어찌보면 조금 쑥스러운 일 같지만, 글을 공개한 덕분에 멤캐시디에 대해서 더 정확하게 이해할 수 있는 기회가 되었습니다. 온라인에는 고수가 여럿 계십니다. 온라인에 공개하면 그분들을 스승으로 삼아 잘못된 지식을 바로잡을 수 있고, 오픈 소스에 기여하며 커뮤니티 고수들에게 배울 수 있습니다. 이런 기회를 꼭 잡길 빕니다.

오래된 오류와의 만남

2010년에 C/C++로 데이터를 주고받는 TCP 서버를 수정한 적이 있습니다. 현재 서버의 생존을 확인하는 응답을 주는 API 서버를 테스트하는데 서비스 패킷이 늦게 전달되는 일이 자주 발생했습니다. 단지 발송이 늦은 것뿐이긴 했지만, 이상해서 코드를 확인해보니 코드 자체에는 이상이 없었습니다. 코드에 이상이 없는데 데이터가 느리게 전달되니 좀 답답

---

* Memcached. 범용 분산 캐시 시스템

한 상황이었습니다. 게다가 같은 코드를 사용하는 다른 API에서는 같은 이슈가 발생하지 않았습니다.

벌써 원인을 파악하신 분도 있으실 겁니다만 당시 저로서는 이유를 알지 못했습니다. **tcpdump**를 이용해서 패킷을 분석하는데, 마지막 몇 바이트가 계속 오지 않았습니다. 왜 마지막 몇 바이트가 오지 않는지 머리를 쥐어뜯고 있을 때 동료가 네이글 알고리즘Nagle Algorithm을 언급해주었습니다.

네이글 알고리즘은 네트워크의 효율성을 높이기 위해서, 출력할 데이터가 도착할 때마다 매번 보내는 것이 아니라, 지정된 크기를 모아서 보내는 방식입니다. TCP 역시 네이글 알고리즘을 사용하고 있으므로 지정된 크기만큼 데이터가 쌓이지 않았을 때 늦게 전송되는 현상이 나타난 겁니다. C 언어 TCP/IP 프로그래밍에 사용하는 setsockopt() 함수에 TCP_NODELAY 설정을 하면서 네이글 알고리즘을 끌 수 있습니다.

```
int yes = 1;
if (setsockopt(fd, IPPROTO_TCP, TCP_NODELAY, &yes, sizeof(yes)) == -1)
{
    printf("setsockopt error\n");
}
```

동료의 말 한 마디로 간단히 문제가 해결되었습니다. 이제 더 이상 늦게 도착하는 데이터는 없었습니다.

한 걸음 더 나아가기

고심하던 문제가 해결되었습니다. 이제 다른 일을 할 수도 있지만, 각별한 체험(?)을 했으므로 더 잘 이해할 수 있는 기반을 만든 겁니다. 체험에 좀 더 깊은 지식을 채울 기회로 살려보았습니다.

저는 기술을 공부할 때 왜 이러한 기술이 생겨났는지를 먼저 생각해봅니다. 네이글 알고리즘에 붙은 이름인 Nagle은 창안자 John Nagle에서 따온 겁니다. 네이글 알고리즘은 RFC 896에 소개되어 있습니다. RFC 896의 이름은 'Congestion Control in IP/TCP Internetworks'입니다. 여기서 Congestion Control은 우리말로 혼잡 제어입니다. 따라서 IP/TCP 네트워크상에 패킷이 많이 발생하는 혼잡한 문제를 해결(제어)하는 방법 정도로 이해하면 됩니다.

그다음으로는 동작 방식이나 특징을 분석해봅니다. 네이글 알고리즘 동작 방식은 다음과 같습니다.

• 네이글 알고리즘 동작 방식 •

- 네트워크에서 적은 양의 데이터를 자주 보내면 생기는 대역폭 낭비를 막아줍니다.
- 패킷을 보낼 때마다 고정 크기의 추가 버퍼(패킷 해더 Packet Header)가 필요하기 때문에 버퍼에 모아두고 한 번에 보내면 해당 패킷 해더가 매번 전송되는 낭비를 막을 수 있습니다.

"Nagle"이라는 문자열을 각각 패킷으로 보낸다고 가정합시다. 네이글 알고리즘이 꺼져 있을 때는 패킷이 버퍼링되지 않고 곧바로 전달됩니다.

• 네이글 알고리즘을 사용하지 않을 때 •

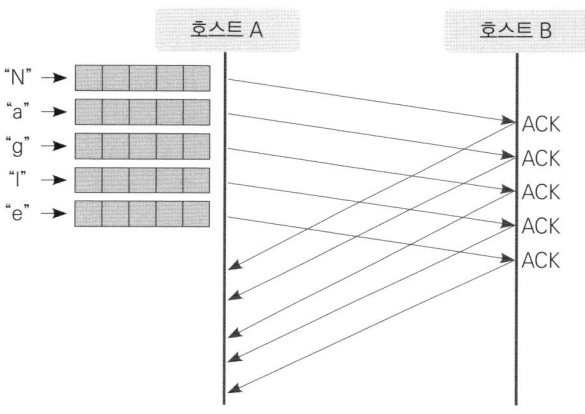

반면 네이글 알고리즘을 켜면 다음 그림처럼 패킷이 특정 크기보다 작을 때는 ACK가 오기 전까지 버퍼에 저장하다가 전달합니다.

• 네이글 알고리즘을 사용할 때 •

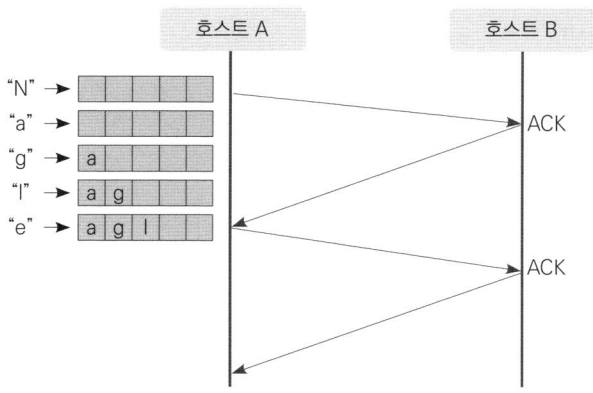

여기까지 알게 되면 한 걸음 더 발전한 겁니다. 그런데 여기서 멈추면 반만 알게 된 겁니다.

더 깊숙이 들어가보기

앞서 발생한 이슈를 해결하는 방법은 네이글 알고리즘을 끄면 해결됩니다. 그런데 그러한 이슈가 발생한 이유가 단지 네이글 알고리즘 때문은 아닙니다. 네이글 알고리즘을 의사 코드로 나타내면 다음과 같습니다.

```
# MSS는 Maximum Segment Size 약어

if 새로 보내야 할 데이터가 있으면 then
    if 윈도우 size >= MSS and 보낼 데이터 size >= MSS then
        완전한 MSS Segment를 바로 보낸다.
    else
        if 아직 ACK를 받지 못한 데이터가 존재하면 then
            ACK가 오기 전까지는 버퍼에 저장한다.
        else
            바로 전송한다.
        end if
    end if
end if
```

간단히 정리하면 다음과 같습니다.

- 전송할 데이터가 MSS보다 크면 바로 MSS 크기만큼 전송한다.
- ACK를 받았으면 바로 데이터를 전송한다.

네이글은 ACK를 받고 나면 곧바로 다음 패킷을 전송해야 합니다. 즉, 일반적인 경우라면 제가 겪은 문제를 만나지 않게 될 겁니다. 그렇다면 왜 이런 현상이 제가 짠 프로그램에서 발생한 걸까요?

〈Rethinking the TCP Nagle Algorithm〉이라는 논문을 보면 TCP에는 전송 최적화를 위해서 지연 ACK$^{Delayed\ ACK}$ 기법이 도입되어 있습니다. ACK를 매번 보내지 않고 특정 시간 안에 온 패킷에 대해서는 한 번만 ACK를 보내주는 기법입니다. 예를 들어 200ms가 시간으로 지정되어 있으면, 200ms 안에 들어오는 패킷들에 대한 ACK를 한 번만 보내줍니다. 그런데 이게 네이글 알고리즘과 결합하면 문제를 일으킬 수 있습니다.

원래 TCP에서 혼잡 윈도우* 내에서는 ACK를 기다리지 않고 패킷을 보내는데, 네이글 알고리즘이 켜지면, ACK가 오기 전까지는 데이터를 버퍼링하게 되므로, 첫 응답에 대한 ACK는 지연 ACK의 타임아웃이 발생해야 전달됩니다. 예를 들어 다음과 같이 지연 ACK 정책이 정해져 있다고 가정합니다.

- 2번 패킷이 전달되면 ACK를 보낸다.
- 패킷이 1번만 전달되고 타임아웃이 될 때까지 추가로 패킷이 전달되지 않으면 타임아웃이 발생했을 때 ACK를 보낸다(타임아웃은 200ms로 가정한다).

다음 그림에서는 패킷이 전달되면 곧바로 ACK를 전송합니다.

---

* Congestion Window. TCP에서는 네트워크 대역폭이 부족할 때 패킷을 계속 많이 보내면 더 대역폭이 부족해집니다. 대역폭이 부족해지면 패킷 전송에 실패합니다. 그래서 패킷 전송에 실패할 때는 조금 천천히 보내고, 잘되면 더 많이 보냅니다. 이를 혼잡 제어(Congestion Control)라고 합니다. 혼잡 제어를 하려면 패킷을 몇 개까지 보낼 것인가를 결정해야 하는데, 이를 혼잡 윈도우라고 합니다. 즉 혼잡 윈도우의 크기가 3이라면 패킷 3개까지 연속으로 보내고 이에 대한 응답을 받으면, 다음 패킷들을 또 보냅니다.

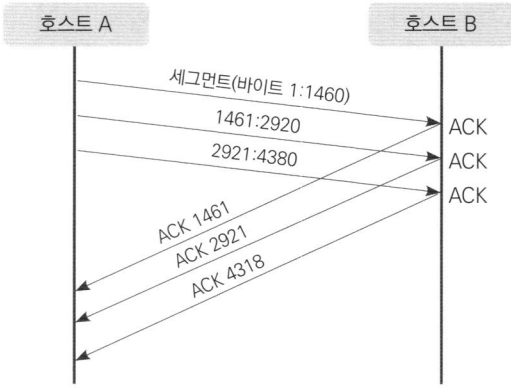

그런데 다음 그림에서는 지연 ACK가 적용되면, 예를 들어 두 번 패킷이 들어오면 ACK를 바로 보내주고, 두 번이 되지 않으면 타이머가 동작할 때 ACK를 보냅니다.

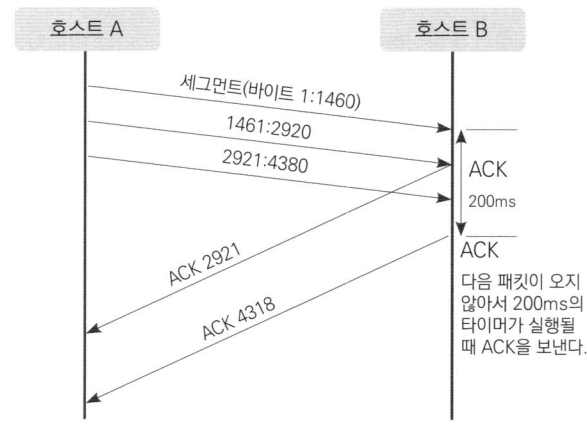

네이글 알고리즘이 지연 ACK와 만나게 되면 타임아웃이 발생해야지만 ACK가 오기 때문에 패킷이 왔던 겁니다. 실제로 발생한 문제를 그림으로 그려보겠습니다.

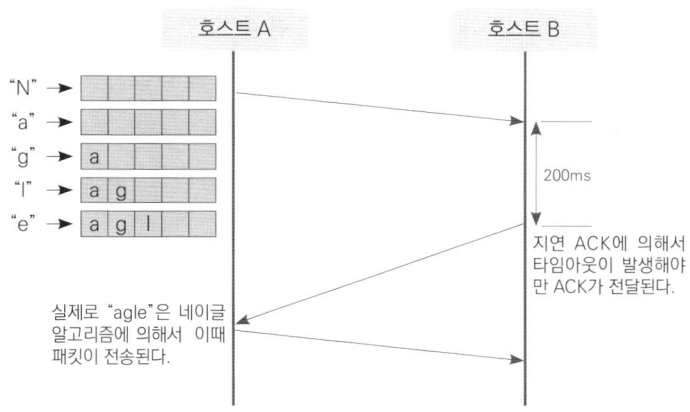

이렇게 장애가 발행했을 때 원인을 깊게 공부해두면, 잊지 않고 기억할 수 있습니다.

정말인지 소스 코드로 확인하기

자바 8이 2014년에 출시되었습니다. 람다, 스트림, 함수형 문법 등 엄청난 변화를 들고온 버전입니다. 당시 저는 자바 7 버전으로 대규모 사용자가 사용하는 서비스를 개발하고 있었습니다. 자바 8로 변경하면 CPU 사용량이 줄어든다는 소식을 듣고 정말 그런지 확인 작업에 들어갔습니다.

확인해보니 종전에는 CPU 사용률이 50~60% 정도였는데 자바 8을 적용하니 20~30%로 줄어들었습니다. CPU 사용량을 절반 정도 줄일 수 있겠다는 확인을 하고 나서 서비스를 자바 7에서 자바 8로 변경하기로 결정했습니다. 자바 7에서 자바 8로 바꾸려면 꽤 많은 코드를 수정해야 하지만 장기적으로 버전 업그레이드를 하는 것이 이득이라고 생각했던 겁니다.

그런데 자바 8은 어떻게 성능을 끌어올릴 수 있었을까요? 이런 의문이 들자 자바 7에서 자바 8로 바뀌면서 개선이 많이 된 사항을 살펴보았습니다. 당시 HashMap*의 성능 개선이 있었는데, 선형 리스트 형태를 트리 구조로 바꾼 덕분에 그렇다 정도의 소문이 떠돌았습니다. 구체적으로 어떻게 변경되었는지 궁금했습니다.

다음 그림은 제가 알던 자바 7까지의 HashMap 내부 구조입니다.

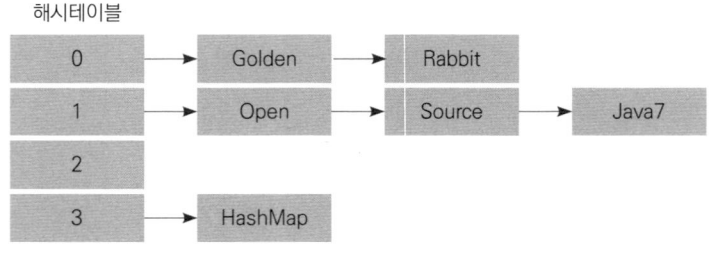

• 자바 7까지의 HashMap 내부 구조 •

---

* Hash를 이용해 Map 형태를 구현하는 자료구조입니다. 특히 자바 7과 자바 8에서 HashMap의 차이는 면접 단골 질문입니다.

그렇다면 소문대로 자바 8에서 모든 HashMap의 값들이 선형 리스트에서 트리 구조로 바뀌었을까요?

확인해보기 전에 한번 생각을 해봅시다. 트리 구조로 바뀐다면 어떤 문제가 발생할까요? 트리 구조는 리스트보다 검색은 더 빠르겠지만, 데이터의 추가/삭제는 훨씬 느립니다. 데이터 추가 시에 트리의 밸런스를 유지해야 하기 때문에, 데이터 추가 속도가 느리게 되는 겁니다. 그렇다면 데이터가 적을 때는 도리어 트리 구조를 유지하는 비용이 더 들어 성능이 더 느려지지 않을까요? 반면 선형 리스트는 새로운 데이터를 가장 앞에 저장하기 때문에 삽입이 빠르지만, 선형 리스트 안에서는 순차 탐색을 하므로 검색 속도가 느립니다.

이런 궁금증을 안고 HashMap 코드를 분석해보았습니다. 당시 확인한 코드와 자바 8의 해시맵의 코드는 거의 동일합니다. 결론부터 말하자면 자바 8 이후의 해시맵은 한 해시맵의 아이템이 8개가 되면 그때 선형 리스트 구조에서 해당 부분만 레드 블랙 트리* 구조로 바뀌게 됩니다. 재미있는 사실은 HashMap에 속하는 데이터가 6개 이하가 되면, 다시 선형 리스트로 만들어서 저장한다는 사실입니다. 단지 이렇게 다시 선형 리스트가 되는 경우는 항상 개수가 적을 때 바뀌는 것이 아니라, 해시테이블이 확장되어서 해시테이블의 트리가 두 개로 나눠지는 시점에만 개수에 따라서 다시 선형 리스트가 됩니다.

---

* Red Black Tree. 이진 탐색 트리(Binary Search Tree)의 일종

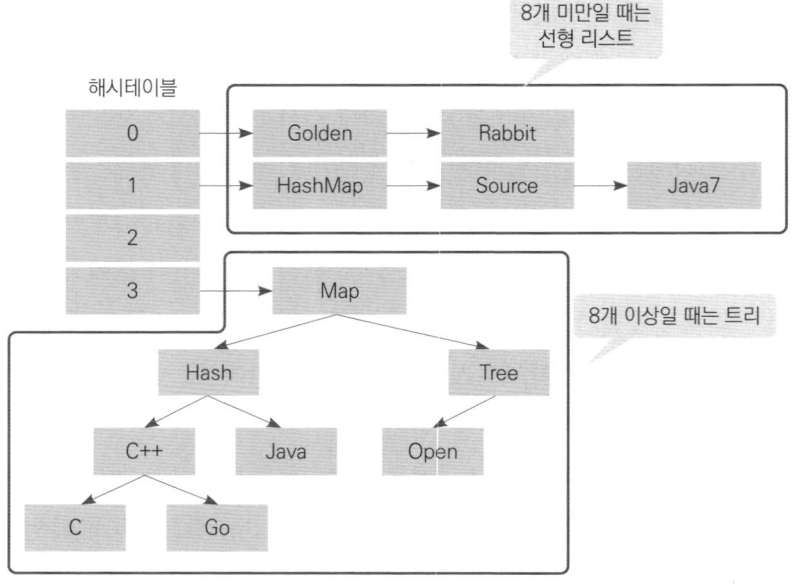

• 자바 8에서의 HashMap의 내부 구조 •

대부분의 블로그나 자료를 보면 자바 8 이후 HashMap은 트리를 사용한다고 되어 있습니다. 하지만 코드를 직접 확인한 결과 데이터가 8개 이하일 때는 선형 리스트를, 그 이상일 때는 트리를 사용하는 하이브리드 형태였습니다.

제대로 된 정보를 확인하는 최선의 방법은 소스 코드를 확인하는 겁니다. 그래야 기본 지식이 탄탄한 개발자로 성장할 수 있습니다. 누가 알겠습니까? 면접장에서 자바 8에서 변화된 HashMap의 구조를 설명하라는 질문을 받게 될런지요?

결과물 내 것으로 만들기

제가 한참 오픈 소스에 관심이 많았던 시절에, LINE 메신저를 이용해서 간단한 알림봇을 만들다가, line-bot-sdk-python 프로젝트에서 아주 간단한 버그를 발견했습니다. 파이썬 2.7.x를 사용하던 시절이었는데, 파이썬 2.7.7 이전에는 `hmac.compare_digest()` 함수가 없어서 파이썬 2.7.7 이전 버전에서 실행하면 해당 함수가 없다는 에러가 나는 버그였습니다.

단순히 문자열을 비교하는 아주 간단한 함수라고 생각했기 때문에, 간단한 스트링 비교 로직으로 `compare_digest()` 함수를 만들어서 LINE 깃허브에 제출했습니다. 그런데 '단순한 문자열 비교는 타이밍 공격Timing Attack에 취약하기 때문에 문제가 된다'라는 피드백을 받게 되었습니다.

어떤 기능을 구현할 때, 보통 정확한 기능을 제공한다는 가정에서, 속도가 빠를수록 좋다고 생각합니다. 그래서 더 빠른 속도를 가진 구현이 더 좋다고 생각하는 경우가 대부분입니다. 그런데 암호처럼 보안이 중요한 분야에서는 비교 속도가 균등하지 않으면 문제가 발생합니다. 예를 들어 abcdefg라는 문자열이 있다고 할 때, 사용자가 b로 시작하는 문자열을 입력하면, 첫 글자가 다르기 때문에 바로 실패라고 응답합니다. 그런데 이게 어느 정도 긴 문자열이고 반복을 많이 한다면, 실패로 응답하는 시간을 측정해서 암호를 추측할 수 있게 됩니다. 예를 들어 입력한 문자열이 abcdeff라면 첫 문자가 b일 때보다 abcdef까지 같은 문자열일 때 틀렸다는 응답이 더 늦을 겁니다. 이렇게 맞은 문자 개수마다 응답 시간이 다르면 입력한 값이 어디까지 같은지 유추할 수 있게 됩니다. 따라서 비교가 성공하든 실패하든, 같은 시간에 응답을 주는 방법으로 구현해야 타이밍 공격에 안전한 코드가 될 수가 있습니다.

　이렇게 오픈 소스에 패치를 내려고 한 덕분에 저는 타이밍 공격을 확실히 이해할 수 있었습니다. 덤으로 타이밍 공격에 대응하는 코드를 작성하는 방법도 익히게 되었습니다. 게다가 제가 수정 제안한 코드가 패치*에 반영되어 개발자 세상을 미력하나마 더 이롭게 하는 영광도 누릴 수 있었습니다.

　개발자라면 어떻게 하면 더 능력 있는 개발자가 될 수 있을까를 늘 고민합니다. 어딘가에 숨겨 있을지도 모를 은탄환을 찾아보는 심정으로 다양한 방법을 시도해봅니다. 아무리 좋은 학습 방법이라도 나한테 안 맞으면 쓸모가 없는 거라고 생각합니다. 저에게 도움이 되었던 방법을 소개했지만 여러분께 안 맞는다면 다른 방법을 찾아나서도 좋습니다. 제 이야기를 조금 더 하자면 저를 성장시킨 건 8할이 호기심이었습니다.

　'32비트 리눅스 OS에서 ramfs로 마운트된 디스크에 데이터를 896MB 넘게 저장하면 왜 커널 패닉이 날까? 리눅스에서 서버를 띄울 때 특정 포트가 갑자기 먹통이 되는 현상은 왜 일어날까?'

　개발을 하며 순간마다 떠오르는 이런 의문들에 대해서 깊이 아는 것이 크게 도움이 안 될 수도 있습니다. 하지만 각 질문에 대한 해답을 근본에서 확인하면, 단 하나로는 별로 큰 도움이 안 될지라도 모으면 깊이 있

---

*　https://github.com/line/line-bot-sdk-python/pull/13

는 기술력을 가질 수 있다고 생각합니다. 그래서 '왜 안 되지?' 또는 그반대로 '왜 되지?'라는 질문을 던지는 일이 저에게 아주 즐겁습니다. 질문이 던져지면 호기심에 깊이 파고, 깊이 파면 그만큼 더 알게 되기 때문입니다.

이 글을 오래된 기억에서 오류와의 만남을 꺼내들어 시작했습니다. 위와 같은 질문을 던지기 가장 좋은 시점이, 오류를 만났을 때라고 생각하기 때문에 오래된 기억을 꺼내어본 겁니다. 저는 오류를 만나거나 이슈를 만날 때 가능하면, 왜 그런지 관련 자료들을 찾아보고, 소스 코드를 확인하고, 오픈 소스에 기여하고, 블로깅을 합니다. 특히 확인한 내용을 블로깅하거나 오픈 소스에 기여하는 것을 빼먹지 않았으면 좋겠습니다. 면접관으로서 이력서를 확인하면 깃허브나 블로그에 기술 블로깅을 안 하는 분이 없을 정도입니다. 오픈 소스에 기여하는 분도 적지 않습니다. 그래서 제가 이런 제안을 드리는 것이 뒷북일 수 있겠다 생각이 드네요.

코드를 분석하는 데는 적지 않은 공력이 듭니다. 지속적으로 코드를 분석하면 어느 순간 독서백편의자현*이라는 말처럼 조금씩 코드를 분석하는 힘이 쌓일 겁니다. 저처럼 오류를 통해서 새로운 것을 배우고, 호기심을 충족시키는 학습이 즐거움이 되길 빕니다.

제가 좋아하는 《학문의 즐거움》이라는 책에 있는 구절을 소개하면서 마칩니다.

---

*   讀書百遍義自見

"배우는 일, 그것은 즐겁다.
생각하는 일은 더 즐겁다.
창조하는 인생이야말로 최고의 인생이다."

• 출간 후 2년, 그다음 이야기 •

　코딩 AI가 발전함에 따라서 '이제 더 개발을 깊게 공부할 필요가 없다'고 생각하는 경우가 있습니다. 하지만 AI 코딩 어시스턴트를 써보면 써볼수록, 더 좋은 결과를 얻기 위해서라도 더 많은 그리고 제대로 된 학습이 더욱 더 필요해졌다고 느끼게 됩니다.

　코파일럿을 비롯한 AI 코딩 어시스턴트 서비스들은 생각 외로 꽤 좋은 코드를 만들어줍니다. 하지만 100% 옳은 코드만 제공하지는 않습니다. 사람처럼 버그를 심어놓습니다. AI 코딩 어시스턴트가 생성한 코드를 '외주'에서 얻은 코드로 생각해볼까요? 코드를 100% 이해하고 사용한다면 큰 문제가 되지 않겠지만, 대개는 구조와 동작을 명확하게 이해하지 않은 상황에서 사용하게 될 가능성이 높습니다. 예를 들어 AI 코딩 어시스턴트가 만들어준 코드에 버그가 발생했다고 가정해봅시다. AI 코딩 어시스턴트에 다시 요청한다고 반드시 제대로 동작하는 코드를 제공하는 것은 아닙니다. 계속 버그가 있는 코드만 제공한다면, 결국 스스로 버그를 수정해야만 합니다. 그런데 해당 코드에 대한 이해도가 충분하지 않다면 긴 시간이 걸릴 수 있습니다. 또한 코드를 제대로 고쳐졌다는 것은 어떻게 검증할 수 있을까요? 코드 작성부터 테스트까지 전체를 이해하고 있어야만 제대로 사용하고 재빨리 수정할 수 있습니다.

　리트코드 코딩 테스트 문제를 AI 코딩 어시스턴트에 입력하면 한 번에 통과 코드를 만들어줍니다. 하지만 우리가 실무에서 작성해야 하는 코드들에는 이미 널리 알려진 해결책이 없습니다.

조금이라도 다르거나 요구사항이 복잡합니다. 생산성을 위해서 AI 코딩 어시스턴트의 도움을 받아야 한다는 명제는 이제 사실이 되었습니다. AI 코딩 어시스턴트를 사용하는 사람은 쓰지 않는 사람보다 훨씬 높은 생산성을 내게 될 겁니다. 그래서 AI 코딩 어시스턴트가 발전할수록, 우리는 더 제대로 된 학습을 해야 합니다.

• 원칙 준수에 도움이 되는 정보 •

《학문의 즐거움》

필즈상을 받은 일본인 수학자의 이야기입니다. 지속적으로 학습해야 하는 이유와 그 즐거움을 알려줍니다.

《리눅스 그냥 재미로》

리누스 토발즈의 자선전으로 리눅스를 만든 과정이 적혀 있습니다. 리눅스를 만드는 과정도 상세하지만 제목 그대로 개발 자체의 즐거움에 대해서 이야기합니다.

《Release It》

성공적인 출시를 위한 소프트웨어 설계와 배치를 알려줍니다.

03

소프트웨어 디자인 원칙

> 구현부터 하지 말고,
> 제발 설계부터 하자!

공용준 sstrato.kong@gmail.com

현) 카카오 Head of AI SaaS
전) **KT** 클라우드 웨어 차세대 클라우드 기술팀
전) **SK C&C** 클라우드 기술팀 선임연구원
전) **STX Engine** 연구원

클라우드 테크니컬 디렉터로 일합니다. 약 20여 년 동안 빅데이터/머신러닝 플랫폼 개발뿐만 아니라 데이터 센터 자동화와 프라이빗/퍼블릭 클라우드 서비스와 그에 필요한 기술들을 연구, 개발해서 실제 서비스에 적용하고 있습니다. 중소기업 발전을 위해 한국정보화진흥원에서 중소기업 기술 자문위원, 한국 데이터베이스 진흥원 자문위원으로도 활동합니다. 주요 저서로는 《클라우드 전환 그 실제 이야기》, 《카프카: 데이터 플랫폼의 최강자》, 《클라우드 API를 활용한 빅데이터 분석》, 《실전 클라우드 인프라 구축 기술》이 있습니다.

sstratoshpere.tistory.com

우리는 소프트웨어 설계에 관한 한 정말 잘못 배웠습니다. 처음부터 끝까지 완전히 관계 없는 걸 배웠습니다. 이전 몇 세대부터 고착되어 어떻게 해볼 수 없이 커져버린 이론들과 잘못된 모범 사례들이 고착되었습니다. 어디서부터 어디까지 고쳐야 하는지 도저히 감이 오질 않습니다. 그래서 이야기를 꺼내기가 너무 어렵고 조심스럽지만 최대한 차근차근 이야기를 해보겠습니다.

프로그램을 작성하는 행위인 코딩 자체에 대한 원칙, 그중에서도 아주 작은 단위의 코드에 적용되는 원칙을 많이 들어봤을 겁니다.

- KISS^{Keep It Simple, Stupid} : 제발 간단하게 클래스나 메서드를 만들라는 법칙
- DRY^{Do not Repeat Yourself} : 반복되는 기능이나 객체를 하나로 만들어서 관리하라는 법칙
- YAGNI^{You Ain't Gonna Need It} : 코드를 적어나가다 보면 갑자기 머릿속에서 떠오르는 필요한 기능이 있어서 막 적지만 결국 안 쓴다는 법칙

원칙*이라고 이야기하기도 민망한 이런 문장들을 구호나 주문처럼 간직하면서 코드를 볼 때마다 꺼내듭니다. 그런데 이런 원칙들을 잘 지키며 프로그램을 작성했는데도 버그나 이상 동작을 마주할 때면 '정말 맞는 원칙인가?'라는 의구심을 품으면서도 계속 고수합니다. 때로는 예술품을 만드는 과정처럼 느끼기도 합니다. 한 줄 한 줄을 적더라도 간략하지만 중복 없고 쓸데없는 부분을 없애기 위해서 계속 쓰고 지우기를 반복하다가

---

* principle. 어떤 사물이나 현상의 근거가 되는 보편적 진리. 이미 많은 경험과 실험에 의해서 증명되었기 때문에 별도 수식으로 증명하지 않아도 됩니다. 이론(theory), 법칙(law)은 아직은 원칙 수준으로 올라가지 못한 수많은 검증을 해야 하는 단계입니다. 대개의 경우 이론은 법칙에 대한 근거들을 제시합니다.

결국 아주 많은 줄의 코드를 한 줄로 줄이고 나서 이루 말할 수 없는 쾌감을 느낍니다. 세상의 법칙을 발견한 양 기분이 좋아집니다. 반면 시간에 쫓겨 이런 원칙들이 잘 지키지 못한 채, 기능만 구현한 코드들을 계속 만들고 있을 때는 마음 한구석이 불편해집니다. 자신이 생산해낸 코드에 죄책감까지 가지게 됩니다.

시간이 흐르고 경력이 어느 정도 쌓이면 아주 많은 클래스와 파일이 엮인 코드를 만들어야 합니다. 이럴 때 기존 간단한 원칙 외에 더 도움이 될 만한 자료를 찾다가 객체지향 프로그래밍에서 많이 회자되는 SOLID 원칙을 만나게 됩니다. SOLID는 로버트 C. 마틴 Robert Cecil Martin이 《클린 소프트웨어》에서 주창한 프로그램의 유연성, 확장성, 유지보수성을 위한 다섯 가지 원칙의 앞 글자만 따서 마이클 페더스 Michael Feathers가 명명한 원칙입니다. 그 내용을 간단히 요약하면 다음과 같습니다.

- **SRP** Single Responsibility Principle : **단일 책임 원칙**. 각 클래스는 하나의 정보만을 가지게 만들어야 되고, 각 클래스에서 공통적인 특성을 뽑아낼 수 있다면 하나의 슈퍼세트 클래스로 옮긴 다음 변화하는 특성만 상속이나 구현으로 처리하는 원칙
- **OCP** Open Closed Priciple : 확장에는 열려 있으며 변경에는 닫혀 있어야 한다는 **개방 폐쇄 원칙**
- **LSP** Listov Substitution Principle : 인터페이스의 서브타이핑은 인터페이스에 정의된 형태를 최대한 유지해야 한다는 **리스코프 치환 원칙**
- **ISP** Interface Segregation Principle : 인터페이스는 최소한으로 유지하라는 **인터페이스 분리 원칙**

- DIP^{Dependency Inversion Principle} : 상위 레벨의 모듈이나 인터페이스가 서브 클래스나 타이핑에 영향을 받아서는 안 된다는 **의존 관계 역전 원칙**

다시 한번 말하지만 이 다섯 가지 원칙은 소프트웨어의 '유연성, 확장성, 유지보수성'을 갖추게 하는 데 필요합니다. 이러한 원칙으로 이루어지지 않은 소프트웨어가 가지는 문제점을 《클린 소프트웨어》에서는 '디자인 악취^{Design Smell}'로 부르며 다음과 같은 특성이 있다고 말합니다.

- **경직성** : 프로그램 변경이 어렵습니다. 변경하려면 시스템의 다른 부분까지 많이 변경해야 하기 때문입니다.
- **취약성** : 프로그램을 변경하면 변경 부분과 개념적으로 아무런 연관이 없는 부분에서 장애가 발생합니다.
- **부동성** : 프로그램에서 재사용할 수 있는 컴포넌트로 구분하기가 어렵습니다.
- **점착성** : 기존 디자인에 적용된 철학이나 방식을 지속적으로 유지하는 게 어렵거나, 개발 환경 자체가 느리고 비효율적인 경우를 말합니다.
- **불필요한 복잡성** : 직접적인 효용이 전혀 없는 기반 구조가 디자인에 포함되어 있습니다.
- **불필요한 반복** : 단일 추상 개념으로 통합할 수 있는 반복적인 구조가 디자인에 포함되어 있습니다.
- **불투명성** : 직접 만든 사람이 아닌 다른 사람이 코드를 읽고 이해하기 어렵습니다.

분명 좋은 원칙이지만 출간된 지 20년도 지난 지금 시점에 이 주장을 액면 그대로 받아들여야 하는지는 생각해봐야 합니다. 원칙이라는 글자를 붙이기에는 이론적 근거가 거의 없고(전부 없다고 하지 않았습니다), 가장 중요한 '소프트웨어 디자인'에 대해서 정의가 없기 때문입니다. 소프트웨어 디자인을 정의하지 않았는데 디자인의 원칙으로 거론하는 것은 상관/인과 관계가 없는 설명이기 때문입니다. 그래서 책을 읽고 나면 무슨 말인지도 모르겠지만 무슨 뜻이었는지도 모르게 됩니다. 그리고 이 책에서 이야기하는 디자인 악취는 원인이 아니고 결과입니다. 거꾸로 이야기하면 디자인 악취를 정말 제거하려면 이 책에서 이야기한 디자인 원칙을 따를 것이 아니라(왜냐하면 서로 인과 관계가 없으니까) 정말로 원인을 제거해야 합니다.

이런 디자인에 악취가 나는 소프트웨어 제품이 나온 이유를 이해하려면 소프트웨어 제품을 만들 때 즈음에 발생하는 다음과 같은 가정(또는 상수)을 고려해야 합니다.

- 소프트웨어는 '제대로' 디자인하고 만들기에는 늘 시간과 사람과 돈이 부족합니다.
- 소프트웨어는 한 사람이나 팀이 처음부터 끝까지 개발하지 않고, 언젠가는 전혀 히스토리를 모르는 사람이 개발을 맡게 됩니다.
- 소프트웨어는 한번 만들어지고 나면 아주 오랫동안 사용됩니다.
- 이미 릴리즈된 소프트웨어는 다음 버전이나 개선 때 더 빨리 만들 수 있다고 믿습니다.
- 소프트웨어에 세계에서 변하지 않는 건 '시간/사람/돈에 대한 결핍' 외에는 아무것도 없습니다.
- 소프트웨어에 대한 요구사항은 의도적이든 아니면 자연적이든 시간이 지남에 따라 늘 변합니다.

소프트웨어나 프로그램을 둘러싼 상황이 늘 가변적이고 리소스(시간/사람/돈)가 계속 부족한 상태에서 코드를 만들어 완성해야 하는 일이 세상 모든 곳에서 발생합니다. 그리고 많은 사람이 망각의 축복을 만끽하는 바람에 하나의 기능이나 완결된 버전의 소프트웨어를 만들고 나면 그 이후에 발생하는 많은 요구사항과 복잡한 기능을 더 적은 리소스를 투입해 해결하려고 합니다. 왜냐면 이미 적은 리소스를 가지고 만든 효율적인 경험*이 있기 때문에 그다음은 더 쉬울거라고 상상하는 겁니다. 한 번 릴리즈된 소프트웨어는 시간이 지날수록(릴리즈가 되면 될수록) 커집니다. 물리적으로 느껴지는 소프트웨어 파일 크기도 커지고 개수는 늘어나며 구성과 의존성은 더욱 복잡해집니다. 그래서 굉장히 당연하게도 그다음 버전이나 기능의 완성은 느려질 수밖에 없는데도 다음 버전을 만들 땐 더 빨리 더 효과적으로 만들 수 있다고 생각합니다.

소프트웨어는 어떤 목적을 위해서 또는 특정 기능만을 수행하도록 만든 '제품'입니다. 클래스나 파일이 아주 많이 모인 프로그램으로 만들어내는 가장 상위 개념이라고 볼 수 있습니다. 프로그래밍 단계나 집합 관계를 '속성/메서드/함수', 그 위에 클래스(또는 객체), 그 위에 '제품' 식으로 표현하는 것에 불편함을 느낄 수도 있겠지만 프로그래머와 그들이 모인 집단이 하는 일의 단위를 고려하면 그렇게 현실과 동떨어진 개념은 아닙니다. 그리고 자신이 속한 조직의 위치나 규모에 따라 최종적인 제품 단위에서 차이가 많이 납니다. 예를 들면 피보탈**에 있어 스프링은 최종

---

* 대부분은 생각보다 3배 정도의 시간과 노력과 인력을 투입했는데 그 사실을 잊을 때가 많습니다.
** pivotal.com

단위의 제품이지만, 카카오에는 스프링을 사용한 다른 어떤 제품이 최종 단위의 제품이 됩니다.

그래서 소프트웨어 디자인 또는 소프트웨어 생성에는 작은 단위의 프로그래밍에 적용되는 원칙도 중요하고 그다음 단계라고 할 수 있는 객체지향 프로그래밍에 필요한 디자인 원칙도 중요합니다. 하지만 이런 원칙이 반드시 훌륭한 소프트웨어 제품으로 연결되는 것은 아니므로(사실 이것이 기존의 소프트웨어 디자인 원칙이 가지는 가장 큰 문제입니다. 원칙을 따랐는데 제품이 엉망으로 나오기 때문입니다) 소프트웨어 제품이 잘 완성될 수 있게 하는 '디자인 원칙'이 반드시 필요합니다.

디자인이란 무엇인가?

본격적인 이야기를 하기 전에 먼저 '디자인Design이란 무엇인가?'를 이야기해보겠습니다. 이과/문과를 떠나서 이 단어를 정확하게 설명할 수 있는 사람이 얼마나 될까요? 저는 강연을 가거나 새로 팀에 합류하는 사람들한테 이 질문을 자주 합니다. 디자인에 대한 원래의 의미를 말하는 것은 고사하고 자신이 가지고 있는 디자인에 대한 개념이나 철학에 대해서 시원하게 답하는 사람을 아쉽게도 만나보질 못했습니다. 대부분의 대답은 '굉장히 철학적인 질문이네요?'라면서 심각한 표정만 한 채로 뭔가 고뇌하는 듯한 침묵만 지속됩니다(그러면 나는 바로 "철학이란 무엇인가요?"라고 예전엔 재차 물었는데, 왠지 놀리는 것 같아서 그런 질문은 하지 않은 지 꽤 되었습니다). 그리고 또 오해하지 말 것은 꼭 한국 청중만 그런 건 아닙니다. 외국 컨퍼런스나 교육 때도 똑같은 반응이었습니다. 글로벌하게 소프트웨어 디자인이 무엇인지 답을 하는 사람은 없었습니다.

이어서 "디자인을 한국말로 하면 무엇인가요?"라고 묻습니다. 열에 한 명 정도만 이 질문에 답을 합니다. 대답을 못하는 이유는 아마도 이 두 단어 자체를 모른다기보다는 그냥 곰곰이 생각해보지 않았거나, 저와 있는 자리가 불편했거나, 그것도 아니면 '왜 저런 말을 하는 걸까? 그렇게 나를 당황하게 만들고 싶나?'라고 생각이 들게 만들었기 때문이었을 겁니다. 디자인의 한국말은 '설계'입니다. 이어서 또 묻습니다. "설계의 뜻은 무엇인가요". 이 정도 되면 '나와 싸우자는 이야기인가'라는 눈빛으로 변하기도 합니다. 분위기가 더 삭막해지기 전에 사전에 나온 설계의 뜻을 설명해줍니다.

1. 계획을 세움
2. 건축물 설립이나 토지 공사, 기계의 제작 따위에서 그 목적에 따라 실제적인 계획을 세우고 구체적으로 도면을 그려 명시하는 일

2번이 우리가 주로 소프트웨어 제품을 개발할 때 적용해볼 수 있는 의미입니다. 그 '목적'에 따라서 '실제적인 계획'을 세우고 '구체적으로 도면'을 그려 명시하는 일이 설계입니다. 이 단어 풀이가 내제하는 속성들을 살펴보겠습니다.

첫 번째로 '실제적인 계획'을 살펴보겠습니다. 소프트웨어에 '실제적인 계획'을 적용하려고 들면 머릿속에 간트 차트Gantt chart나 WBSWork Breakdown sheet*가 떠오를 겁니다. 이 둘을 떠올리는 것 자체에 문제는 없습니다. 하지만 이것을 폭포수waterfall 개발이라고 치부하면서 시대에 뒤떨어졌다느니 현대 소프트웨어는 민첩 개발** 형태로 만들어져야 한다면서 이러한 자료 만들기를 거부하는 자세에는 문제가 있다고 생각합니다. 저는 민첩 개발이 마이크로 폭포수 개발micro waterfall development과 같다고 늘 이야기합니다. 왜냐면 민첩 개발은 짧은 기간(2~3주의 스프린트 기간) 동안, 폭포수 개발처럼 결과물을 미리 예측해서 앞으로 만들 소프트웨어에 기대하는 계산 결과나 동작해야 하는 기능 그리고 검증 방식을 기록해두고, 스프린트 기간 뒤에 얼마나 완성되었는지 검증하고 측정하는 방식입니다. 간단하게 이야기하면 2~3주 주기로 폭포수 개발을 반복 실행하면서 소프트웨어를 만들어가는 겁니다. 그리고 반복적으로 이런 스프린트를 진행하다 보면 해당 도메인이나 제품에 익숙해지기 때문에 기존 3주(또는 2주)보다 더 큰 시간 단위인 3개월이나 6개월 그리고 이후 몇 년간의 설계를 할 수 있게 되므로 폭포수 개발과 큰 차이가 없습니다. 이야기가 좀 다른 곳으로 빠졌는데, 어쨌든 계획 부분에서는 기존의 다른 산업 분야처럼 소프트웨어 개발에도 적용 가능하거나 실제로 사용되는 구체적인 예시들이 있습니다.

두 번째 구문인 '구체적인 도면'은 소프트웨어랑 연결해보기가 쉽지 않을 수 있습니다.

다음 그림은 BCN3D라는 3D 프린터의 2D 캐드 도면입니다. 삼각법에

---

* 할 일을 순서대로 나열해 적어둔 것
** agile development의 순수 번역. 굳이 애자일 개발이라고 하지 않은 이유를 들 수 있지만 그냥 생략하고 넘어가겠습니다.

의해서 정면/측면/상부에서 바라본 모습이 있고 주요한 형상에는 치수와 가이드 선 그리고 구멍 위치가 표시되어 있습니다. 재질까지 표시되어 있어서 구조물이 가져야 할 물리적인 특성까지 파악할 수 있습니다. 캐드 도면의 오른쪽 하단을 보면 이 조립품*을 만드는 데 파트 번호 14054.1~4까지의 부품이 1개씩 필요하다는 사실을 알 수 있으며, 이 부품을 설명하는 14054.1번 도면이 바로 뒤에 있다는 사실도 알 수 있습니다.

- 3D 프린터(BCN3D)의 캐드 도면**

---

* 도면에는 main structure라고 된 부분을 말합니다. 조립품은 assembly 또는 ass'y로 표시합니다. 앗세이는 ass'y의 일본 발음이고 그냥 어셈블리로 읽으면 됩니다.
** 출처 : BCN3D 깃허브

이렇게 조립품 전체를 만드는 정보를 담고 있는 테이블을 BOM*이라고 합니다. 2D 캐드 도면이라는 정보 표현 방식에서 가장 중요한 사실을 하나 말씀드리겠습니다. 이 도면을 가지고 있으면 세계 어디를 가더라도 같은 제품을 만들 수 있습니다. 굳이 만들 제품에 대한 백그라운드와 히스토리를 알지 못하더라도 그리고 설계 원칙을 알지 못하더라도 같은 제품을 만들어낼 수 있습니다. 이런 일이 가능한 이유는 다음과 같습니다.

1. 설계 도구와 제품을 구현하는 도구(공작 기계)의 자료형이 표준으로 정해져 있습니다. 컴퓨터 지원 설계**가 시작된 1970년대 말에 만든 오토캐드***의 등장으로 설계라는 개념은 오토캐드를 설치해서 실행하고 그림을 그린 다음 결과물을 DWG 형식 파일로 만드는 과정으로 굳어졌습니다.
2. 제품을 가공하는 환경이 표준화/자동화되었습니다. 아주 옛날에는 구조물과 같은 제품을 만들려면 밀링 머신을 사용해서 손으로 깎아야 했지만 이런 방법은 대량 생산과 표준화에는 적합하지 않았습니다. 1980년대에 밀링 머신에 자동 컨트롤러를 붙인 NC$^{\text{Numerical Control}}$ 기계가 현장에 보급되면서 NC에 데이터만 입력하면 '뚝딱'하고 제품이 나오게 되었습니다. 설계의 결과물인 오토캐드의 데이터(DWG)를 입력받아서 NC에 넣으면 간단히 처리되는 자동 제작 방식이 업계에 급격하게 퍼졌습니다.
3. 시간이 꽤 흐르면서 설계 또는 제작용 소프트웨어가 결국엔 딱 하나로 결정되었습니다. 세상의 어떤 과학자든 기술자든 테크니션이든 결국 해당 소프트웨어로 설계

---

*　　Bill Of Material. 봄이라고 읽습니다.
**　 Computer Aided Design, CAD의 줄임말
*** AutoCAD. Autodesk 회사의 제품

해야만 하고, 해당 소프트웨어를 얼마나 잘 사용/활용하는지가 지식과 능력의 척도가 되었습니다.

이런 설계/제작 도구의 표준화 및 단일화 측면으로 보았을 때, 소프트웨어 제품은 아직 설계와 제작과 관련된 표준이 없습니다. 소프트웨어 산업이 채 100년도 안 된 짧은 역사를 가졌기 때문이기도 하지만 소프트웨어 제품 개발을 작가가 소설을 쓰듯이 자유(아무런 제약없이 결정하고 만든다는 의미입니다)롭게 그리고 민첩하게 만들면 모든 문제가 해결된다는 근거 없는 주장을 종교처럼 받드는 사람들의 영향이 크다고 생각합니다. 심지어 요즘에는 소설 작가도 전문 소프트웨어를 사용하고 소설도 갖추어야 하는 형식이나 구조 구성이 있습니다. 따라서 '소설을 쓰듯이 자유롭게'라는 표현은 맞지 않습니다.

제품이 소프트웨어든 아니든 설계의 결과물이 바로 제작 가능한 형태의 무엇이어야 한다고 생각합니다. 90년대 초반에 UML[Universal Modeling Language]이 이 역할을 해줄 거라고 믿었지만, 지금은 시퀀스 다이어그램과 쓰임새[Use Case] 다이어그램을 그려보는 것 외에는 UML을 거의 사용하지 않습니다. UML이 보편화되지 않은 이유는 다음과 같습니다.

- UML로 소프트웨어 설계를 해서 결과물(10가지 종류 이상의 다이어그램)을 만들었다 하더라도 실행 가능한 소프트웨어를 구현하려면 또 다른 과정이 필요합니다.
- 하나 이상의 조직이나 회사에 같은 UML 설계 자료를 제공해 위탁 개발했을 때 같은 소프트웨어 제품을 만든다는 보장을 할 수 없습니다.

오토캐드에서는 캐드 파일을 읽어서 자동으로 제품을 만들어주는 NC에 입력하면 되는 반면, UML에서는 다이어그램 11종을 모두 작성하고 난 후에 사람이 문서와 정보를 기반으로 일일이 소프트웨어를 만들어야 했습니다. UML을 작성해도 소프트웨어 제품의 기능과 성능을 보장할 수 없었기 때문에 결국 도태되고 있습니다. 물론 UML 자료만으로 소프트웨어 제품을 만들려는 시도가 아예 없었던 건 아닙니다. 2000년대 초까지만 해도 UML 다이어그램을 이용해 클래스를 만들어주거나, 반대로 이미 만든 코드를 기반으로 클래스 다이어그램, 시퀀스 다이어그램을 만들어주는 도구가 있었습니다. 하지만 UML이 너무 방대해지거나 클래스가 너무 많으면 적절히 동작하지 못하고, 코드 수정이 반영되기까지 너무 오래 걸렸습니다. 수정된 이슈를 확인하는 통합 테스트나 시뮬레이션과 자동으로 연결하기에는 너무 고려할 사항이 많거나 아예 할 수 없었어서 결국은 사용자들의 외면을 받게 되었습니다.

온 세상의 IT 업계가 UML에 희망을 걸었지만 결국 제품 개발에는 도움이 되지 않았고, 이러한 대규모 실패는 그 이후 비슷한 모든 접근 방법을 막는 데 좋은 근거로 사용되었습니다. 결과적으로 현재 소프트웨어 설계 수준은 2000년대 초반에 머물러 있습니다. 즉 설계라는 개념을 주도적으로 구성해나가는 소프트웨어나 방법이 없습니다. IDE Integrated Development Environment가 이런 역할을 하면 좋겠지만 IDE는 말그대로 개발 development 용이지 설계 design 용이 아닙니다.

그렇다면 어떻게 하면 좋을까? 좋든 싫든 프로그램 단위의 설계에는 DRY, KISS 같은 원칙을, 더 큰 객체의 설계에는 SOLID 정도의 원칙을 적용한다면, 소프트웨어 제품 설계에는 어떤 원칙을 적용해야 할까요?

설계와 요구사항

지금까지 백과사전에 있는 '설계'의 정의를 들어 원론적으로 설계를 살펴보았습니다. 이제부터는 소프트웨어 제품을 만드는 원칙을 이야기합니다. 그전에 '제품이란 무엇인가?'를 설명하자면 제품은 '다른 사람들의 요구사항을 만족시켜주는 것'입니다. 중학교 때 이미 배웠겠지만 제품은 소비자의 요구사항을 만족시켜주는 것이고, 제품을 만드는 사람을 생산자, 제품을 사용하는 사람을 소비자라고 합니다.

이런 제품 관점에서 설계를 다시 정의해보면 '설계란 제품이 요구사항을 만족시키는 것을 증명하는 조건을 정의하는 행위'로 볼 수 있습니다. 그래서 설계 전에 요구사항을 잘 정의해야 합니다. 스티브 잡스는 '소비자는 제품을 보여주기 전까지 자신이 뭘 원하는지 모른다'라고 멋진 말을 했지만, 상황이 이러하다면 제품을 만드는 생산자라도 어떤 제품을 만들지 명확하게 정의해야 한다는 뜻이기도 합니다. 그리고 오늘날에 '뭘 원하는지 모른다'라는 요구사항은 없습니다. 요구사항이 정해지면, 설계 단계에서는 만들 제품이 주어진 요구사항을 잘 충족하는지 증명할 수 있는 조건을 정의해야 합니다. 이 과정에서 요구사항에 나타나지 않았던 수치가 정해지므로 단어적인 설계나 개념이 측정할 수 있는 숫자적 개념으로 바뀌게 됩니다. 요구사항에서는 '많은'이란 단어가 나온다면 설계에서는 '얼마나 많은 또는 1, 10, 100 같은 단위'로 구체화됩니다. 이런 이야기를 하면 '그럼 설계는 테스트 계획서를 만드는 것인가?'라고 생각할 수 있겠습니다. 완전히 틀린 이야기는 아닙니다. 설계 조건이 정해지면, 테스트에 필요한 조건도 정확하게 그리고 자연스럽게 정해지기 때문에 테스트 계획이나 조건은 당연한 결과물입니다. 그래서 설계에는 테스트 주도 개발Test Driven Development, TDD이나 동작 주도 개발Behavior Driven Development, BDD, 도메인 주도 개발Domain Driven Development, DDD 개념이 들어 있습니다. 하지만 대부분의 경우 개발은 코드를 만들거나 작성하는 행위 자체를 의미하기 때문에 다른 산업의 입장에서 보면 제품 생산 기술에 훨씬 가깝고, 테스트나 동작이 주도하는 것은 아니기 때문에 테스트는 설계의 서브 개념이거나 설계의 결과물에 가깝습니다.

'설계는 시스템이 어떤 요구사항을 만족시키는 조건을 정의하는 것이다'라는 개념을 설명할 때 2021년 화성에 도착해서 30일 정도 비행한 소형 드론 인제뉴이티Ingenuity의 개발 사례를 자주 언급합니다. 이 조그만 드론 제품에 주어진 요구사항 중의 하나는 '화성에서 비행할 수 있어야 합니다'였을 겁니다. 그런데 화성과는 5천만 킬로미터 이상 떨어진 지구에서 드론을 만들고 화성까지 가져가서 띄워야 한다는 문제가 있습니다. 설계의 관점을 '요구사항을 만족한다는 것을 증명할 수 있는 조건을 정의하는 것'에서 시작해야 문제를 풀 수 있습니다. 먼저 화성의 대기압과 대기질을 구성하는 종류를 알면 드론의 무게 대비 필요한 추력*을 지구의 대기압과 비교해서 계산할 수 있습니다. 그러면 프로펠러의 분당 회전 수와 크기를 계산해 정할 수 있습니다. '비행해야 합니다'라는 명확해 보이지만 너무 모호한 요구사항도 '요구사항을 만족한다는 것을 증명할 수 있는 조건'을 설정할 수 있을 정도로 상세하게 정의해야 합니다. 그래서 화성에서의 비행을 상승 속도 1m/s, 상승 가속도 0.1m/s^2, 항속 속도 10m/s

---

*　thrust, 물체를 앞이나 위로 보내는 힘

그리고 항속 고도 300m, 최대 비행 거리 2km로 정의했다면 지구의 대기 조건과 화성의 대기 조건을 비교해서 지구에서 수치 조건을 화성에 필요한 조건으로 변환해서 제품을 만들고 테스트할 수 있습니다. 화성에서 드론을 날리려면 화성의 대기 상태(화학 조성비, 온도, 대기 속도 등)를 먼저 정확하게 파악해야 합니다. 그래서 인제뉴이티를 품은 펄시비어런스보다 몇 년 앞서서 큐리오시티Curiosity를 화성에 보내 화성의 대기를 분석할 자료를 얻어냈습니다.

이렇게 설계를 하다 보면 미리 갖추어할 선행 조건 역시 자연스럽게 파악할 수 있게 됩니다. 이를 기본 사항 또는 환경이라고 부릅니다. 마치 기차가 가려면 기차 선로가 있어야 하듯이 말입니다. 이런 선행 조건들을 인식하면 어떤 사람은 선행 조건들을 완수하려 들고, 어떤 사람은 선로 위를 달릴 효율적인 기차 같은 후행 제품에 집중합니다. 때로는 둘 다를 진행하거나 해야 할 때도 있습니다.

인제뉴이티는 드론이라는 물리적인 형상이 있으므로 물리라는 자연 법칙에 지배를 받으니까 세부적으로 요구사항을 정의해 설계할 수 있는 것 아니냐고 생각할지도 모르겠습니다. 하지만 소프트웨어는 전자기학 법칙의 지배를 받는 컴퓨터라는 환경에서 동작합니다. 환경이 다를 뿐, 그리고 조건과 증명 방법만이 조금 다를 뿐입니다. 소프트웨어를 만들어보라고 하면 무조건 코드부터 만들려고 하는 경향이 있고, "코드 자체가 설계이고 설계도이고 문서다"라고 이야기하는 개발자가 적지 않습니다. 2000년대 초반까지만 혹은 소규모 소프트웨어에서나 가능했던 이야기입니다. 1990년대만 하더라도 사람들은 소프트웨어를 컴퓨터 하드웨어를 사면 주는 공짜라고 생각했습니다. 공짜 취급을 받으니 빨리 만들어 뿌리면 그만

이던 시절에 설계 따위는 필요가 없었습니다. 그 당시까지만 해도 유용한 소프트웨어 제품이 그렇게 많지 않았으므로 빨리 만들기만 하면 시장을 선점하기 쉬웠습니다. 오늘날에는 구글 플레이에만 천만 개에 이르는 소프트웨어 제품이 있습니다. 정말 신중하게 계획해서 만들지 않으면 비용 회수조차 할 수 없을 만큼 경쟁이 치열합니다.

서론이 길었습니다. 이제부터 소프트웨어 제품 관점에서 설계 시에 고려할 원칙을 본격적으로 알아보겠습니다.

소프트웨어 설계 원칙 : 통합적으로 설계하라

소프트웨어를 설계할 때 최대한 많은 정보를 기반으로 요구사항을 정리해야 합니다(다른 모든 제품도 마찬가지로 요구사항 정리가 가장 중요합니다). 기획 부서에서는 제품과 관련된 전략적 목표(재무적 목표, 시장 점유율 목표, MAU 상승, 사용자 만족도 증대 등, 주요 요구사항 관련 기능 개발)를 기반으로 기획서에 아주 상세히 그리고 최대한 꼼꼼하게 요구사항을 기술해야 합니다. 기획서 작성은 설계에서 가장 중요한 단계이자 방법입니다. 기획서에 '화성을 가자'가 아니라 화성을 가려면 탈출 가속도가 얼마 이상이어야 하고, 옮겨야 할 화물의 무게와 부피는 얼마인지 자세히 그리고 '측정 가능한 조건'을 기술해야 합니다. 그런데 해당 도메인에 10년 이상 경험이 있지 않는 한 기획자가 개발에 필요한 정보를 구체적으로 소프트웨어 요구사항 명세Software Requirement Specification, SRS에 기술하기에는 한계가 있습니다. 참고로 1993년 IEEE-830에는 SRS가 정확하고correct, 모호하지 않으며unambiguous, 완결적이고complete, 일관적이고consistent,

우선순위나 안정성의 순서로 정렬되어 있고ranked for importance and/or stability, 증명 가능하고verifiable, 수정 가능하고modifiable, 이런 요구사항을 추적 가능해야traceable 한다고 명시되어 있습니다. 이렇게 많은 특성을 가져야 하는 SRS를 작성하는 일은 쉽지 않습니다. 표준화된 도구가 없어서 사업가/기획자/개발자 모두가 고통을 받습니다.

어찌어찌 SRS를 완성했다면 종합적으로 설계를 할 차례입니다. SRS 단계에서 종합적으로 고려하는 게 최선이지만 현실적으로 불가능하므로 별도의 조직이나 사람이 SRS에 대응하는 설계를 맡게 됩니다. 이때부터 요구사항을 바탕으로 제품이 가져야 하는 특성을 종합적이고 전체적으로 설계해야 합니다. 제품을 종합적으로 설계하는 방법은 명시적(외제적) 설계explicit design와 암묵적(내재적) 설계implicit design로 나눌 수 있습니다. 나누는 기준은 산출물들이 SRS나 기본 요구사항에 직접 연결되는지 여부입니다.

명시적 소프트웨어 설계

명시적 소프트웨어 설계는 기본적으로 명시적으로 요구사항과 연결되는 설계입니다. 만들 것이 명확하게 정의되기 때문에 비교적 단순하게 그리고 직관적으로 설계가 가능하며, 테스트 및 증명도 쉽습니다. 명시적 소프트웨어 설계는 기능, 성능, 유지보수, 미적 설계 4가지의 항목으로 구성됩니다.

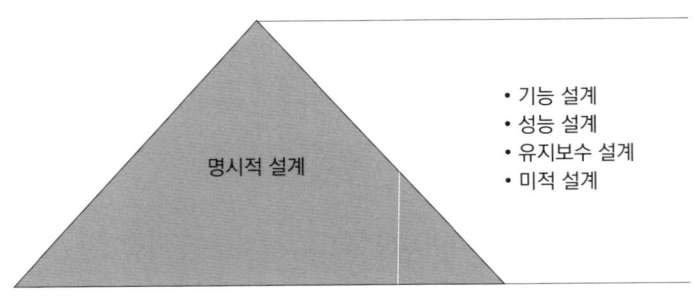

기능 설계

기능 설계는 SRS나 사용자 요구사항을 해결하는 1차적이고 가장 기본적인 그래서 가장 중요한 설계입니다. 새로 만들거나 개선할 기능을 SRS 기반으로 정의하고, 기능을 만족하는지 수치적으로 증명할 수 있는 조건도 정의합니다. 대개는 이 과정에서 기능 정의와 관련된 데이터 종류, 클래스의 기능 테스트를 수행할 데이터나 방법을 정합니다. 한국정보화진흥원에서 2015년에 작성한 〈CBD SW개발 표준 산출물 관리 가이드〉를 보면 전체 설계 문서에서 클래스 설계서, 엔티티 관계 모형 기술서, 데이터베이스 설계서, 데이터 전환 및 초기 데이터 설계서 등을 작성해야 합니다. 정말 필요하다면 모두 작성해야겠지만 기능 설계를 하다 보면 자연스레 작성할 문서가 정해지게 됩니다. 그러니 문서 수에 너무 압박을 받을 필요는 없습니다. 중요한 것은 시스템이 요구사항을 만족시키도록 조건을 정하는 것이며, 조건을 증명하는 자료나 문서 또는 구조를 뒷받침하면 됩니다. 그래서 기능 설계의 결과물은 해당 '기능이 된다 안 된다'라는 표현만 있으면 됩니다. 아마도 API라면 기능 리스트 세트가 결과물일 것이고 UI 설계라면 화면 설계서가 결과물일 겁니다.

성능 설계

대부분의 기능 요구사항에 대응하는 설계의 결과물은 바이너리(O/X) 형태가 되어서 기능을 만드는 사람과 사용자 모두 쉽게 파악할 수 있습니다. 해당 기능이 어느 정도 성능이 필요한지를 정의할 때부터 정말로 복잡하고 어려워집니다. 하루에 100명 정도가 접근하는 소프트웨어와 100만 명이 접근하는 소프트웨어의 기능은 같을 수 있습니다. API 기능 리스트나 UI 설계서가 바뀔 리는 거의 없지만, 내부 구조는 완전히 바뀔 겁니다. 이전에는 없던 부하 분산기가 덧붙고, 동시성을 보장하는 클래스/데이터/알고리즘이 추가되어야 합니다. 이 부분은 아키텍처 설계만 문서에 있고 나머지 대부분은 시험 절차로 대체합니다. 이런 성능 단계의 설계에 임의성이 적용되어 설계의 또 다른 의미인 '누가 만들더라도 해당 자료를 기반으로 같은 제품을 만들 수 있어야 한다'가 어려워집니다. 하지만 이제는 클라우드를 범용적으로 사용하는 시대가 되어서 '어떤 클라우드의 어떤 플레이버*를 사용한다, 데이터베이스는 무엇을 사용한다'고 명시적으로 적는 IaC**나 오케스트레이터^{Orchestrator}가 발달하면서 성능 요구사항에 맞추어서 이를 증명할 수 있는 조건을 눈으로 확인 가능한 수치로 만드는

---

*   flavor. 가상 머신의 리소스 기본 단위
** Infra as a Code. 코드로 정의하는 인프라

부분도 편리해졌습니다.

다음은 IaC 소프트웨어 중에 가장 대표적인 테라폼*에서 사용하는 코드의 일부입니다.

```
terraform {
  required_providers {
    aws = {
      source  = "hashicorp/aws"
      version = "~> 4.16"
    }
  }

  required_version = ">= 1.2.0"
}

provider "aws" {          ← ❶
  region  = "us-west-2"   ← ❷
}

resource "aws_instance" "app_server" {
  ami           = "ami-830c94e3"  ← ❸
  instance_type = "t2.micro"      ← ❹

  tags = {
    Name = "ExampleAppServerInstance"
  }
}
```

---

* www.terraform.com

코드를 해석해보겠습니다. ❶에서 AWS 클라우드를 사용한다는 사실을 알 수 있습니다. 그래서 소프트웨어 패키지에 이 정보가 포함되어 있으면 이 소프트웨어는 AWS 위에서만 잘 돌아간다는 사실을 알 수 있습니다. ❷에서는 클라우드가 제공하는 리전 중에서 us-west-2를 사용한다는 사실을 알 수 있습니다. ❸에서는 AWS 클라우드가 제공하는 OS 이미지 중에 ami-830c94e3을 사용한다는 사실을 알 수 있습니다. 마지막으로 ❹에서는 t2.micro라는 CPU 1개 메모리 1GiB의 처리 용량을 가진 컴퓨팅 리소스를 활용한다는 사실을 알 수 있습니다.

테라폼이 물리 인프라를 사용하던 느낌으로 (물론 가상 인스턴스지만) 서버를 생성하고 그 이후에 필요한 도구를 설치합니다. 그래서 일반적인 서버를 사용하는 느낌이 들죠. 반면 구글 앱 엔진과 헤로쿠^{Heroku}는 필요한 도구를 자신들의 틀에 맞게 만들어둔 이미지와 더불어서 미리 정의된 계산 용량을 기반으로 컴퓨팅 리소스를 생성합니다. 더 추상화된 형태로 리소스를 관리한다고 보면 됩니다.

간단한 예로 헤로쿠에서는 포스트그레SQL 데이터베이스를 다음과 같은 형태로 생성합니다.

```
$ heroku addons:create heroku-postgresql:hobby-dev
Creating heroku-postgresql:hobby-dev
Database has been created and is available
 ! This database is empty. If upgrading, you can transfer
 ! data from another database with pg:copy
Created postgresql-concave-52656 as DATABASE_URL
```

입력 명령어 마지막에 있는 **heroku-postgresql:hobby-dev**가 **앱:계산 용량**(헤로쿠 용어로는 plan) 형태로 표시된 리소스 생성 규칙입니다. 개발자가 만일 포스트그레SQL이 필요하다면 그리고 용량까지 고민해야 한다면 헤로쿠에서 제공하는 계산 용량 표를 보고 선택하면 됩니다.

• 헤로쿠의 포스트그레SQL plan 종류와 용량 •

Plan Name	Provisioning Name	RAM Size	Storage Limit	Connection Limit
Premium-0	heroku-postgresql:premium-0	4 GB	64 GB	120
Premium-2	heroku-postgresql:premium-2	8 GB	256 GB	400
Premium-3	heroku-postgresql:premium-3	15 GB	512 GB	500
Premium-4	heroku-postgresql:premium-4	30 GB	768 GB	500
Premium-5	heroku-postgresql:premium-5	61 GB	1 TB	500
Premium-6	heroku-postgresql:premium-6	122 GB	1.5 TB	500
Premium-7	heroku-postgresql:premium-7	244 GB	2 TB	500
Premium-8	heroku-postgresql:premium-8	488 GB	3 TB	500
Premium-9	heroku-postgresql:premium-9	768 GB	4 TB	500

그리고 선택한 결괏값을 heroku.yml에 다음과 같이 적으면 됩니다.

```
setup:
  addons:
  - plan: heroku-postgresql:Premium-2
    as: DATABASE
```

다른 사람들도 똑같은 포스트그레SQL을 만들 때는 위 내용을 복붙하거나 이 heroku.yml을 깃 리포지터리에 포함시키면 됩니다. 손쉽게 썩 괜찮은 성능 설계의 결과물을 얻을 수 있는 겁니다.

꼭 헤로쿠나 구글 앱 엔진을 사용하라는 이야기가 아니라 설계의 결과물로 반드시 성능과 관련된 부분들도 표시 또는 기록해야 한다고 말하고 싶어서 예로 든 겁니다.

유지보수 설계

소프트웨어는 한 번 만들어지면 거의 평생 사용됩니다. 문서 작성용 프로그램인 마이크로소프트의 워드나 파워포인트를 예로 들지 않더라도 지금 우리가 사용하는 소프트웨어 대부분은 만든 지 수십 년이 훨씬 넘습니다. 그렇다면 소프트웨어 제품이 한 번 릴리즈 또는 배포deploy되고 난 후 차기 버전에 어떤 기능을 넣을지도 설계에 들어가야 합니다.

과거에는 소프트웨어 회사가 업그레이드 버전을 CD Compact Disc로 배포하면 사용자가 직접 설치했지만, 웹을 기반으로 한 IT 서비스 또는 클라우드화*된 서비스에서는 소프트웨어를 설계하는 회사가 업그레이드 및 패치 등을 수행해야 합니다. 그래서 IT 서비스 초기에는 각 서비스별로 배치(또는 배포) 시스템을 만들고 관리하는 일이 아주 큰 일이었습니다. 만들어낸 소프트웨어는 Nexus** 같은 아티팩트artifact 관리소에 저장하고, 별도의 배치 프로그램이 새로운 버전의 소프트웨어를 가져다가 설치하는 형태를

---

* 온디맨드 형태와 소프트웨어 제공자가 실행 환경까지 동시에 제공하는 측면에서의 의미입니다.

** www.sonatype.com/products/nexus-repository

많이 사용했습니다.

IaC 시대가 되면서부터는 베이스 OS를 업그레이드하는 일이 아주 쉬워졌습니다. 그냥 새로운 버전의 OS 이미지를 선택하고 만들기 명령을 내리고 몇 분이면 준비가 됩니다. 문제는 새로운 버전의 OS는 아주 쉽게 바꿀 수가 있는데(대개는 업그레이드), OS에 포함된 새로운 버전의 라이브러리가 기존 소프트웨어랑 호환이 안 되는 경우가 허다하게 발생해서 반드시 사전에 수많은 테스트를 진행해야 했습니다.

이런 불편한 점을 없애기 위해서 소프트웨어뿐만 아니라 작동 환경까지 지정하는 도커*와 같은 컨테이너가 나왔습니다. 그래서 새로운 버전의 소프트웨어와 그 소프트웨어가 실행되는 환경까지 다 포함한 새로운 버전의 컨테이너 이미지를 만든 다음 컨테이너 이미지 저장소(컨테이너 레지스트리라고 합니다)에 올려 컨테이너 오케스트레이터**나 컨테이너 전용 배치 도구***를 활용해서 컨테이너를 배치하면 훨씬 더 편리하고 안전하게 IT 서비스를 유지보수할 수 있습니다. 이러한 부분도 설계에서 이루어져야 합니다. 그리고 요구사항은 '전체 버전 업그레이드는 글로벌하게 한 달 내에 이루어져야 합니다. 핫 패치는 로컬하게는 이미지가 완료된 지 1시간 이내에 글로벌은 3시간 이내에 이뤄져야 합니다'처럼 구체적으로 기술되어야 합니다. 당연히 요구사항에 부응하는 유지보수 관련 기술이나 제품을 선정해야 합니다.

---

* docker.com
** Docker swarm, Kubernetes 등
*** 아르코CD(ArgoCD) 등

다음은 쿠버네티스에서 소프트웨어의 버전을 업그레이드하는 명령어입니다.

```
$ kubectl set image deployments/kubernetes-bootcamp
kubernetes-bootcamp=jocatalin/kubernetes-bootcamp:v2
```

jocatalin/kubernetes-bootcamp:v2 옵션은 v2라는 새로운 버전의 **kubernetes-bootcamp** 애플리케이션을 업그레이드하라는 뜻입니다. 이 명령어를 수행하면 파드pod라는 애플리케이션 단위를 하나씩 바꿔주고 정상 작동 여부도 확인해서 만일 중간에 문제가 생기면 **rollout** 명령어를 사용해서 이전 버전으로 되돌릴 수 있습니다. 이같은 제품들을 활용하면 기존에 비해서 굉장히 간단하게 유지보수 설계를 할 수 있습니다. 배치뿐만 아니라 업그레이드, 컴퓨팅 용량 조절 등도 쉽게 할 수 있습니다. 앞으로는 소프트웨어를 설계하면서 유지보수에 필요한 수치적인 조건을 예상하고 정하는 일이 서브웨이에서 원하는 토핑을 고르듯 쉬워질 겁니다.

미적 설계

사용자에게 물리적으로 심리적으로 즐거움과 편리함을 줄 수 있도록 제품을 미적으로 설계해야 합니다. 일반적으로 디자이너가 이 영역에서 일합니다. 이 과정에서 UI용 언어와 UI 디자인 시스템이 결정되고 산출물로 나옵니다. 소프트웨어의 미적 설계라고 하면 질감, 패턴, 색상, 대칭, 자연스러움을 떠올릴 겁니다. 현대의 소프트웨어 설계에서는 사용자 인터페이스User Interface와 사용자 경험까지 고려해 설계해야 해서 굉장히 내용이 복잡해졌습니다. 소비자가 해당 제품을 사용할 방법들을 미리 정의해야 해서 사용자 인터페이스, 정보 아키텍트Information Architects, IA, 프로토타이핑 그리고 사용성 검증을 해야 합니다.

 소프트웨어에서 사용자 인터페이스는 사용자가 제품을 만나게 되는 접점입니다. 가장 기본적이고 원형적인 컴퓨터 UI는 커맨드 라인이었습니다. 터미널이라고 불리는 소프트웨어에서 키보드만으로 명령어를 입력하고 출력을 확인하는 이 방식은 이제 IT와 관련된 사람이 아니면 접하지 못하는 환경이 되었습니다. 요즘 UI라고 이야기하면 다들 그래픽 유저 인터페이스Graphic User Interface, GUI를 상상합니다. 또한 애플의 시리Siri나 카카오의 헤이카카오가 제공하는 음성 인터페이스Voice User Interface, VUI도 있습니다. 오큘러스 고글과 핸들은 동작 기반 인터페이스Gesture Based UI, GBUI를 제공합니다.

 '정보 아키텍트'라는 단어는 TED의 설립자로 더 유명한 컴퓨터 그래픽 디자이너 리처드 솔 워먼Richard Saul Wurman이 1976년에 미국 건축가 협회American Information Architects, AIA의 컨퍼런스 중에 Information과 Architect를 같이 사용하면서 유명해지게 된 단어입니다. 건축가들이 모인 곳에서 소프트웨어 디자인을 이야기하다가 이 두 단어를 결합해서 설명한 겁니다. 1970년대에는 설계architect하면 당연히 건축 설계였기 때문에 이 단어를 정보와 연결시킨다는 게 어색하지 않았을 겁니다. 2004년 한 인터뷰에서 자신이 '정보 설계information design라고 하지 않고 정보 아키텍트라고 한 이유는 실제로 그게 더 정확한 표현이기 때문입니다'라고 다시 한번 이야기했습니다. 아키텍트가 빌딩이나 공간을 만들고 구조물들을 적절히 두는 것처럼, IA도 내부의 시스템은 크게 신경 쓰지 않고 정보를 배치하는 일을 하기 때문이라는 겁니다.* IA는 크게 구조화 시스템**, 라벨링 시스템labeling system, 검색, 내비게이션 시스템으로 나뉩니다. 이 과정에서 페이지 계층이나 화면 흐름도가 산출물로 나옵니다.

프로토타이핑은 정보 아키텍트를 검증할 목적으로 아주 간단한 정보 구조를 직접 만들어보는 겁니다. 사용성 및 정보 전달의 구체성을 파악하려면 미적인 요소보다는 정보 배치와 제시 측면에서 상호작용 가능한 화면을 만들어야 합니다. 현대의 소프트웨어 미적 설계는 이 프로토타이핑 도구를 사용하는 것으로 대체됩니다. 대표적인 프로토타이핑 도구로는 피그마***와 오븐****이 있습니다. 이 도구를 사용하면 화면의 구조나 UI 시스템 각 화면 요소들의 동적인 모습들을 확인할 뿐만 아니라 정보 아키텍트의 고민들도 같이 표현할 수 있습니다.

사용성 검증

설계 관점에서 볼 때 프로토타이핑의 결과물은 '어디서든 같은 제품을 만든다는 측면'에서는 도움이 됩니다. 이 장에서 가장 중요하게 이야기하는 요구사항을 만족시키는 조건을 결정할 때 반드시 검증을 고려해야 합니다. 인간-시스템 상호작용의 인체공학 표준인 ISO 9241-304~8에는 인

---

* "Information design was epitomized by which map looked the best — not which took care of a lot of parallel systemic parts. That is what I thought 'architecture' did and was a clearer word that had to do with systems that worked and performed."
** organization system. 계층 구조, 순차 구조, 매트릭스 구조가 대표적입니다.
*** figma.com
**** ovenapp.io

간공학ergonomics 기반으로 가상 디지털 디스플레이video display terminal, VDT의 성능을 측정하는 방법부터 평가 방법 및 컴플라이언스 측정까지 검증하도록 명시하고 있습니다. 화면이 가져야 하는 요구사항이나 성능 요구사항을 평가하는 기준을 만들어야 하는 겁니다. 그리고 ISO 9241-112항에는 GUI가 가져야 하는 속성(다른 말로 하면 검증해야 하는 특성)을 명확성, 판별성, 간결성, 일관성, 검출 가능성, 가독성, 이해성 7가지로 정의해두고 한 가지 이상은 꼭 만족하도록 가이드하고 있습니다. 이를 기반으로 정보의 체계Organization of Information, 그래픽 객체graphical objects, 코드화 기법coding techniques 3가지 영역과 각 하부 구조의 요구사항에 대한 완성도 수치를 계산하도록 표준으로 제시합니다.

- 미적 설계 수치적 평가 예시(ISO 9241-12기준)*

그룹	완성도 %	하부 그룹	하부 그룹 완성도
정보의 체계	79	윈도우 추천(recommandation for Windows)	80
		영역 선정 (Areas)	92
		인/아웃풋 영역 (In/Output Areas)	92
		그룹화(Groups)	90
		리스트	54
		표	91
		레이블	89
		정보 표시	46

---

* 출처 : Evaluating hospital information system according to ISO 9241 part 12, Digital health

그래픽 객체	91	그래픽 객체에 대한 일반 추천	97
		커서와 포인터 표현	85
코드화 기법	58	코드에 대한 일반 추천	53
		문자 숫자식 코드화	85
		문자 숫자의 축약	72
		그래픽 코드화	28
		색깔 코드화	38
		마커	78
		기타 코드화 기법	50

앞의 표는 병원 IA 시스템의 GUI를 수치로 검증한 결과입니다. 정보 체계나 그래픽 객체는 요구사항 대비 꽤 높은 수준으로 결과가 나왔지만 코드화 기법에서 아주 낮은 점수를 받았습니다. 실제로 우리가 해당 GUI를 본 적은 없지만 다른 두 항목에 비해서 코드화 기법에 문제가 있다는 사실을 표를 보고 알 수 있습니다(실제로 GUI가 의사나 병동 코드 같은 정보에 같은 색을 적용해 파악이 어려웠습니다).

미적인 부분도 수치화하고 요구사항 대비 완성하는 조건을 수치로 정해서 설계하는 예로 살펴보았습니다. 이제는 화면 디자인의 요구사항을 설계할 때 '디테일하지만 단순하게, 깔끔하지만 정확하게 표시나게'라는 요구사항이나 설계 목표 대신에 '정보 체계는 80%(또는 80점 이상) 코드화는 60점 이상 달성한다'처럼 구체적으로 설정하기 바랍니다.

암묵적 소프트웨어 설계

암묵적 설계는 SRS에 직접적으로 명시되지는 않지만, 비즈니스나 기획 심지어 개발에서도 실제로는 그 일을 수행합니다. 여기서 언급하는 대부분 항목은 소프트웨어의 기본에 속하기 때문에 '원래 다 고려했어야 하는 거 아니야?'라고 여길 정도입니다. 그럼에도 제대로 설계해두지 않으면 알파 버전 또는 데모를 금방 만들더라도 프로덕션 레벨로 출시되기까지 아주 오랜 시간이 걸리게 됩니다. 놀랍게도 암묵적 설계 항목은 소프트웨어 개발의 60% 이상을 차지합니다. 《Facts and Fallacies of Software Engineering》*라는 책을 보면 다음과 같은 글이 있습니다.

> **사실 41.** 유지보수는 소프트웨어 전체 비용 중에 40~80%를 소비합니다. 그리고 아마도 소프트웨어 사이클에서 가장 중요한 영역입니다.**
> **사실 42.** 개선하는 데는 유지보수 비용의 60% 정도가 필요합니다.***

암묵적 설계는 유지보수만을 위한 설계는 아니지만 많은 부분이 소프트웨어 제품을 지속적으로 운영하는 데 필요한 요소를 고려하기 때문에 유지보수 개념도 포함합니다. 다만 이걸 다 고려해서 설계하고 제품의 기

---

*   2002년에 나온 책이지만 시사하는 바가 높습니다.
**   Fact 41. Maintenance typically consumes 40-80 percent of software costs. It is probably the most important life cycle phase of software.
***   Fact 42. Enhancements represent roughly 60 percent of maintenance costs.

능까지 구현해내기까지 시간이 너무 오래 걸리기 때문에 대개는 빨리 기능을 구현해서 출시하고 수익 창출을 도모합니다. 그래서 암묵적 설계는 오퍼레이션 영역으로 치부됩니다.

제품을 공급하고 관리해야 하는 부분 그리고 다양한 조건을 충족시켜야 하는 암묵적 설계 요소들이 알고 보면 사업이나 제품의 핵심일 수도 있습니다. 아마존은 온라인 마켓의 추천 시스템으로 롱테일 마케팅*을 진행하면서, 동시에 경쟁 회사들이 핵심이 아니라고 치부해 아웃소싱했던 배송 시스템을 독자적으로 만들어 신속하게 배송해 경쟁력을 높였습니다. 아마존이 구축한 배송 시스템은 박스/포장의 표준화부터 자동 배송에 이릅니다. 어떻게 보면 명시적 설계는 암묵적 설계라는 빙산의 일각일지도 모릅니다.

현대의 소프트웨어는 명시적 설계와 암묵적 설계를 나누는 방식을 선호하지 않습니다. 왜냐하면 '클릭'은 기능이지만 '천 번 클릭'은 성능도 포함하기 때문입니다. 그리고 기능만 보는 조직(또는 사람)과 성능과 안정만을 보는 조직이 생기기 때문입니다. 서로 협력해야 하는데 원래는 하나였던 개념을 이렇게 나누면 갈등과 반목이 심해집니다. 요구사항뿐만 아니라 소프트웨어 제품을 둘러싼 환경이 시시각각 변하기 때문에 암묵적 설계도 반드시 고려해야만 유용한 제품을 기민하게 시장에 내놓을 수 있습니다. 명시적 설계에서는 4가지 요소를 고려했지만, 암묵적 설계에서는 4가지 항목에서 13가지 요소를 고려해야 합니다. 이제부터 각 항목을 알아보겠습니다.

---

* 취향에 맞게 그동안 알려지지 않았던 제품까지 추천해서 규모의 경제를 늘리는 방법

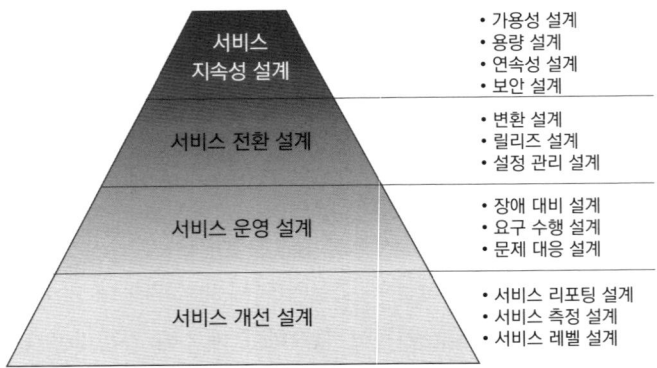

서비스 지속성 설계

출시된 서비스가 지속적으로 실행되는 데 문제가 없도록 하는 설계 요소들을 말합니다. 가용성, 용량, 연속성, 보안 측면의 설계가 포함됩니다.

● **가용성 설계**

소프트웨어 설계 초기에는 가장 많이 누락되는 항목입니다. 가용성을 고려하려면 단순히 서버를 두 대 마련하는 수준에서는 안 되기 때문입니다. 만들려는 소프트웨어가 가용성을 갖췄다는 것을 증명할 수치적 조건을 정의해야 합니다. "평균 무고장 시간Mean Time Between Failure, MTBF, 평균 수리 시간Mean Time To Repair, MTTR은 얼마인가요?"라는 질문에 대한 답할 수 있어야 합니다. 현대의 소프트웨어는 대부분 웹을 기반으로 제공되기 때문에 가용성은 특히나 더 중요합니다. 제품 초기라면 평균 무고장 시간은 100일,

평균 수리 시간은 12시간 정도로 설계해야 합니다.

● **용량 설계**

처리해야 하는 트래픽양은 얼마인지, 네트워크라면 몇 bPSbit Per Second이고, 서버라면 예상되는 동시 세션은 얼마이고 그래서 TPSTransaction Per Second는 얼마여야 요구사항을 만족할 수 있는지, 그리고 평균 응답 시간Mean Response Time, MRT은 얼마가 나와야 하는지 수치적인 조건을 만들어야 합니다. 100명이 사용할 소프트웨어와 100만 명이 사용할 소프트웨어는 당연히 완전히 다르기 때문입니다. 처리 용량뿐만 아니라 저장 용량도 고려해야 합니다. 마이크로서비스 아키텍처가 유행하면서부터 생성되는 로그양과 데이터 저장량은 기존의 모노리틱 구조에서 마이크로서비스 아키텍처로 분화된 개수만큼 늘기 때문에 데이터 보관하고 처리할 용량도 미리 설계해야 합니다. 하루에 1TB씩 생성된다면 한 달이면 30TB, 일 년이면 360TB입니다. 이 정도를 저장할 수 있는 스토리지는 무엇이 있는지, 없다면 어떤 식으로 분산해둘지를 고민해야 합니다.

● **연속성 설계**

소프트웨어 제품이 중단되지 않고 실행할 조건들을 미리 설계해두어야 합니다. 가용성과 비슷하지만 가용성을 바탕으로 소프트웨어가 끊임없이 서비스되게 설계하는 점이 다릅니다. 정말로 365일 24시간 동안 연속적으로 소프트웨어가 실행되려면* 어마 어마한 비용이 필요하기 때문에 이 역시

---

* 실제로 그런 소프트웨어 서비스는 하나도 없습니다.

도 기준 가용률을 기반으로 대체 방법에 대해서 조건을 만들어야 합니다.

● 보안 설계

데이터의 기밀성conformity과 정합성integrity에 대한 수준을 수치적으로 제시하는 조건을 설정해야 합니다. 웹 기반 제품들은 항상 보안 침해의 위험에 노출되어 있기 때문에 늘 크래커나 DDOS 공격에 대비하도록 보안에 주의를 기울여야 합니다. 절차적 보안 사항 외에도 보안 수준을 수치적으로 표시하는 지표를 목표로 설계해야 합니다. 대표적으로 CVSSCommon Vulnerability Scoring System 점수 목표를 설정하고 그에 따른 컴포넌트들, 예를 들어 정합성에 어떤 암호화 알고리즘을 사용할지 또는 해싱을 사용할지 또는 블록체인을 사용할지 등을 설계에 포함해야 합니다.

서비스 전환 설계

소프트웨어*는 늘 새로운 기능을 제공하기 때문에 이전에 출시된 제품에 기능을 더 하거나 심지어는 이전 버전과 더는 호환되지 않아서 기존 제품을 폐기하는 경우도 허다합니다. 그래서 반드시 서비스의 전환에 대한 설계를 해두어야 합니다.

● 변환 설계

소프트웨어 제품이 추가되거나 또는 기능이 새롭게 개발되거나 폐기

---

* 사실은 하드웨어도 기계 장치도 마찬가지입니다.

되었을 때 기존 제품에 미치는 영향을 최소화하는 설계 요소를 말합니다. 소프트웨어 업계에 있는 모든 사람이 이런 변환이 '소프트웨어'니까 편하다고 말합니다. 하지만 새로운 기능 출시나 개발을 막는 가장 큰 어려움은 바로 기존에 시장에서 실행되고 있는 제품입니다. 이걸 레거시라고 표현합니다. 기존의 찬란한 유산이 새로운 제품 출시를 막고 있는 겁니다. 그래서 새로운 제품이 나왔을 때 미칠 영향의 조건을 수치적으로 제시할 수 있어야 합니다. 대개 좋은 쪽의 영향(수익 개선, 비용 절감, 시간 단축)은 수치가 기획 부서로부터 전달되지만 안 좋은 쪽의 영향(연속성, 가용성, 보안성)은 전달되지 않기 때문에 판단하기가 어렵습니다. 그래서 대부분은 변환 설계라고 하면 장애 등급을 나누는 정도로 작성합니다. 3급은 30분 내외, 2급은 1시간 내외, 1급은 수 시간 장애로 말이죠. 단순히 시간으로 정하는 방식보다는 장애 등급을 규정할 수 있는 도구나 프로세스를 설계해야 합니다. 이때 반드시 수치적으로 가늠하도록 조건을 설정해두어야 합니다.

● 릴리즈 설계

새로 들어간 기능의 버전을 어떻게 할지 메이저 버전 업그레이드인지 아닌지, 릴리즈를 할 정도로 소프트웨어가 완성되었는지에 대한 설계인데 주로 테스트 계획으로 많이 통용됩니다. 기능/성능 설계에서 이미 제시한 수치와 방법을 확인하면 됩니다. 그리고 이 릴리즈를 어떻게 배치deploy할지도 설계해야 합니다. 블루/그린으로 할지 아니면 카나리아canary 형태로 할지 그리고 그렇게 했을 때에 이미 설계해둔 다른 지표에 미치는 영향도 역시도 설정해야 합니다.

- **설정 관리 설계**

가장 많은 장애와 오류를 만드는 원인은 바로 잘못된 설정입니다. 그런데 대개는 설정을 파일에 작성하고, 언제든지 접근해서 매뉴얼하게 설정값을 쉽게 바꿀 수 있습니다. 그래서 리소스 관련 설정을 저장하고 변경이나 접근을 관리하는 CMDB$^{configuration\ management\ DB}$를 사용할 것이냐 말 것이냐, 여기에 어떤 정보를 넣고 접근 권한은 어떻게 줄 것인가와 관련된 부분도 설계해두어야 합니다. 그리고 당연히 어떠한 선택을 하든 그 근거를 수치적으로 제시해야 합니다.

서비스 운영 설계

서비스 운영 설계는 릴리즈된 소프트웨어가 설계된 조건(MTR, SLA 등)을 만족하도록 하는 설계를 의미합니다. 모든 소프트웨어가 클라우드화되면서 기존에는 사용자가 운영에 대해서 고민했지만 이젠 제공자가 고민해야 합니다. 일반적으로 장애/문제/요구수행 항목을 다룹니다.

- **장애 대비 설계**

온라인으로 제공되는 서비스가 외부의 상황(알려진 규모의 홍수나 지진 전력 부족 등)이나 내부의 서비스 하부 컴포넌트의 중단에 영향을 받지 않도록 설계하고, 실제로 장애가 발생했을 때 수치에 따라 정해진 등급대로 행동하도록 지정해야 합니다. 이미 매뉴얼이 마련되어 있다면 매뉴얼을 활용하면 됩니다.

● 요구 수행 설계

장애 해결이나 장기적인 문제점을 해결하는 것 외에 사용자 문의에 대한 대답이나, 소프트웨어에 대한 컨설팅을 실행하는 것도 미리 설정해두어야 합니다. 이 역시도 수치적으로 표현해야 합니다. 2010년대 후반부터는 설계팀*이 온콜on-call과 운영을 직접하는 데브옵스DevOps라는 용어로 대체되고 있지만 ISMS-P** 규격에 의하면 개발자와 운영자를 반드시 분리해야 하기 때문에 미리 담당 영역을 정해두어야 합니다.

● 문제 대응 설계

장애는 보통 예측하지 못한 사고incident를 의미합니다. 반면 문제는 소프트웨어의 개발이나 실행/운영 과정에서 예측이 가능한 프로세스의 문제점이나 구조적인 문제점들을 말합니다. 예를 들어 특정 DB 시스템이나 서비스를 어쩔 수 없이 선택하면서 만나게 될 문제들을 인지하고 있다고 합시다. 그렇다면 서비스 지표들을 기반으로 특정 값들이 자주 나타나거나 임곗값을 넘어가면 다시 설계를 하자고 대응책을 마련할 수 있습니다. 주로 취약점 분석 등으로 나타나는데 주로 기술적 부채debt로 부르는 문제를 어떻게 다룰지 미리 설계해두어야 합니다.

---

*   소프트웨어 조직에 설계팀이 없기 때문에 개발팀과 같은 의미라고 생각하면 됩니다.
** 한국 정보 보안 체계이자 규격. 한국만 이런 게 있는 게 아니니 너무 낙심하지 말자.

서비스 개선 설계

소프트웨어가 실제 환경에서 실행되는 순간부터는 정말 문제없이 정해진 일들을 수행하는지에 대한 지표를 확인하고 개선할 준비를 해야 합니다.

- **서비스 리포팅 설계**

어떤 지표를 봐야 하는지는 서비스 지속성 설계나 서비스 전환 설계에 이미 명시되어 있을 겁니다. 리포팅은 앞선 설계 예측치들을 적절하게 보여줄 수 있게 설계해야 합니다. 직접 만들지 아니면 리포팅 시스템을 활용할지와 어떤 자료형으로 표시할지도 결정합니다.

- **서비스 측정 설계**

정상 작동 상태를 파악할 수 있는 지표들을 설정하고, 표시하도록 만들어야 합니다. 만일 MTR이 중요하다면 1분당 응답 시간을 남길 수 있도록 소프트웨어 기능 설계가 되어야 할 뿐만 아니라 해당 지표를 리포팅 시스템이나 모니터링 시스템으로 전달하도록 설계해야 합니다.

- **서비스 레벨 설계**

서비스 레벨 설계는 개인적으로 소프트웨어 설계에서 가장 강조하는 영역입니다. 클라우드 환경 그리고 온디맨드 컴퓨팅이 대중화되면서 사용자뿐만 아니라 개발자들도 자신들의 제품이 모든 외적 상황(자연재해나 트래픽 폭증 요청 폭주 등)에 정상적으로 작동해야 한다고 생각하는데, 저는 그럴 때마다 반드시 한계점을 잡아두라고 말합니다. 예를 들어

지표 자료를 15분 안에는 화면에 표시해야 한다는 하한치를 수립하고 일단 설계 목표로 사용할 수 있습니다.

지금까지 소프트웨어 제품 설계에서 4가지 요소로 구성된 명시적 설계와 13개 요소로 구성된 암묵적 설계를 알아봤습니다. 제품 개발에서 가장 중요하다고 생각했던 기능 설계 분량이 전체 소프트웨어 설계에서 1/17만 차지한다는 사실을, 소프트웨어 설계 대부분의 영역에 측정 가능한 조건을 설정할 수 있다는 사실을 알게 되었습니다. 소프트웨어 설계의 산출물을 이용해서 같은 제품을 만들어낼 수 있는 가능성을 설명했습니다.

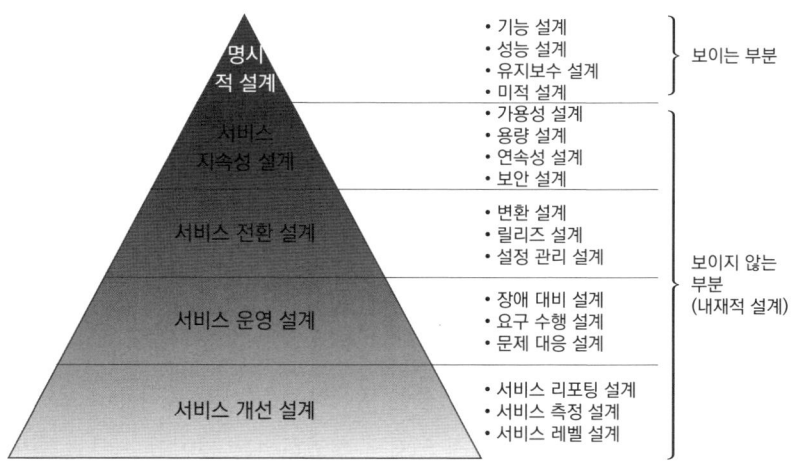

• 소프트웨어 설계의 전체 요소와 상호 작용 •

피라미드 구조로 구분은 해두었지만 전체 요소가 연관되게 설계해야 합니다. 그리고 각 요소를 그다음 단계로 강화시키거나 새로운 기능을 집어넣을 때마다 모든 요소에 영향을 미치기 때문에 그때마다의 최적화를 해야 합니다. 예를 들어 데이터가 화면에 표시되기까지 15분 걸리던 하한 값을 1분으로 줄인다면 분명히 암묵적 설계로 되어 있지만 성능 설계부터 또는 기능 설계부터 다시 해야 하고, 클릭으로 사진이 아니라 동영상을 제공하려면 성능, 유지보수, 미적 설계, 변환, 릴리즈, 설정 설계를 다시 일일이 해야만 정상적으로 실행할 수 있습니다. 그러한 이유로 종합적으로 설계하지 않으면 소프트웨어 제품을 개선은커녕 유지할 수도 없게 됩니다. 그러니 이제부터라도 소프트웨어 제품을 설계할 때 17가지 항목을 면밀히 설계합시다. 그러면 그 설계의 결과물인 제품을 누구나 어디서든 만들 수 있을 겁니다. 하지만 알다시피 소프트웨어 설계와 제작 사이에는 아주 긴 시간적 간격이 존재하고 설계 결과물의 표준화가 안 된다는 현실의 벽이 있습니다.

통합 설계의 미래

제조 분야에서 오토캐드의 정보 포맷인 DWG와 BOM만 있으면 제품을 만들 수 있는 것과는 달리 소프트웨어에는 이런 표준화된 설계와 표준화된 BOM이 아직은 없습니다. 1990년대 말에 SRS 표준을 정하려는 노력 그리고 2000년대에 UML로 설계 표준을 정하려는 노력의 목적은 소프트웨어 설계라는 프로세스를 어떻게 해서든 정립하려는 것이었습니다. 2010년도 이후에 IT의 급격한 발전은 컴퓨팅 리소스를 클라우드로 이전시켰습니다. 다양한 클라우드가 생겼고 AWS, 애저, 구글 앱 엔진 세 서비스가 대표로 자리 잡았습니다. 클라우드 서비스 덕분에 사용성이 크게 개선되었습니다. 그리고 컨테이너 기술의 발달과 보급으로 계산에 필요한 리소스(CPU, 메모리, 스토리지)와 애플리케이션을 결합된 형태로 동시에 생성할 수 있게 되었습니다. 그래서 소프트웨어의 하부 또는 연결 컴포넌트들을 마치 기계 장치의 중간 조립체나 베어링과 같은 부품 그리고 알루미늄 또는 철과 같은 강성을 가진 소재처럼 취급할 수 있게 되었습니다.

2021년 8월 NTIA*은 SBOM에 들어갈 기초적이지만 필수적인 항목을 지정했습니다.

• NTIA가 제시한 SBOM 필수 항목 •

- **데이터 항목** : 소프트웨어를 구성하는 데 필요한 컴포넌트의 공급망과 다른 소프트웨어의 연결 상태 그리고 취약성 등을 파악하는 데 필요한 정보의 데이터 항목을 반드시 포함해야 합니다(제조사 이름, 컴포넌트 이름, 컴포넌트 버전, 구분키, 의존성 정보, 시간 정보 등).
- **자동화 지원** : 소프트웨어를 자동으로 설치하고 관리하는 데 필요한 아키텍처 정보, 스케일아웃 정도를 표준화한 자동화 데이터로 제공해야 합니다. SBOM 자동화 형식으로 SPDX**, CycloneDX*** 등이 물망에 올라 있습니다.
- **실행과 프로세스** : 소프트웨어의 새로운 빌드나 릴리즈가 생길 때 해당 내역을 SBOM에 반영할 수 있어야 합니다. 주기, 의존성 깊이 정보, 의존성 한계 표시, 배포와 전달 방식, 접근 제어, 장애 포용 등의 내용이 적용되어야 합니다.

---

*   NTIA, National Telecommunications and Information Administration
**   Software Package Data eXchange. https://spdx.dev
*** https://cyclonedx.org

SBOM이 만병통치약은 분명히 아니지만, 이런 데이터 구조를 활용해 소프트웨어 개발/운영에 필요한 내용을 SBOM이라는 표준에 담으려는 노력은 계속되고 있습니다.

소프트웨어 디자인 도구의 변화

2022년 IT 최고의 화두는 노코드no-code 또는 로우코드low-code용 소프트웨어 제품입니다. 코로나 사태 동안의 온라인 인터넷 사용량의 폭증으로 인해서 웹과 모바일을 기반으로 하는 제품 개발 요구사항이 폭증했고, 이에 따른 소프트웨어 개발자 수요가 역시 폭발했습니다. 그러나 전문적인 소프트웨어를 개발할 수 있는 프로그래머 수가 이를 따라가지 못했습니다. 그래서 간단한 전자상거래나 캠페인용 웹 제품들을 마치 제품을 만들 때 중간 조립체나 부품들을 사용해서 만드는 것처럼 기능과 계산 성능까지 정해진 템플릿들을 정해진 소프트웨어 캔버스에 끌어다가 연결하거나 조절해서 필요한 제품을 만드는 노코드 제품들이 주목받기 시작했습니다. 마이크로소프트 파워앱Power Apps, 구글 앱시트AppSheet, 아마존 허니콤Honeycomb 등이 대표적인 노코드 제품입니다.

주목할 만한 사건으로는 CAE 소프트웨어로 유명한 지멘스Siemens가 2018년에 노코드 스타트업 멘딕스Mendix를 인수한 일입니다. 지멘스는 CAE 소프트웨어 개발에 필요한 고급 개발자 부족 현상이 계속되고, 고급(비싼) CAE 소프트웨어를 사용할 수 있는 사용자 풀도 성장 한계에 부딪히자 쉽게 앱을 만들어 사용할 수 있는 멘딕스를 인수해서 저변 확대를 꾀한 겁니다. 다른 사례로 어도비가 소프트웨어 미적 설계와 프로토타이핑 도구인 피그마Figma를 인수한 일을 들 수 있습니다. 소프트웨어 제품 설계 시장의 최고 제품을 인수한 사건입니다. 30조에 가까운 가격에 말이죠. 산업 시장에서 오토캐드가 독점적인 지위를 가졌듯, 소프트웨어 산업에서도 피그마가 설계 표준이 될 확률이 높다고 판단했을지 모릅니다.

지금까지 소프트웨어 설계가 무엇인지와 명시적, 암묵적 설계를 알아보았습니다. 아직은 어떤 회사의 제품이 명시적/암묵적 17개 항목을 만족하는 통합 설계 도구 시장에서 일인자가 될지는 알 수 없지만 방향성은 명확해지고 있습니다. 앞으로 10년 후면 소프트웨어 설계란 코드 편집이 아니라 특정 제품을 실행하고, 17개 항목에 맞도록 제품의 기능, 성능, 미학 설계를 하고, 암묵적 설계를 완료한 다음에 특정 제품의 설계 결과물인 SBOM을 기반으로 테스트와 배치까지 실행하는 것을 의미할 것인지도 모릅니다. 이것이 개발자가 코드와 객체지향 수준의 원칙을 넘어 설계를 원칙을 익혀야 하는 이유입니다.

・출간 후 2년, 그다음 이야기・

> AI 코파일럿 코딩 시대가 되니 묻고 도와줄 상대가 한 명 더 생겨서 설계와 코딩을 효과적으로 해볼 수 있게 되었습니다. 명시적 설계를 주고 거기에 상세한 암묵적 설계를 더해서 프롬프트로 입력하면 코드를 만들어줍니다.

물론 생성형 AI가 만든 코드들이 완벽하게 돌아가진 않지만 적어도 내 설계가 어떠한지 곧바로 확인할 수 있게 되어서 '구현부터 하지 말고, 제발 설계부터 하자!'는 원칙을 훨씬 더 강화해서 적용해도 될 환경이 마련되었습니다.

그간 제품 개발 전이나 신규 항목을 리뷰할 때 RFDC* 세션을 만들어서 진행했습니다. 처음 개발자들 반응은 "우리가 왜 이런 문서를 써? 항목은 뭐 이리 많아!"였는데, 막상 도입하고 나니 설계에 대한 개선 사항을 토론하는 문화가 생겨 제품 개선에 많은 도움이 되었다고 하더라고요. 그동안 제가 주장한 '소프트웨어엔 설계가 없다(그래서 문제다)'에 대한 공감도 얻을 수 있었습니다. 제품 설계와 사전 리뷰가 이렇게 유익합니다. 여러분도 적극 도입하기 바랍니다.

• 원칙 준수에 도움이 되는 정보 •

《Facts and Fallacies of Software Engineering》

소프트웨어 엔지니어링에 대한 사실들과 의외의 점들을 발견할 수 있는 책입니다. 다양한 소제들로 간단간단하게 설명하고 있어서 편안하게 볼 수 있습니다.

---

* Request For Design Comment. RFC에서 차용한 것이고 디자인에 대한 코멘트를 받겠다는 의미

04

나의 메이저 버전을 업그레이드하는 마이너 원칙들

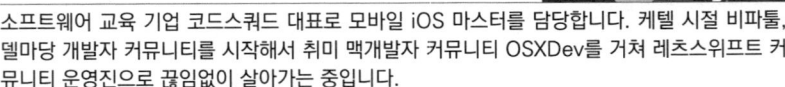

v1.0.0을 넘어서는 자신만의 마이너 원칙을 찾고 공유해주세요.

김정 godrm77@gmail.com
현) 코드스쿼드 대표이사 + 모바일 마스터
전) **레진코믹스** 모바일 개발
전) **NHN NEXT** 모바일 전임교수
전) **오로라플래닛** 대표이사

소프트웨어 교육 기업 코드스쿼드 대표로 모바일 iOS 마스터를 담당합니다. 케텔 시절 비파툴, 델마당 개발자 커뮤니티를 시작해서 취미 맥개발자 커뮤니티 OSXDev를 거쳐 레츠스위프트 커뮤니티 운영진으로 끊임없이 살아가는 중입니다.

medium.com/@jungkim   instagram.com/godrm

처음 만드는 소프트웨어는 약하고 부서지기 쉽습니다. 개발자가 소프트웨어를 만드는 행위는 꾸준히 버전을 업그레이드해서 생명력을 갖도록 하는 일입니다. 소프트웨어 버전이 올라갈수록 기능이 추가되고, 예외 상황을 대처하면서 점차 단단해지고 완성되어 갑니다. 그런 소프트웨어를 만드는 경험을 반복하려면 개발자도 자신을 업그레이드해 차근차근 버전을 올려야 합니다. 지속적으로 성장하는 소프트웨어 버전처럼 개발자 자신의 메이저 버전을 업그레이드하는 마이너 원칙들을 소개합니다.

v 0.1.0 두리번거리면서 속력과 방향을 자주 확인하기

집에서 어딘가 목적지를 찾아가는 과정을 생각해봅시다. 단골 카페라면 가야 할 길을 굳이 떠올리지 않고 길을 나설 겁니다. 반면에 처음 가는 장소라면 상황은 달라집니다. 이동할 방향과 경로를 미리 확인하기 마련입니다. 지인에게 맛집이나 명소를 물어보거나 지도 앱을 열어서 추천 경로와 예상 시간을 확인할 수도 있습니다. 성장으로 가는 길도 마찬가지입니다.

성장을 목표로 한다면 먼저 방향과 나만의 속력을 알아야 합니다. 낯선 목적지를 찾아갈 때 방향을 정확하게 인지하지 못하면 방황하거나 더 먼 길로 돌아갈 수 있으므로 이동할 방향을 반드시 알아둬야 합니다. 그런데 현실에서는 목표가 있는 방향으로 일직선으로 나아가는 일이 불가능합니다. 인생에는 언제 내리고, 언제 방향을 바꾸고, 어디로 돌아가야 할지 알려주는 지도 앱 같은 안내자가 없습니다. 인생에서는 출발부터 도착까지 단 한 번에 도착하길 애초에 바라지 말아야 합니다. 맹수가 우글거리는 야생에서 초식 동물이라면 반복해서 두리번거리면서 주위를 경계하고 방향이 맞는지 반복해서 확인하며 발걸음을 옮길 겁니다. 현실은 야생에 가깝습니다.

경로를 결정하고 가까운 역까지 걸어가는 동안 길 위에는 누군지 모르지만 같은 방향으로 가는 사람이 한두 명쯤 있습니다. 아는 사람이라면 속도를 맞춰서 함께 걸어갈 수도 있지만, 모르는 사람이라면 각자 속도로 각자 갈 길을 갈 겁니다. 바쁜 사람은 건널목 신호등이 켜지기 전에 서둘러서 뛰어가기도 하고, 전날 발목을 다친 사람은 조심조심 천천히 걷기도 합니다. 대개는 옆 사람이 어디로 가는지, 얼마나 빨리 걷는지, 나보다 천천히 걷는지 신경 쓰지 않습니다. 오로지 내가 가는 속도만 중요할 뿐입니다.

저마다 걸음걸이가 다른 것처럼 책을 읽을 때도, 공부를 하거나 일을 할 때도, 심지어 밥을 먹을 때도 나만의 속도가 있습니다. 같은 책을 읽더라도 사람마다 이미 알고 있는 배경지식과 새로운 지식의 연결점이 다르기 때문에 이해하는 범위가 다릅니다. 배경지식이 부족한 분야에 대한 자료를 읽으면 생소한 단어가 3개만 등장해도 다음 문장으로 넘어가기 어렵습니다. 한꺼번에 인지할 수 있는 단어 분량도, 책을 읽는 동안 기억할 수 있는 글자 수도 제한적입니다. '공부는 엉덩이로 한다'라는 말이 무조건 들어맞지는 않습니다. 무작정 앉아서 공부한다고 저절로 체득이 되는 것이 아니기 때문입니다. 자신에게 알맞은 방향과 속력을 찾아야 공부도 제대로 되는 겁니다.

사회 초년생 때는 회사에서 일을 배운다는 것이 학교에서 시험보는 것과 비슷하다고 생각했습니다. 주어진 명세를 만족하도록 구현하면 되니까 마치 실습 과목에서 시험을 치르는 느낌이 든 겁니다. 처음에는 막연하게 나름 일을 잘한다고 생각했습니다. 그렇게 회사 일을 척척 해나가다 내가 해낼 수 있을 만한 일만 주고 있음을 깨닫는 데 그리 오래 걸리지 않았습니다. 1년도 되지 않아서 회사 일은 예측하기 어렵고 시급한 일이 산재하다는 걸 알았습니다. 빠르게 필요한 부분만 찾아서 학습하고 해결해야 했습니다. 내가 할 수 있는 일의 양, 학습할 수 있는 시간과 지식의 양도 한계에 다다랐습니다. 회사 일을 빠르게 그리고 제대로 처리할 역량을 갖출 필요가 생겼습니다. 그래서 여가 시간에 《월간 마이크로소프트웨어》를 비롯한 컴퓨터 잡지를 보며 기술을 공부하고 업계 소식도 살펴봤습니다. 자바를 업무에 사용하지는 않지만 자바 책도 읽어보고 예제를 따라서 입력해보았습니다. XML 표준이 공표되고 다양한 자료 형식을 기술하게 된 것을 보면서 새로운 기술도 수집했습니다. 수집한 자료를 당장 맡은 업무와 관련 있는 것, 업무와 관련은 없지만 살펴볼 것, 그리고 전혀 다른 분야로 나눠서 (책을 복사하거나 오려서 파일에) 분류했습니다. 일하는 속도를 인지하고 두리번거리면서 기록했기 때문에, 운 좋게도 시간이 지날수록 업무와 관련이 없던 내용과도 관련이 생기게 되고, 전혀 다른 분야인 줄 알았던 내용도 연결할 수 있는 기회가 찾아왔습니다.

저는 가본 적 없는 곳에서 약속이 있으면 약속 시간보다 일찍 도착합니다. 가장 큰 이유는 길을 잘못 들어 시간을 더 소비할 수 있기 때문입니다. 그뿐만 아니라 의도적으로 일찍 가면 목적지 주변을 둘러볼 여유가 생겨서 모르는 장소를 파악하는 데 도움이 됩니다. 이 같은 방법으로 새로운 지식을 탐험하면 성장에 도움이 됩니다. 개발자는 평생 공부하는 직업입니다. 새로운 지식이나 새로운 분야, 그리고 신기술을 탐험하는 숙명을 가진 직업이 개발자입니다. 언젠가는 익숙한 도구를 익숙하지 않은 다른 도구로 바꾸거나, 익숙한 라이브러리를 대신해서 새로운 라이브러리를 사용해야 합니다. 배워야 할 지식을 저처럼 현재 업무랑 관련된 것에 50%, 앞으로 관련될 것에 30%, 관련 없지만 관심 있는 것에 20% 정도만 시간을 투자해보세요. 개발자에게 성장은 멈춰 있는 약속 장소가 아니라, 계속해서 움직이는 사냥감에 가깝습니다. 두리번거리며 준비하다 보면 회사 업무가 나와 상관없이 변화하더라도 기회가 될 겁니다.

일을 하다 보면 극단적으로 속도를 한계까지 올려야 하는 상황이 생깁니다. 나만의 한계 속력을 알아야 합니다. 예를 들어 하루를 기준으로 내가 할 수 있는 일, 읽을 수 있는 글, 처리할 수 있는 일감에도 한계가 있습니다. 평소 속력과 한계 속력은 분명히 다릅니다.

경력이 7년 정도 쌓였을 때 일입니다. 새로운 서비스 론칭을 앞두고 며칠에 한 번 집에 갈 정도로 바쁘게 업무를 수행했습니다. 회사에 공용 침실이 있을 정도였습니다. 그렇게 2주 정도 바쁜 생활을 하고 예정대로 서비스를 출시하고, 귀가했는데 장애가 났다고 회사에서 연락이 왔습니다. 다급히 출근해서 원인을 찾았습니다. 스레드 개수에 대한 환경 설정값을 읽어서 전달하는 코드에 break문이 누락되어 지정한 값이 아니라 기본값 2로 동작했습니다. 기본 중의 기본인데 한계 속력를 넘어서서 일을 하다 보니 평상시에 하지 않았을 실수를 저지른 겁니다. 이런 기본적인 실수를 아마 다들 한 번씩은 해보았을 겁니다. 한계 속력에 다다르면 실수를 하기 마련입니다. 이런 상황에서 실수를 줄이는 최선의 방법은 평소에 자신을 성장시키는 방법밖에 없습니다.

지금까지 나만의 속력과 방향에 대해 이야기해봤습니다. 물리학에서 속도의 정의는 **속력×방향**입니다. 얼마나 빠른지 나타내는 속력만큼이나 방향도 중요합니다. 처음에는 출발점에서의 거리가 멀지 않기 때문에 방향에 별로 신경 쓰지 않습니다. 그렇지만 계속 가면 방향에 따라 목적지와의 거리가 더 가까워지거나 더 멀어질 수 있습니다. 그러므로 개발 과정에서도, 성장 과정에서도 목적지로의 방향을 계속해서 확인하고 다시 조정해야 합니다. 시대와 상황에 따라 더 나은 결과를 이끄는 도구나 방법론이 달라질 수 있으니 옳곧게 한 방향으로만 고집할 필요는 없습니다. 성장할 수도, 반대로 성장하지 않고 제자리 걸음을 걸을 수도 있습니다.

v 0.2.0 낯선 방식으로 해결하기

 v 0.1 원칙에서 다룬 '나만의 속도'는 '메타 인지'라는 용어와 맞닿아있습니다. 나만의 걷는 속도, 나만의 식사 속도, 나만의 독서 속도, 나만의 성장 속도를 인지하는 것은 어려운 일입니다. 자기 자신에 대해 한발 물러나서 살펴볼 기회도, 그런 방법도 낯설기 때문입니다. 어떻게 나만의 속도를 인지할 수 있을까요? 나만의 속도를 인지하려면 기준점과 변곡점이 필요합니다. 그래서 두 번째로 시도할 원칙은 나만의 속도를 인지하는 데 유용한 '낯선 방식으로 해결하기'입니다.

학습은 익숙한 것을 의식하지 않고 반복하는 게 아니라, 낯선 것을 의도를 갖고 배우는 겁니다. 나만의 속도가 있는 것처럼, 학습 방법 중에서도 자신에게 익숙한 방법이 있습니다. 선생님이 칠판을 사용하는 수업에는 다들 익숙할 겁니다. 선생님은 자신이 이해한 지식을 작은 단위로 나눠서 말로 표현하고, 수업을 듣는 학생들은 선생님이 구조화한 지식에 대한 설명을 그대로 수용하는 방식입니다. 그렇게 선생님이 학생에게 전달한 지식을 외우고 잘 기억하는지 확인하는 게 바로 시험입니다. 학교에서는 이미 알려준 지식을 암기해서 시험지에 있는 답을 찾아내고, 몇 개 정답을 찾았는지 나타내는 점수가 좋으면 학습이 뛰어난 것으로 간주합니다. IT 교육 서비스에서 진행하는 온라인 수업이나 코비드 바이러스로 인한 온라인 수업도 매체만 다를 뿐 결국 같은 방법입니다.

학생은 선생님이 전달하는 상징과 개념, 표와 그림, 단어와 문장, 맥락 등을 이해하려고 노력합니다. 새로운 지식이 기존 지식과 만나면 서로 강하게 연결됩니다. 반면에 정확하게 이해되지 않은 새로운 지식은 느슨하게 연결됩니다. 느슨한 연결 고리는 약해서 언제든지 끊어지고 곧 사라집니다. 10년 전에 프로그래밍 언어를 처음 배우는 학생들에게 자바 문법을 알려주고 이런저런 프로그래밍 연습을 하는 수업을 담당한 적이 있습니다. 자바 자료형을 설명하면서 C 언어의 int, float 같은 원시 타입^{primitive type}과 자바의 Int, Float 같은 클래스 타입이 어떻게 다른지 차이점을 소개했습니다. 나름 친절하게 풀어서 설명했는데도, 설명을 듣자마자 다들 당황스러운 표정을 지었습니다. 모르는 자료형을 설명하면서 또 다른 모르는 단어로 설명했기 때문이었습니다. 이처럼 모르는 것을 알고 있는 것으로 설명하지 못하면 연결 고리가 생기지도 않습니다. 나는 익숙하기 때문에 이미 알고 있지만 다른 사람들은 모를 수 있는 개념을 구분하지 못한다는 것을 인지하지 못했습니다. 나에게 익숙한 것은 내가 잘 알기 때문에 설명하기 쉽다고 생각하지만 상대가 누구인지에 따라서 상황은 달라집니다.

무엇인가 안다고 생각할 때는 이미 알고 있는 것과 그렇지 않은 것을 이분법으로 구분합니다.

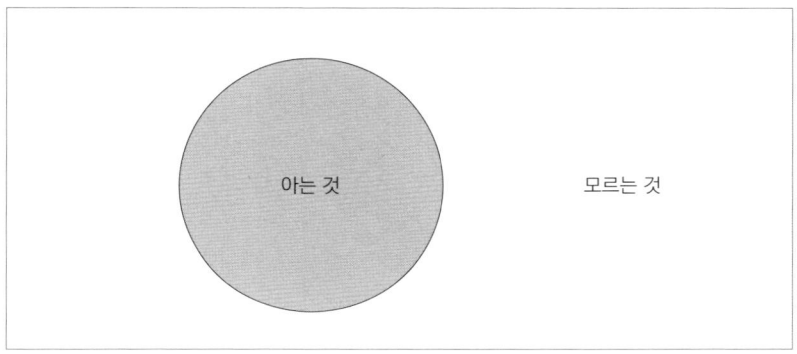

• 내가 안다고 느낄 때 •

　그래서 이미 알고 있는 개념과 단어를 이용해서 그 개념을 설명하려고 시도합니다. 심리학자들은 이럴 때 확증 편향과 지식 착각이 발생한다고 합니다. 자기도 모르게 지식을 알고 있다고 착각하고 확신을 가지게 됩니다. 확신을 갖고 개념과 단어들을 연결한 문장을 다른 사람에게 전달해도 원시 타입과 클래스의 일화에서처럼 모르는 개념만으로 설명하면 안 됩니다. 청자가 아는 말로 설명해야 합니다. 바로 그 순간 '이미 알고 있다고 생각했던 개념과 지식'을 '여전히 익숙한 것'과 나는 '알고 있다고 착각한 것'으로 구분할 수 있게 됩니다. 어떤 대상이 물어봤더라도 이해하기 쉽게 설명할 수 있어야 진정으로 아는 겁니다. 그렇지 못하다면 알고 있다고 착각했던 겁니다. 다음 그림에서는 3단계로 구분해서 표시했지만 사람마다 범위와 간격이 달라질 수 있습니다.

• 내가 안다고 착각한다는 것을 깨달았을 때 •

 알고 있고 익숙한 것을 확인하는 가장 좋은 방법은 배경지식이 없는 사람에게 새로운 개념을 설명하는 겁니다. 처음부터 100% 이해시키는 것을 목표로 설명하지 않아도 됩니다. 작은 개념을 설명하고 이해한 만큼 다시 설명해보라고 하면서 10회 동안 주고받기를 해도 됩니다. 진정으로 알고 있는 거라면 어떤 상황에도 다른 표현으로 다시 설명하려고 시도하겠지만, 그렇지 않다면 설명하다가 막히게 될 겁니다. 과거에 느슨한 연결 고리가 생성되었지만 고리가 끊어져 지금은 모르게 되는 경우일 수도 있습니다.
 저는 12살에 베이식BASIC 언어로 프로그래밍을 시작했고, 중학생 때 터보 파스칼을 배우다가 대학에서는 C와 C++을 배웠습니다. 새로운 언어를 배우는 것은 호기심 가득하고 흥미롭고 즐거운 도전이었습니다. 그

렇지만 다른 언어를 주로 사용하다 보면, 기존에 익숙하던 언어의 문법이 떠오르지 않을 때가 있습니다. 이처럼 자주 사용하지 않는 문법, 즉 느슨한 연결 고리는 끊어지기 쉽습니다. 반면에 여러 언어에서 공통적으로 사용하는 개념은 강한 고리가 연결되기 때문에 기억에 오래 남습니다.

학창 시절을 되돌아보면 고등학교까지는 무조건 외워서 시험을 봐야 하는 과목이 많았습니다. 국사, 세계사, 한자 같은 암기 과목은 벼락치기 방법으로 단기 기억에 의존해야만 했습니다. 그렇게 외웠던 지식은 시험이 끝나고 이틀만 지나도 잊혀집니다. 인지공학과 교육공학에서는 기억을 형식지와 암묵지로 구분합니다. 형식지는 문서화 데이터화가 가능한 지식으로서 단기 기억과 장기 기억을 활용하는 지식입니다. 자주 사용하지 않으면 시간이 지나면서 잊게 됩니다.

반면 암묵지는 언어나 문자로 표현하기는 어려운 몸으로 체화된 지식입니다. 춤추기, 자전거 타기 등을 예로 들 수 있습니다. 형식지나 암묵지 모두 기억이라 떠올리는 노력이 필요합니다만 암묵지는 형식지에 비해 그 노력이 적게 듭니다. 그래서 10년 전에 배운 국사 지식을 제대로 떠올리려면 각잡고 공부를 해야겠지만 10년만에 자전거를 타면 조금 비틀거리다가 이내 안정을 찾을 수 있습니다. 그렇기에 성장하는 나를 만들려면 형식지에 속하는 프로그래밍 지식을 나만의 암묵지로 만들어야 합니다.

암기로는 프로그래밍 지식을 암묵지에 저장할 수 없습니다. 암묵지는 머리로만 외우는 것이 아니라 감각을 이용해서 몸에 익숙해져야 하기 때문입니다. 물론 프로그래밍 형식지가 필요 없다는 말이 아닙니다. 소프트웨어를 학습하는 단계부터 암기 위주 익숙한 학습 방식을 내려놓고, 낯선 방식으로 직접 소프트웨어를 만들면서 해결하려고 노력해야 합니다.

메타적인 관점에서 바라봅시다. 학습하는 과정에서 자신의 학습 방식, 이해하는 방식, 설명하는 방식, 학습 과정을 개선하는 방식까지 학습해야 합니다. v 0.1에서 설명한 속도와 방향을 인지하는 것부터 시작하세요. 그러고 나서 의도적으로 익숙한 방식을 멀리하고, 의도적으로 낯선 방식을 선택해보세요. 프로그래밍 언어나 개발 환경에 제약사항을 추가해보세요. 익숙한 것을 반복하면 더 오래 기억할 수 있게 되지만 성장하지는 못합니다. 성장을 위한 더 효과적인 방법은 의도적으로 낯선 환경을 만들고, 제약사항을 추가해서, 도전적이면서 살짝 어렵지만 재밌는 요소를 찾아서 학습하는 겁니다.

내가 익숙하게 풀었던 문제나 코드를 새로 익히는 언어로 풀어보는 것도 좋습니다. 새로운 언어가 아니라면 함수를 작성할 때 10줄 이내로만 작성하려고 시도해봐도 좋습니다. 객체지향 언어에 익숙하다면 함수형 표현으로 작성하려고 해봅시다. 익숙한 통합 개발 환경 대신에 터미널에서 CLI 명령만으로 빌드를 직접 해보는 것도 흥미로운 제약사항입니다. 마우스 없이 키보드만으로 단축키 쓰기에 도전해봅시다. 이렇게 제약사항을 추가하면서 의도적인 수련을 반복하면 형식지에 암묵지가 더해지는 기적을 만나게 될 겁니다. 만약 제약사항을 찾기 어렵거나, 자기 자신을 돌아보기 어렵다면 다른 개발자를 만나봅시다.

v 0.3.0 개구리를 해부하지 말고, 직접 만들기

"개구리를 해부하지 말고, 직접 만들어라." 니콜라스 네그로폰데 박사가 《바이트》*에 기고한 글입니다. 개구리를 더 잘 이해하려면 개구리 해부보다는 개구리와 똑같다고 부를 수 있을 개구리를 직접 만들어보라는 내용입니다. 정말 개구리와 똑같구나 싶을 정도로 만들려면 그만큼 개구리를 깊이 있게 이해하고 분석하고 설계해야만 가능합니다. 이 비유를 소프트웨어 분야에도 적용할 수 있습니다. 소프트웨어는 태생적으로 컴퓨터 과학의 이론과 전자공학 기반으로 만든 하드웨어 사이에 있습니다. 이론적인 배경을 학습하고 소프트웨어로 만들어보고, 하드웨어 구조와 특성을 학습하고 소프트웨어로 만들어보세요. 이론과 동일하게 동작하거나 하드웨어 없이 하드웨어처럼 동작하도록 만들려면 그만큼 제대로 이해하고 만들 수밖에 없습니다.

저는 대학 전공 수업에서 물리 법칙을 배우고, 디지털 시스템을 설계하고, 운영체제 동작 방식과 시스템 프로그래밍을 배웠습니다. 새로운 용어와 지식들이 넘쳐났죠. 무작정 외우는 방식 말고 다른 방법이 없을까 고민했습니다. 실험・실습 과목과 프로그래밍 과목이 암기 과목보다 더 흥미로웠고 결과적으로 학점도 잘 나왔습니다. 그때부터는 학습하는 전략을 바꿨습니다. 수치 해석 과목을 들으면서 뉴턴 방법으로 동작하는 계산기를 만들고, 데이터 네트워크를 수강하며 소켓 프로그램을 구현했습니다.

만약 지금 학생이고 운영체제를 수강한다면 운영체제를 구성하는 모듈

---

* 《BYTE》. 1970년 후반부터 2013년까지 발행된 마이크로컴퓨터 잡지

을 나누고 직접 구현해본다고 생각하고 설계해보세요. 운영체제라고 부를 수 있을 정도 수준으로 만들려면 무엇을 어떻게 해야 하는지 생각해보는 것이 시발점입니다. 컴퓨터 CPU와 메모리, 네트워크 동작 방식, 데이터베이스 시스템, 컴파일러 등 학교에서도 이론적으로만 배우고 끝나는 과목들을 소프트웨어로 직접 구현해보면 흩어진 형식지가 암묵지로 연결됩니다.

학부 4학년 때는 전산학과 전공 수업을 들으면서 어려운 이론 과목이지만 의도적으로 구현해보려고 노력했습니다. 전공으로 인정되지 않아서 교양 학점으로만 남는 무모한 도전이었지만, 데이터베이스, 컴파일러나 인공지능 개발에 도전했습니다. 아마 과제였다면 흥미가 떨어져 하기 싫었을 겁니다.

그중에서 방정식을 증명하고 증명한 것을 계산 모델로 만드는 수치해석 과목이 가장 기억에 남습니다. 수시 해석을 통해 만든 방정식 계산법을 구현해보기 위해서 일부러 컴파일러 과목에서 배운 구문 분석 문법을 활용했습니다. 파스칼 문법과 비슷한 a-z까지 변수 개념을 추가했습니다. 사칙 연산과 논리 연산, sin(), cos(), pow(), exp() 같은 수학 함수들을 지원했고 일변수 다항식 해를 찾는 이분법Bisection과 할선* 계산 함수를 직접 구현했습니다. 마지막으로 출력 함수를 추가해서 나만의 공학용 계산기를 완성했습니다. 개발 과정에서 계산식 파싱 결과를 확인할 수 있는 디버깅 화면까지 넣었습니다. 스스로 원해서 한 것이니 개발 과정이 흥미롭고 재밌다는 건 두말할 필요가 없겠죠. 당시 오브젝트 파스칼로 구현했

---

* Secant. 원 또는 곡선과 두 개 이상의 점에서 만나 그 원이나 곡선을 자르는 직선

던 계산기는 놀랍게도 아직도 잘 동작합니다!

• 수치해석 계산기 •

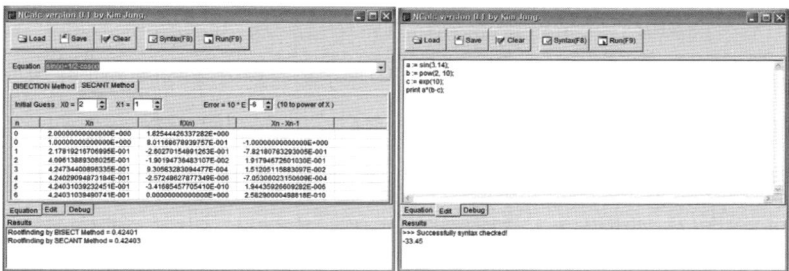

 수업 시간에 배우는 지식을 기획하고 설계해서 직접 구현한다는 것은 쉽지 않은 일입니다. 구현 범위가 넓거나 무엇을 개발할지 구체적이지 않아서 실패할 가능성이 높아 쉽게 포기하게 됩니다. 끝까지 해내는 팁을 하나 드리자면 우선은 함수 하나만 구현해보라는 겁니다. 이어서 입력·출력을 바꿔보고, 화면을 추가하는 식으로 점차 기획과 구현 범위를 넓혀 가는 겁니다. 그래야 수업에서 학습한 내용을 코드로 바꾸는 과정에서 형식지를 암묵지로 바꾸려는 의도적인 수련이 일어나면서 어렵지만 즐거운 도전으로 마무리할 수 있습니다.

 실제로 개발 현장에서도 개구리를 해부하는 일이 자주 생깁니다. 새로운 라이브러리를 사용할지 검토하는 일, 다른 사람이 작성한 코드를 리뷰하는 일 모두가 개구리를 해부하는 일입니다. 이런 분석 작업을 할 때도 직접 구현하지는 않더라도, 내가 직접 구현한다면 어떻게 설계할 것인가 비교해보세요. 개구리를 만들라고 강조했지만 해부해서 분석하는 작업도 중요합니다. 그렇지만 분석만 하고 구현해보지 않으면 암묵지로 체화되기 어려우며 놓치는 부분이 생길 수 있습니다. 분석 단계에서는 직접 만들어보지 않고 분해하고, 관련 지식을 찾아 위에서 아래로 탐색하는 방식도 필요합니다. 분석이 끝나고 아래서 위로 해당 문제와 관련된 것인지 아닌지 확인하면서 구현하면 종합적인 시야를 가질 수 있습니다. 개발 업무나 개발 과정도 톱다운 방식으로 요구사항 분석이나 설계부터 구현까지 한 번에 끝날 것 같지만 그렇지 않습니다. 추상적인 상위 수준에서 구체적인 하위 수준까지 내려오기도 하고, 다시 위로 올라가기도 하면서 반복하면서 개발합니다. 그래서 직접 만들어보라는 의미는 분석, 설계, 개발, 검증 단계를 위에서 아래로, 아래에서 위로 반복해야 한다는 의미입니다.

v 0.4.0 남을 향한 자존심을 버리고, 나를 향한 자존감 채우기

낯선 지식과 경험을 학습하는 일은 나와의 싸움이라 외롭고, 반복하는 과정은 짜증 나고 지치게 합니다. 학창 시절을 떠올려보면 늘 나보다 잘하는 똘똘한 친구가 있었습니다. 같은 사람인데 나는 왜 이렇게밖에 못 할까 하며 자존심이 상하기도 합니다. 학교에서뿐만이 아닙니다. 천재들은 사회에도 있습니다. 내가 일주일 고민한 문제를 몇 시간 만에 해결합니다. 나는 열심히 걸어서 가까스로 목적지에 가깝게 다가갔는데, 홀연히 택시 타고 온 누군가가 결승점에 먼저 도달할 때 느끼는 감정과 비슷합니다. 그런 상황이 벌어질 때마다 나를 지키고 분연히 일어나고 성장하려면 자존심을 키워서 다른 사람과 비교하지 말고, 자존감을 키워서 과거의 자신과 비교해야 합니다.

사회 초년 시절에 만난 동갑내기 개발자가 있었습니다. 미국에서 살다 와서 나보다 영어도 잘하고, 무엇이든 몰입해서 자기 거로 만드는 걸 잘하던 친구였습니다. 비슷한 시기에 입사해서 같은 프로젝트에서 역할을 나눠서 수행하거나, 같이 출장 가서 발표도 했습니다. 계속 같이 업무를 하다 보니 그 친구와 비교하는 것이 괴롭고 좋지 못하다는 것을 알게 되었습니다. 시간이 지날수록 내가 잘하는 것과 동료가 잘하는 것을 구분하기 시작했고, 이전의 나와 비교하며 성장하는 법을 깨달았습니다. 3년 정도 같이 근무하고 나서야 서로를 알게 된 만큼 오히려 내가 가진 장단점을 이해할 수 있습니다.

"내가 무언가를 잘합니다"라는 표현에는 다른 누군가보다 잘한다는 맥락이 숨겨져 있습니다. 숨겨진 의미는 그대로 감춰둡시다. 자신을 다른 누군가와 비교하면 그 순간부터 괴로울 뿐입니다. 비교하는 대상을 다른 사람으로 향하지 말고, 스스로 내면을 향하도록 해야 합니다. 몇 시간 전에 몰랐던 것을 깨닫거나 하루 이틀 전에 작성한 코드를 개선할 점을 찾을 수 있으면 조금씩 자신만의 속도로 성장한다는 증거입니다.

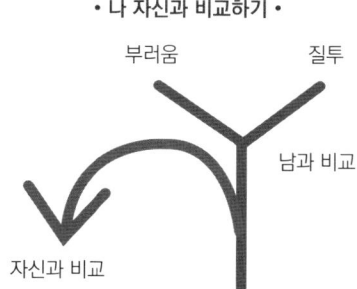

• 나 자신과 비교하기 •

자존감을 세우고 나에게 집중하는 일은 쉽지 않습니다. 때론 누군가가 나에게 잘하고 있다 하고 또 다른 누군가는 잘못하고 있다고 말할 겁니다. 잘하고 있다는 말을 많이 들으면 자아도취에 빠지기 쉽고, 아예 듣지 못한다면 자괴감에 빠지기 쉽습니다. 다른 사람 피드백에 흔들리지 말고, 나에게 집중해서 나에게 맞는 방법으로 성취감을 얻어갑시다. 일희일비하지 말고 칭찬에는 겸손하고 비난에는 나를 돌아봅시다. 하루에 조금씩만 더 나은 성장을 이끌어내면 됩니다. 그러려면 지속적으로 성취감을 느끼는 것이 중요합니다.

성취감은 성장에서 중요한 위치를 차지합니다. 크게 한 턱보다는 작은 일들의 연속으로 성취감을 느끼는 것이 중요합니다. 일을 더 작은 단위로 나누기 바랍니다. 그러면 더 자주 성취감을 쌓아 상실감을 줄일 수 있습니다. 멋진 방식에 억지로 맞추려고 하기보다는 아침에 일어나서 물 한잔 마시는 것처럼 사소한 일부터 습관을 들여 성취감으로 하루를 시작해봅시다. 직장 생활을 하다 보면 성취감을 얻기 위해 유명한 방법론이나 처세술에 휩쓸릴 때가 있습니다. 프랭클린 다이어리처럼 유명한 일하는 방법도 성취감을 쌓지 못하면 나에게 맞지 않는 겁니다.

쉽고 작은 목표를 세우는 GetThingsDone(줄여서 GTD) 방법론이나 S.M.A.R.T. 목표에 대해 찾아보길 권장합니다. 제가 주로 사용하는 GTD 방법은 우편함처럼 Inbox 수신함에 일감을 넣어놓고 자주 확인하면서, 장소와 맥락에 따라 큰 일보다는 작은 일부터 해치우는 방식입니다. S.M.A.R.T. 목표는 자료에 따라서 약자가 조금씩 다르지만 핵심 사항은 비슷합니다. 업무나 학습과 관련되어(Relevant) 있고 달성 가능한(Achievable) 구체적인(Specific) 목표를 달성하는 기준(Measurable)

을 정하고 목표 시간(Time-Boxed)을 정하라고 합니다. GTD 방식이나 S.M.A.R.T.하게 작은 목표를 세세하게 나누는 일이 처음에 어렵습니다. 개발자라면 개발 일정을 계획할 때 작은 스토리 단위를 나누는 데 익숙하지 않습니까? 평소 일감이나 학습 목표를 개발이다 생각하면 그리 어렵지 않을 겁니다. 모든 방법론이 그렇듯이 계획을 그럴듯하게 세워도 실천이 가장 중요하다는 사실에는 변함이 없습니다.

v 0.5.0 결과를 향하면서 과정을 기록하기

소프트웨어 개발은 결과적으로 문제를 해결하는 코드를 만드는 겁니다. 코드를 만들지 못하면 실패한 것처럼 생각합니다. 결과를 지향하다 보니 작성한 코드가 전부인 것으로 착각합니다. 하지만 한번 구현한 코드가 성패를 가르는 것도, 전부인 것도 아닙니다. 나를 업그레이드하려면 결과를 향하면서도 그 과정을 기록하는 습관을 갖추어야 합니다.

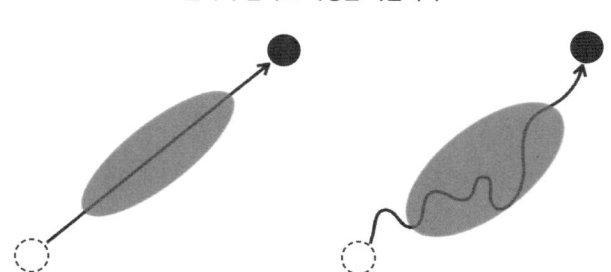

• 결과가 같아도 과정은 다릅니다 •

그림을 보면 출발점과 목적지만 같을 뿐 과정은 다릅니다. 똑같은 주제를 공부해도 학습 과정이 다르고, 같은 알고리즘 문제를 풀어도 해결 과정이 다르기 마련입니다. 따라서 결과만으로 판단하면 안 됩니다. 요즘에는 프로그래머 채용 과정에 코딩 테스트를 많이 활용합니다. 코딩 테스트 플랫폼까지 있어서 문제를 작성하고 테스트 케이스를 통과하는 점수를 쉽게 평가할 수 있습니다. 이런 코딩 테스트 점수는 철저하게 평가 통과용으로 작성한 코드에 대한 점수일 뿐입니다. 채용을 담당하는 지인을 비롯해 저 역시 코딩 테스트 점수가 실무 역량과 상관관계가 적다고 생각합니다. 그래서 코딩 테스트는 최소 프로그래밍 역량을 확인하는 수준이 바람직하다고 생각합니다. 함께 일하기 적합한 사람인가 확인하는 가장 좋은 방법은 말 그대로 같이 일해보는 겁니다. 같이 일해보기는 제출한 코드의 점수로 평가하는 코딩 테스트보다 복잡합니다. 대화를 통해서, 협업을 통해서, 의사결정 과정에서 정성적인 평가가 포함되기 때문입니다. 현업에서도 같이 일하는 사람들의 동료 평가를 매우 중요하게 생각하는 회사가 많아지고 있습니다.

문제 해결 과정에서 만든 결과물에는 문제 해결 코드뿐만 아니라 개발 과정에서 이루어지는 가정, 추론, 논리적인 판단, 비교, 분류, 설득, 전달 과정이 포함되어야 합니다. 모든 것을 코드로 표현하지 않아도 됩니다. 요구사항 분석, 설계부터 테스트, 코드 리뷰 과정, 이슈 관리, 협업 과정 전체가 소프트웨어 개발 과정입니다. 그렇기 때문에 소프트웨어는 코드가 전부가 아닙니다. 코드가 중요하다고 생각하던 시절에는 당연히 코드만 저장해두고 다른 자료를 보관해두지 않았습니다. 부끄럽지만 제 경험을 하나 털어놓겠습니다. 스위프트Swift 언어에서 표준 입력 `readline()` 함수가 동기로만 동작하는데 비동기 방식으로 사용할 일이 생겼습니다.

비동기 방식 표준 입력 함수를 누군가 만들어놓지 않았을까 싶어서 구글에 검색했습니다. 고맙게도 누군가 구현한 코드와 예제를 깃허브 gist 사이트에 올려놓은 것을 찾았습니다. 링크를 눌러서 들어가봤더니 놀랍게도 2년 전에 바로 내가 작성한 코드였습니다. 과정을 전혀 기록하지 않고 코드만 기록해놓고 잊어버린 겁니다.

경험이 늘어나고 경력이 쌓일수록 시야가 넓어집니다. 뒤집어서 말하자면, 시간이 지날수록 개발 과정에서 경험하는 범위가 넓어져야 하고, 개발 측면뿐만 아니라 다양한 관점을 바라볼 수 있도록 시야를 넓혀야 합니다. 코딩 테스트처럼 주어진 시간에 빠르게 동작하는 정답을 찾기보다는 시야를 넓게 해서 다양한 기준에서 과정을 자주 되돌아볼 줄 알아야 합니다. 그러려면 목표가 어디로 움직였는지, 스스로 어디를 향하는지 방향을 빠르게 인지하는 게 중요합니다. 그리고 방향이 바뀔 때마다 과정을 기록해보세요. 결과만 있는 기록과 다르게 과정을 기록하면 메타 인지 관점에서 자신을 돌아보는 데 매우 도움이 됩니다.

개발 과정에서는 주로 혼자서 결정하고, 방향이 달라지는 것을 인지하지 못하기 때문에 과정을 기록하기 어렵습니다. 과정을 기록하는 도구는 아니지만, 과정에서 변화를 인지하도록 도와주는 방식으로 내비게이터와 드라이버가 함께 작업하는 짝 프로그래밍이 있습니다. 짝 프로그래밍은 혼자서 방향을 판단하고 결정한 흐름을 의도해서 끊습니다. 내비게이터는 사막에서 하는 레이싱 경기에서 지도를 보고 길을 안내하는 것처럼 방향을 살피고 의사결정을 하고 안전하게 운행하도록 지시합니다. 드라이버는 내비게이터가 설명하고, 안내하는 방향대로 제대로 가고 있는지 확인하면서 직접 운전합니다. 두 명이 다른 역할을 번갈아가면서 문제 하나를 해결합니다. 이렇게 일부러 역할을 나눠서 함께 문제를 해결하려면 과정이 매우 중요합니다. 내비게이터는 자신이 알고 있는 방향성과 맥락과, 무엇을 집중해서 해결할지를 설명해야 합니다. 드라이버는 내비게이터의 설명을 듣고 아바타처럼 조정당하는 게 아닙니다. 드라이버도 적극 참여하면서 설명을 이해한 것이 올바른지 질문하기도 하고, 타당한가 반문하기도 하고, 다른 의견을 제시해도 됩니다. 다른 의견이라고 해서 무작정 반대하거나 우기라는 게 아닙니다. 이미 알고 있는 것을 풀어서 설명하고, 주장할 때는 타당한 근거를 제시하고, 주장이 맞는지 구현해보고 테스트 케이스로 확인도 합니다. 짝 프로그래밍 흐름에서 중요한 것은 공유하는 코드가 아니라, 과정을 기록하고 주고받는 맥락 그 자체입니다. 내가 개발 과정에서 어떤 생각을 하고, 어떤 방향을 생각하고, 어떤 의도로 개발하게 되는지 알고 싶다면 짝 프로그래밍을 추천합니다.

v 0.6.1 의도한 실수를 반복하면서 작은 부분을 개선하기

사람이 완벽하지 않듯이 개발 과정 역시 완벽하지 않습니다. 개발자는 끊임없이 실수를 합니다. 메이저 버전뿐만 아니라 마이너 버전도 올리려면 빌드 횟수가 늘어나야 합니다. 그래서 6번째 마이너 원칙은 실수했다는 것을 의미하는 v 0.6.1로 정했습니다. 의도한 실수를 반복하면서 작은 부분을 점차 개선해봅시다.

개발자들이 가장 많이 하는 실수는 바로 오타일 겁니다. 이런 실수는 컴파일러가 찾아냅니다. 컴파일 오류는 금방 해결할 수 있는 사소한 실수입니다. 프로그래밍을 처음 배울 때는 컴파일 오류도 엄청 큰 실수처럼 막막하게 느껴지지만 시간이 지나면 컴파일 오류를 웬만해서는 두려워하지 않습니다.

컴파일 오류처럼 실수도 두려워할 필요가 없습니다. 실수를 하지 않으려고 너무 애를 쓰거나, 실수를 감추면 오히려 문제를 키울 수 있습니다. 우리는 실수를 반복하면서 익숙해지고, 익숙해지면서 성장합니다. 성장하려면 실수를 해보고 개선해야 합니다. 실수를 통해서 배워서 개선하고, 자동화하고, 도구화하고, 다음 단계로 학습하며 나아가면 되는 겁니다.

스위프트는 애플이 오브젝티브-C$^{Objective-C}$를 대체하려고 만든 프로그래밍 언어입니다. 2014년 6월 2일 애플 세계 개발자 회의에서 처음 선보였을 때 개발자 커뮤니티에서 열렬한 환호를 받았습니다. 전 세계 수많은 개발자가 스위프트를 학습하며 다양한 자료와 경험담을 공유했습니다. 저도 환호하는 개발자 커뮤니티의 일원이었습니다. 그런데 저는 남들과는 다른 방식으로 스위프트를 익혔습니다. 익숙한 오브젝티브-C로 작성한 코드와 같은 기능의 스위프트 코드를 작성하면서 사소한 문법을 하나씩 틀려 보았습니다. 의도해서 실수를 해본 겁니다. 타입을 생략하면 어떻게 되나, 세미콜론을 생략해도 되는데 여러 번 찍으면 어떻게 되는지 확인했습니다. 오브젝티브-C에서도 되는 것이 스위프트에서도 되나, 어느 한쪽에서만 되는 것은 무엇인지, 비정상적인 실수를 했을 때 컴파일러가 어떻게 반응하는지 확인했습니다. 결과적으로 수많은 컴파일 실패, 즉 실수를 통해서 스위프트를 더 깊게 알게 되었습니다.

실수 이후에 이어져야 할 개선 사항도 관점에서 달라질 수 있습니다. 실수를 빠르게 발견하도록 개발 환경에 대한 폰트나 색상을 바꾸는 것이 어떤가요? 코드를 작성할 때 내비게이터 입장에서 고민이나, 드라이버 입장에서 표현을 개선해보기 바랍니다. 코드 버전 관리 도구에서 실수했다면 CLI 자동 완성이나 GUI 도구를 사용하는 방법도 개선 사항으로 볼 수 있습니다.

물론 소프트웨어 코드가 항상 실수투성이어야 한다는 의미는 아닙니다. 학습할 때도, 일을 할 때도 실수를 두려워하지 말라는 의미입니다. 실수가 전혀 없을 수는 없겠지만, 소프트웨어 설계부터 테스트까지 개발 과정에서 실수가 결과에는 반영되지 않도록 해야 합니다. 그러려면 모든 개발 과정에서 실수를 빠르게 찾아낼 수 있어야 합니다. 실수한 사람을 질책하기보다는 누구나 실수할 수 있다고 가정하고 최종 릴리즈가 되기 전에 실수를 찾아낼 수 있는 안정적인 흐름을 만들어야 합니다. 테스트는 의도한 대로 소프트웨어가 제대로 동작하는지 확인하는 과정이며 실수를 찾아내는 과정입니다. 개발 과정에서 버그만 실수가 아니라, 기획 과정이나 설계 과정에서도 실수가 반영될 수 있습니다. 개발 과정에서 버그를 발견해서 수정하는 것도 개선이고, 협업 과정에서 개발 프로세스 병목 지점을 찾는 것도 개선입니다.

소프트웨어를 배포하는 것처럼 반복해서 해야 하는 작업이 있다면, 배포하기 전에 해야 하는 일들을 도와주는 액션을 자동화하거나 배포하는 스크립트를 작성해 개선합시다. 학습을 반복해야 한다면 학습을 위한 도구를 개선합시다. 한발 더 나아가 배포를 자동화하는 방식을 개선하거나 도구 자체를 개선합시다. 도구가 개선되면 자동화가 수월해지고, 자동화가 수월해지면 원래하던 업무가 더 수월해져서 업무 효율이 좋아질 겁니다. 결과적으로 그동안의 실수가 프로세스와 시스템에 녹아들게 됩니다.

v 0.7.0 기준을 정하기 전에 여러 답을 찾아서 공유하기

해결책을 여러 개 마련하세요. 모든 상황에서 완벽한 단 한 가지 방법은 과학자들이 찾는 수식에만 있습니다. 그 수식을 현실에서 구현할 때 주어진 환경에 따라서 다양한 해결 방법이 있습니다. 소프트웨어 엔지니어 분야는 다른 엔지니어링 분야보다 더 다양하고 유연한 해결 방법을 만들 수 있습니다. 소프트웨어 개발 환경 자체가 유연하기도 하고, 실행하는 환경도 물리적으로 다른 여러 환경을 시뮬레이션할 수 있기 때문입니다.

옛 직장에서 대용량 통신 시스템의 설계 리뷰를 수행한 적이 있습니다. 저는 프로토콜 규칙에 맞춰서 통신 신호를 주고받으면서 상위 응용 계층 모듈로 전달하는 모듈을 담당했습니다. 동료는 응용 계층에서 시나리오에 따라 다양한 흐름을 제어하는 모듈을 담당했습니다. 팀장은 서로 역할 분배와 고가용성high availability 모듈과 장애 시 다른 모듈로 제어를 넘기는 기능을 담당했습니다. 서로 담당하는 모듈을 설계하고 시스템 통합을 고려하면서 설계 리뷰를 진행했습니다. 당시 설계한 대용량 서버 하나는 상위-하위 서비스 모듈이 한 세트로 배포되고, 총 5대가 분산 처리하고 1대는 예비 서버로 대기했습니다. 설계 리뷰를 하면서 하드웨어 리소스 분배와 통신 방식에서 치열한 의견 대립을 주고받았습니다. 어느 하나의 모듈이 더 거대해질 수 없지만 서로의 역할을 고려하지 않고 기준을 정하기도 전에 자신이 설계한 모듈에 대한 의견만 강조했기 때문입니다. 당시 설계 리뷰는 일주일 동안 이어지다가 몇 가지 실험을 통해서 서버의 CPU 사용량이 70%를 넘지 않는 수준에서 메모리 한계를 측정해 기준을 정하는 것으로 합의를 했습니다.

익숙한 환경에서만 모든 것을 해결하려고 들면 사고의 폭이 좁아집니다. 소프트웨어 엔지니어에게는 사고의 유연성이 중요합니다. 기준이 달라지면 소프트웨어 설계나 운영 방식이 달라질 수 있기 때문입니다. 다양한 분야 전문가와 함께 일하는 다학제적 환경에 놓이게 되면 익숙한 사고방식이 다른 분야에서는 닫혀버린 사고방식일 수도 있다는 걸 깨닫게 됩니다. 코드 리뷰뿐만 아니라 설계 리뷰처럼 동료들의 다른 의견을 듣는 것은 유연한 사고를 기르는 데 도움이 됩니다. 리뷰 과정에서 나와 다른 의견이라서 남을 설득한다는 핑계로 혹은 잘잘못을 가리거나 논리적으로 독소 가득한 표현을 써서 상대를 이겨야 하는 건 아닙니다. 함께 실험을 해보거나 서로 납득할 수 있는 기준을 정해보길 추천합니다.

소프트웨어 분야가 발전이 빠른 데는 오픈 소스 문화가 보여준 유연한 사고방식에 있습니다. 오픈 소스 문화는 의사들처럼 경험을 공유하고, 과학자들처럼 코드를 공유하고, 공유한 코드를 개선하거나 기여합니다. 작은 프로젝트가 거대한 오픈 소스 프로젝트로 금방 성장합니다.

오픈 소스 문화가 가지는 가장 큰 장점은 다른 사람과 공유한다는 점입니다. 소스 코드를 공유한다는 것보다 공유하는 과정에서 사고방식, 의사소통, 설득과 토론이 더 중요합니다. 오픈 소스에는 코드를 가져다 쓰는 것을 포함하여, 기여하고 서로를 인정하는 문화가 포함됩니다. 오픈 소스는 대부분 읽고 사용할 수 있지만, 생각보다 다양한 라이선스 정책이 있습니다. GPL처럼 기존의 코드 일부를 사용하는 코드는 무조건 전체 코드를 공개해야 하는 철학적인 라이선스도 있습니다. MIT나 아파치처럼 더 유연하고 사용하기 자유로운 라이선스도 있습니다. 구글, 페이스북, 애플, 마이크로소프트처럼 큰 회사들 직원들도 오픈 소스에 기여하고, 비즈니스를 확장합니다. 오픈 소스를 기반으로 하기 때문에 무료로 배포하는 리눅스라는 운영체제를 가지고 사업을 하는 레드햇 같은 회사도 있습니다. 이처럼 소프트웨어와 공유 문화는 분리해서 생각하기 어렵습니다.

오픈 소스는 거창해보이지만, 공유하기 시작과 실천은 어렵지 않습니다. 습득한 지식을 블로그에 공유하는 건 어떤가요? 이때 참고한 코드를 그대로 복붙해서는 내 것이 되지 않습니다. 개구리를 만들어보라고 말씀드렸습니다. 개구리를 완성하지 못하더라도 직접 만들면서 학습한 코드를 공유하면 다른 사람에게 도움이 될 겁니다. 참고로 문제 해결에 고심하는 친구나 동료에게 내 코드를 그대로 공유해주는 것은 좋지 않습니다. 코드는 생각 과정이 생략된 여러 해결 방법 중에 하나일 뿐입니다. 사소한 실수부터 차곡차곡 경험해야 결과로 만들어지는 코드가 자신의 것이 됩니다. 친구에게 고기를 주지 말고 고기를 낚는 방법을 알려줍시다. 특히 프로그래밍 연습이 충분히 되어 있지 않아서 정말 어디부터 작업을 시작할지 모르겠다면 무조건 따라 하기 단계가 필요할 수 있습니다. 학습 과정에서 따라 하기가 나쁜 것은 아닙니다만 반복하다 보면 (실제로는 잘 하지 못하는데) 자기 스스로 잘한다는 함정에 빠질 수 있어서 위험합니다. 따라 하기가 필요하다면 다른 사람 코드를 눈으로 읽으면서 머릿속으로만 구조화를 시도한 후에, 백지에 자기만의 방식으로 작성해보기 바랍니다.

오픈 소스 프로젝트가 아니더라도 여러 해결 방법을 공유하기 좋은 곳으로 개발자 커뮤니티가 있습니다. 저는 10대부터 개발자 커뮤니티에 참여해왔습니다. PC통신 시절에 많은 분이 시간을 투자해서 어렵게 자료를 찾아서 공부하고 아무런 대가 없이 공유했습니다. 인터넷이 발달하고 1

인 블로그 시대가 되었지만, 여전히 다른 사람에게 긍정적인 에너지를 전달하는 사람들이 부족합니다. 많은 개발자를 만나고 나니 커뮤니티에 가입하는 사람을 두 가지 유형으로 분류할 수 있게 되었습니다. 첫 번째는 해결해야 하는 문제가 있거나 필요에 의해서 학습할 게 있는, 즉 목표가 명확한 사람이 가장 많습니다. 이런 부류의 사람은 자신의 목표를 달성하고 나면 금방 사라집니다. 두 번째는 해보고 싶은 게 있어서 스스로 성장하는 사람입니다. 드물지만 꾸준히 성장하면서 커뮤니티 사람들에게도 영향을 줍니다. 이런 분들을 만나면 에너지를 받고 영향을 받기 때문에 행운입니다. 이렇게 성장하던 분 중에서 일부는 커뮤니티 리더가 됩니다. 커뮤니티가 계속되도록 울타리를 만들고 모두가 성장하도록 영향력을 발휘합니다. 모든 개발자가 커뮤니티 리더가 될 필요는 없지만, 다른 사람에게 영향을 주며 성장하는 개발자가 더 많아지길 바랍니다.

v 1.0.0 배포하기 그리고 다음 버전 준비하기

7가지 마이너 원칙을 지키다 보면 나의 메이저 버전을 올릴 수 있습니다. 소프트웨어도 v1.0.0이 되려면 오랜 시간 동안 많은 개발자가 다양한 개선 활동을 해야 가능합니다.

소프트웨어 개발자의 학습과 성장은 혼자서 묵묵히 학습하는 것보다는 비슷한 고민을 하는 동료가 함께 하는 것이 좋습니다. 다양한 배경을 가진 4~5명이 스터디 그룹을 구성하여 학습하면 서로 피드백을 하기 적당합니다. 옆에 다른 사람이 학습하는 과정을 살펴볼 수도 있고, 그러면 자신의 속도와 방향을 인지하기 쉽습니다. 다른 사람에게 내 생각을 설명하다 보면 무엇을 모르는지 깨닫는 데 도움이 됩니다. 개발자로 살아가는 동안만큼이라도 다른 사람보다 자기 자신과 비교해봅시다. 자존감을 높이려면 어제의 나, 일주일 전의 나와 비교해야 합니다. 나와 비교를 위해서는 큰 목표를 작게 나눠서 작은 목표로 구분합시다. 옆에 있는 친구도 똑같이 외로울 테니 서로 잘한다는 것을 인정해줍시다. 일주일에 한두 시간 정도라도 짝 프로그래밍을 시도해봅시다. 너무 오래 하지는 말고, 짝 프로그래밍이 힘들기만 하고 대화하기 어렵다면 과감하게 포기해도 됩니다.

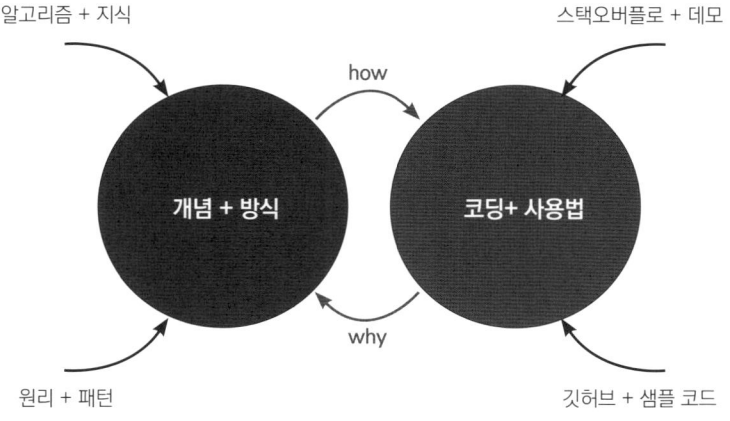

• 개발자에게 필요한 학습 방법 •

위 그림에서처럼 개발자에게는 개념이나 동작 방식에 대한 형식지와 지식을 직접 구현하고 코드로 표현해서 만드는 과정에서 습득하는 암묵지가 모두 필요합니다. 어느 하나만 잘해서는 성장하지 못합니다. 자전거 페달처럼 번갈아 가면서 균형을 맞춰야 계속해서 바퀴를 굴릴 수 있습니다. 원리를 학습하고 구현해야 하는 경우가 있고, 깃허브에 오픈 소스나 샘플 코드를 보고 왜 이렇게 구현했을까 배경지식을 찾아봐야 하는 경우도 있습니다.

구체적으로 지식을 학습하고 코드를 작성하는 단계에서는 책이나 블로그를 보면서 따라 하는 것으로 만족하면 안 됩니다. 그건 사고하는 과정이 빠진 상태로 결과를 복사해서 붙여넣는 단순 노동일 뿐입니다. 죽은 개구리를 해부한 것처럼 펼쳐진 코드를 공부하기보다는, 직접 만들려고 시도합시다. 죽은 개구리를 99% 정도 비슷하게 만드는 건 꽤 쉽습니다. 살아있는 개구리처럼 70% 정도 비슷하게 만드는 것은 꽤 어렵습니다. 90% 이상으로 똑같이 만들려면 원리를 명확하게 이해하고 구현해야만 가능합니다. 구현하는 과정은 익숙한 방법으로 쉽게 해결하기보다는, 낯선 환경에서 제약사항을 추가하면서 점진적으로 구현합시다. 같은 문제를 제약사항을 바꾸거나 동작 환경을 바꿔서 다른 시각에서 해결해보는 것도 좋습니다. 학습 과정에서는 일부러 실수를 해봅시다. 아직 동작하는 코드를 만들지 못하면 초조한 마음이 생길 수 있습니다. 그럴수록 이런저런 방향으로 시도해보고 실패해보고 방황해보는 게 좋습니다. 1시간 정도 둘러볼 마음의 여유가 있어야 가능합니다. 이미 마음이 조급한 상태로는 실수 자체가 괴로울 수 있습니다. 그러면 그 마음이 긍정적으로 바뀔 때까지 회복과 휴식도 필요합니다. 무작위로 아무 방향이나 시도하기보다는 실험 조건을 가정하고 결과를 예측하고 시도하고 테스트하면서 측정해서 가정이 맞는지 공학적인 반복 주기를 만들어보기 바랍니다. 그러고 나서 개선해도 늦지 않습니다.

마지막으로 그렇게 학습한 과정, 실패했던 가정들, 측정하기 위한 방법들, 결과적으로 선택한 해결 방법과 결과 코드를 정리해서 오픈 소스 형태로 공유하려고 시도해봅시다. 꼭 깃허브에 올려야 하는 것은 아닙니다. 자신의 생각을 자기만의 표현으로 설명할 수 있으면 됩니다. 옆에 동료가 있다면 말로 설명하고 의견을 받는 방식도 좋습니다. 이미 알고 있다고 생각했던 것도 말로 표현하지 못하는 경우도 많으니까 당황하지 말고 준비한 내용을 충분히 전달하려고 시도해봅시다. 소프트웨어 개발자는 코드로 보여줍니다만, 자신의 코드가 의도한 자신의 생각은 꼭 설명할 수 있어야 합니다.

자신의 버전은 자기 스스로 올려야 합니다. 여기서 설명한 원칙을 지키기 위해서는 스스로 노력해야 하지만 가끔씩은 다른 사람과 의견을 주고받을 필요도 있습니다. 더구나 소프트웨어는 v 1.0.0이 된다고 해서 끝이 아닙니다. 소프트웨어는 버전 v1.0.0이 시작점입니다. 이 글을 읽는 여러분들도 v1.0.0을 목표로 살아가기보다는 v1.0.0을 넘어서기 위해 자기만의 마이너 원칙을 찾아가면서 다음 스텝을 고민하는 개발자가 되길 바랍니다.

• 출간 후 2년, 그다음 이야기 •

코파일럿은 개발자들에게 새로운 변화를 가져다 주었습니다. 결론적으로 말하면 시대가 달라진 덕분에 마이너 원칙들을 코파일럿과 함께 적용해나갈 수 있게 되었습니다. 달라지는 부분이 있다면 원칙을 나 자신과 코파일럿을 함께 수행한다는 점입니다.

나와 함께 야생을 언제든지 함께 할 수 있는 코파일럿이 있기에 두리번거리기 쉬워집니다. 내가 모든 것을 탐색하지 않아도 미리 탐색할 방향을 줄여줄 수 있습니다. 내가 시도하지도 못하거나 생각하지 못했던 방향을 시도해 볼 수 있는 여지가 생긴 겁니다. 말그대로 나만의 속도와 방향을 함께 탐험할 코파일럿이니까요. 주의할 점은 나도 함께 해야 한다는 점입니다. 너무 쉽게 코파일럿이 대신 두리번거릴 수 있기 때문에 나는 가만히 서 있기 쉽습니다. 낯선 방식으로 해결하는 원칙도 AI 시대에는 낯선 방식 중에서 원하는 방식을 쉽게 찾도록 도움을 받을 수 있습니다. 전문가 혹은 선생님이 있어야만 전수받을 수 있던 지식에 쉽게 접근할 수 있고, 그 지식을 내 것으로 만들기 위해서 반복적으로 질문과 답변을 주고받을 수도 있습니다.

코파일럿처럼 AI가 코드를 대신 생성해주는 경우에도 학습 도구라고 생각하면 내가 아는 것과 모르는 것을 인지하고 낯선 방법으로 도전할 수 있는 문을 열어줍니다. 이미 잘 알고 있는 것을 코파일럿과 함께 낯선 다른 언어로 구현해보거나 낯선 플랫폼에 도전해볼 수도 있습니다. 만들면서 배우는 방식을 강조한 세 번째 마이너 원칙은 더 강력한 도움을 받을 수 있게 되었습니다. 혼자서 개발하다 보면 막히는 부분도 생기고 의도하지 않은 부작용으로 다른 결과가 만들어지기도 합니다. 하지만 그 결과를 디버깅하는 데 인공지능을 사용하면 학습 속도를 가속시킬 수 있죠. 빠르게 학습할수록 인공지능을 의도적으로 배제하고 이론적인 개념을 익히고 기능을 구현하면서 지식들의 연결 고리를 더 적극적으로 찾아야 합니다.

그렇게 연결한 지식과 경험 다리를 코파일럿과 함께 산책하는 정도가 좋겠습니다. 그럼에도 AI와 함께 학습하는 것만으로는 성취감을 느끼기 어렵습니다. 그래서 나의 의도에 맞는 S.M.A.R.T. 목표를 스스로 결정하고 작은 목표들을 함께 이루려는 시도를 해야 합니다. 특히 작은 목표인지 측정 가능한 방법이나 관련성이 높고 제한적인 목표를 객관적으로 정하는 데 도움을 받을 수 있습니다. 그렇게 함께 결정한 객관적인 목표는 성취 가능해지고 측정하기 쉬워지고 성취감을 느낄 수 있습니다.

그 다음으로는 과정을 기록하고 맥락을 유지하는 데 도움이 됩니다. 혼자 결정하고 혼자 진행하다 보면 머릿속에서만 방향이 바뀌어서 기록하기 어려운 부분이 있는데, 일부러 인공지능과 함께 진행해 대화 기록을 남길 수 있습니다. 아직은 완벽하게 짝 프로그래밍 대상이 되어주지는 못하겠지만 러버덕보다는 훨씬 스마트한 학습 도구로 함께할 수 있습니다.

의도된 실수를 반복하며 개선하는 마이너 원칙도 여전히 유효합니다. 내 실수를 찾는 것뿐만 아니라 코파일럿의 실수를 찾아내는 것도 좋은 학습 방식이 될 수 있습니다. 인공지능이 만들어준 코드를 그대로 복사해서 사용한다면 내 것이 되지 않겠지만 그 코드를 분석해서 오류나 실수를 찾아내고 개선하는 과정은 오히려 도움이 됩니다. 마지막 마이너 원칙에서도 여러 답을 인공지능이 쉽게 찾아줄 수 있습니다. 대신 그 답을 검증하는 역할은 필수입니다. 여러 답을 찾는 과정에서 설득과 토론의 과정을 생략하면 안 됩니다. 자기 버전은 스스로 올려야 합니다. 인공지능과 코파일럿 시대에도 마이너 원칙들은 유효했습니다. 그렇지만 영원하지 않겠죠. 시대의 변화를 읽고 스스로 나만의 마이너 원칙을 함께 찾아가면 좋겠습니다.

• 원칙 준수에 도움이 되는 정보 •

《마인드스톰》

학습에 대해 학습하고, 생각에 대해 생각하는 메타 인지를 통찰력 있게 설명한 책. 어렵지만 즐거운 도전거리로 문제를 해결함으로써 지식을 구성한다는 아이디어를 풀어쓴 시모어 페퍼트 박사의 책입니다.

《이너게임》

테니스 코치였던 티머시 골웨이가 다른 운동과 일하는 방식도 이너게임을 통해 개선할 수 있다는 것을 증명한 책. 다른 사람의 평가보다 스스로 기준으로 성장할 수 있는 방법을 설명합니다.

《1만 시간의 재발견》

1만 시간 동안 무작정 반복하고 노력한다고 해서 성장하는 게 아니라 의도를 가지고 스스로 변화를 인지할 수 있어야 성장할 수 있다는 사실을 알려줍니다.

《통찰, 평범에서 비범으로》

인지과학자가 나를 인지하고, 타인과 다른 점을 인지하도록 설명하는 책. 통찰을 얻는다는 것은 실수를 숨기기보다는 드러내는 문화가 성장할 수 있다는 것을 행동경제학 측면에서 설명합니다.

《함께 자라기》

애자일 전문가 김창준 저자가 홀로 성장하기 어려운 이유를 보여주고 함께 성장할 의도에서 시도해볼 만한 애자일 방법들을 소개합니다. 불확실성이 높더라도 합리적인 작은 목표를 세워 달성하는 방법을 소개합니다.

05

이직, 분명한 이유가 필요해

> 타인의 갈증이 아닌 내면의 갈증을, 타인의 소리가 아닌 내면의 소리를 따라가세요.

박미정 mjpark03@gmail.com
현) 당근마켓 개발 리드
전) **무신사** 개발 실장
전) **우아한형제들** 베트남 개발 리드
전) **네이버, 쿠팡, 코빗, LG CNS** 개발자

현재 당근마켓의 개발 리드로서 플랫폼 조직을 이끌고 있습니다. 개발과 사람, 그리고 조직의 문화를 성장시키려 늘 노력합니다. 크고 작은 규모의 회사에서 다양한 제품을 개발하고, 또 일과 사람을 관리하는 일을 해왔습니다. '혼자'보다는 '함께' 잘할 수 있는 방법에 대해 고민이 많습니다.

mjspring.medium.com   fb.com/mjspring03

"직장에 들어가면 3년은 채우고 이직해야 해요. 그래야 커리어 관리가 됩니다."

잦은 이직이 커리어 관리에 좋지 못하다고 생각하던 시절에 첫 사회 생활을 시작했습니다. 10년이 훌쩍 넘은 동안 개발자로 살아오면서 뒤돌아보면 성장을 위해 필요하다면 이직은 꽤 괜찮은 카드였습니다. 저는 LG CNS를 시작으로 작은 스타트업을 비롯해 유니콘 기업에서 일을 경험했습니다. 여러 번의 이직을 겪으며 스스로의 성장을 위해 새로운 환경을 적극 활용해왔습니다.

흔히들 "개발자는 끊임없이 학습하고 성장해야 한다"고 이야기합니다. 학습과 성장을 위한 다양한 방법이 있겠지만 '환경의 변화'는 학습과 성장을 위한 효과적인 계기가 됩니다. 그리고 '이직'은 이러한 환경 변화 중 하나임을 부인할 수 없죠. 학습과 성장을 하라면서 한 직장에 오래 머무르며 변화를 주지 말라는 논리는 받아들이기 어려웠습니다. 물론, 비교적 변화에 열려 있는 직장이라면 그 안에서 변화를 찾을 수 있겠지만, 안타깝게도 저의 경험은 그렇게 시작되지 않았습니다.

저의 다양한 이직 경험에는 성장 욕구가 고스란히 담겨 있습니다. 이는 주니어 개발자가 시니어 개발자로 성장하면서 겪는 일종의 성장통이며 누구든 겪을 수 있는 과정이지 결코 저만의 것은 아닙니다. 개발자라면 누구나 단계별로 성장에 대한 갈증을 느끼니까요. 이제부터 이직을 하며 그러한 갈증을 어떻게 해결했는지 풀어놓겠습니다. 물론 이직만이 능사는 아닙니다. 이직에는 깊은 고민이 따르는 분명한 이유가 있어야 하고, 마무리 역시 충분히 배려 있고 깔끔해야 합니다. 그러한 내용을 최대한 자세히 담아보겠습니다.

어떻게 기술을 교류할 수 있을까?

이제 막 개발자로서 사회 생활을 시작한 입장에서 '성장'은 가장 큰 욕구입니다. 독학으로 성장할 수도 있지만 개발자의 성장은 다양한 방법으로 기술을 교류하고 서로 피드백을 주고받아야 빠르게 진행됩니다. 기술 교류를 위해 업무 밖에서 실현하는 방법이 있습니다. 예를 들어 커뮤니티 활동, 세미나 및 컨퍼런스 참여, 외부 스터디, 온라인 강의 등이 해당되겠죠. 하지만 새로운 환경과 업무 그리고 사회에 적응하는 주니어 입장이라면 회사 밖에서 기술 교류를 하는 것보다 회사 안에서 그리고 업무 자체에서 이뤄지는 것이 가장 바람직합니다. 몰입해서 일해야 하는 시기이기도 하고, 몰입해도 업무를 풀어내기 어려운 시기이기도 합니다. 또한 경험이 부족한 주니어 입장에서는 회사 밖에서 얻는 단편적인 지식으로 내부의 문제를 풀기 더욱 어렵죠. 즉, 회사 내부의 문제는 동료들과 풀어내는 게 가장 효과적입니다. 회사 동료는 자연스럽게 지속적인 지식과 경험을 제공할 수 있기 때문에 성장에 더욱 효과적일 수밖에 없습니다.

처음 정규직으로 일한 LG CNS는 누구나 아는 대기업입니다. 당시 공공기관의 프로젝트를 수행했는데, 많은 외주 프로젝트가 그렇듯 안타깝게도 일정은 촉박하고, 요구사항은 빈번하게 바뀌었습니다. 잦은 야근과 주말에도 출근하는 특근은 불가피했습니다. 상황이 이렇다 보니 회사 내에서 이루어지는 기술 교류 기회를 누릴 수가 없었습니다. 프로젝트만 수행하기에도 벅찼기 때문입니다. 심지어 동료들과 설계나 코드에 대해 피드백을 주고받을 정신적, 물리적 여유도 존재하지 않았습니다. 그저 갓 학교를 졸업한 역량 안에서 딱 그정도의 품질로 결과를 만들어내야 했습니다. 성장은 묘연하고 시간만 흘러갔죠. '이런 방식으로 프로젝트들을 하나씩 완수한다면 나는 과연 시니어 개발자 수준의 능력을 갖출 수 있을까?', '내가 구현한 코드가 동작은 하지만 이게 최선의 방법인지 아닌지 자신이 없어.' 이런 환경에 지쳐갔습니다. 다음 프로젝트는 이번 프로젝트보다 나아질 거라 기대하며 그렇게 고된 첫 프로젝트를 마무리했습니다.

기대가 무색하게 다음 프로젝트 역시 첫 번째 프로젝트의 데자뷰처럼 진행되었습니다. 물론 개인마다 이루고자 하는 '성장'의 주제와 우선순위는 다를 수 있지만, 적어도 당시의 나에게는 기술 교류를 통한 성장이 가장 중요했습니다. 기술이라는 도구를 잘 활용해서 좋은 제품을 만들고 싶은 생각이 강했기에, 주니어급 역량 안에서 만들어내는 결과를 반복하고 싶지 않았습니다. 두 번째 프로젝트를 시작하며 내가 이 회사를 다니면서 얻을 수 있는 기술 교류 기회를 모색하는 일을 병행했습니다. 내가 속한 조직 내에 기술 교류를 위한 장 만들기 시도, 업무 프로세스 개선 시도, 심지어 조직 이동 가능성까지. 하지만 조직의 오래된 관습, 경험이 부족한 나의 서툰 시도 등으로 만족할 만한 개선책을 만들어내지 못했습니다. 그렇게 두 번째 프로젝트를 마무리하고 퇴사 결심이 섰습니다. 이후 직장을 정해놓은 것은 아니지만 하루라도 빨리 더 성장할 수 있는 환경을 만나고 싶었기에 회사에 의사를 밝히고 퇴직했습니다.

대기업에서 개발자로 일을 시작하며 기술 교류에 대한 한계를 만났기 때문에 상대적으로 기술에 대한 자유도가 높고, 교류가 활발한 스타트업에 관심이 갔습니다. 마침 한 스타트업에서 CTO로 일하는 선배를 만났고, 이 회사에서는 내가 지금 느끼고 있는 갈증을 해소할 수 있겠구나 생각이 들었습니다. 비록 10명이 갓 넘은 작은 규모의 회사였지만 개발자들이 어떻게 일하고, 그 과정 속에서 어떤 교류가 이루어지는지 여러 번의 티타임을 통해 확인할 수 있었습니다. 그렇게 저는 기술 교류에 대한 갈증 해소를 위해 처음으로 스타트업으로의 이직을 결심하게 되었습니다.

제품에 대한 주인의식을 가질 수 있을까?

주니어 입장에서 기술 교류를 통한 성장만큼 나에게 중요했던 것은 내가 만드는 제품에 대한 주인의식이었습니다. "회사의 주인이 아니니 주인의식을 가질 수 없다"는 분도 있지만 개인의 성향에 따라 다를 수 있다고 봅니다. 주도적으로 행동해왔던 나에게 주인의식은 일에 대한 집중력에 큰 영향을 미칩니다. 정도의 차이는 있겠지만 일을 하면서 주인의식을 가질 수 있는 길은 내가 만드는 제품의 의사결정에 참여하는 겁니다. 나에게 온전한 결정권이 없더라도 의견을 낼 수 있는 환경과 작더라도 나의 의견이 반영되는 경험은 제품에 필요한 일을 자발적으로 찾게끔 만드는 중요한 요인이 됩니다.

대기업 SI 회사에서 근무할 때는 수행 중인 프로젝트에 대한 주인의식을 갖기가 어려운 환경이었습니다. 당연하게도 프로젝트마다 내가 만드는 제품 혹은 서비스가 바뀌기 때문에 지속적으로 내가 기여한 제품의 성장을 보기 어려웠습니다. 프로젝트를 시작하기 전에 요구사항이 고객사로부터 정해져서 하달되었으며 다른 의견을 제시하기도 어려웠습니다.

물론, 당시에는 주니어 개발자이었기에 더 그랬을 수도 있지만, 다른 동료가 고객사의 요구사항에 의견을 내고 변경하는 일을 목격한 기억이 없습니다.

제품이 더 잘되게 이런 저런 고민을 하고 의견을 제시해보아도 늘 큰 벽에 부딪혀서 되돌아왔기에 제품이 잘되는 것이 점차 나의 관심밖으로 멀어졌습니다. 이러한 환경에서 '이 일을 왜 해야 하지?'에 대한 답을 내리지 못한 채 그저 나를 소모하고 있었습니다. 그렇게 하루 하루 기능을 구현해내는 데 만족하는 무미건조한 시간이 이직을 결심하는 주요 요인이 되었습니다.

작은 규모의 스타트업을 선택한 이유는 주인의식이었습니다. 시간적, 인적 자원이 충분하지 않은 스타트업에서는 단기간의 목표 달성을 위해 직군과 상관없이 모두가 공동의 목표에 집중해야 한다고 판단했습니다. 물론 면접 과정 그리고 별도의 티타임에서 팀이 어떻게 의사결정을 내리고 반영되는지 묻고 듣는 시간을 넉넉히 활용했습니다. 오히려 의견을 내지 않으면 "미정님 말 많이 해주세요!"라는 소리를 듣는 환경에서 내가 만드는 제품에 대한 주인의식을 강하게 경험했고, 그 경험은 지금까지도 나와 내 동료들에게 영향을 미치고 있습니다.

체계적인 개발/조직 문화 경험하기

주니어 입장에서 성장에 대한 기회를 얻고 경험하면서 시간이 흐르면, 이제는 규모에 대한 고민이 들기 시작합니다. 더 규모 있는 조직에서 더 체계적인 프로세스와 문화를 경험하고 싶은 갈증 말이죠. 서비스 규모도

커지고, 더불어 함께 일하는 동료도 많아지는 환경 속에서 체계적으로 일을 진행하는 경험은 '일이 되게끔 하는 것'이 무엇인지를 제대로 경험할 기회입니다. 개발자는 경험이 쌓일수록 필요한 기능을 개발하는 역할에서 필요한 일을 찾아내는 역할로 시야를 확장해가야 합니다. 이를 위한 좋은 시작은 체계적인 개발/조직 문화를 경험하는 겁니다.

작은 규모의 스타트업은 기술 교류의 기회를 얻고 또 제품에 대한 주인의식을 경험하면서 원하는 속도로 성장할 수 있는 이점이 있습니다. 네일 내 일 가리지 않고 필요한 일을 하며 다양한 기술을 접할 수 있는 기회도 강점이라고 생각합니다. 반면 대규모 서비스를 체계적인 조직에서 운영하며 얻는 시야를 갖추기에는 다소 어려움이 있습니다. 스타트업에서 다양한 방면으로 일하다 보면 시야를 넓힐 수 있지 않냐라고 생각할 수 있지만, 규모 있는 서비스와 조직을 통해 얻는 것과는 결이 다릅니다.

어떠한 변화가 찾아와도 어느 정도 일을 해낼 수 있는 규모와 체계 속에서 스스로 기회를 발견할 수 있는 환경을 원했습니다. 쉽게 흔들리지 않는 체계가 존재한다는 것은 어떤 종류의 일이 팀에 찾아와도 일을 해낼 수 있는 조직/개발 문화가 기반이 된다는 것이고, 달리 표현하자면 안정적인 프로세스 안에서 내가 시야를 넓힐 시도를 할 수 있는 여유가 허락된다는 뜻이기도 합니다.

스타트업에서 스스로 기회를 찾아내기에는 이미 해내야 하는 일들이 가득했습니다. 그 안에서 우선순위대로 일을 완수해야 하는 나날이 이어졌고 시야를 넓힐 수 있는 환경을 위해 자연스럽게 규모가 있는 회사로 이직해보고 싶은 생각이 싹텄습니다. 규모가 있는 회사는 외부에 공개된 개발/조직 문화 사례가 많아 간접적으로 경험할 수 있는 자료가 많았습니다. 당연히 공개적으로 드러난 자료가 전부가 아니라는 것, 회사 내의 조직마다 다를 수 있다는 점은 인지하고 있습니다. 그럼에도 불구하고 회사의 기본적인 개발/조직 문화의 결을 기준으로, 면접 과정에서 더 깊게 알아보는 게 당시 내가 할 수 있는 최선이라고 판단했습니다. 면접 과정의 체계도 피면접자가 회사의 체계를 파악할 수 있는 간접 요인이 되었습니다. 공개적인 자료, 면접 과정의 체계 그리고 면접관들과의 대화를 통해 조직의 개발/조직 문화를 파악하고 나서 이직할 회사를 최종 결정했습니다. 경험이 쌓여가는 나에게 일하는 시야를 넓힐 기회가 드디어 주어진 겁니다.

경험을 넘어 개발/조직 문화에 기여하기

어느 정도 체계적인 개발/조직 문화가 존재하는 기업에 속해 있다는 것만으로도 일이 만들어지고 또 진행되는 큰 그림을 경험할 수 있습니다. 이 조직에서 저는 단순한 의미의 '개발'이 아닌 '개발을 통해 일'을 하는 주체로서 자리잡기 시작합니다. 이 시기에는 개발/조직 문화 개선에 기여하고 싶다는 생각이 들었습니다. 나보다 먼저 길을 밟아온 동료들이 세워놓은 틀 말고, 그 틀을 넘어서 더 견고한 문화 및 프로세스를 만드는 데 내가 일조할 수 있는 일이 없을까 고민하고 다른 사람, 조직이 이미 겪은 시행착오와 결과들을 보고 학습했습니다. 사람은 학습하고 또 점점 주변에 영향을 미치면서 그렇게 성장해나가기 마련이니까.

다시 규모가 있는 회사로 이직하며 대규모 서비스를 수많은 사람과 또 다양한 이해관계자들을 위해 일을 하는 프로세스를 경험했습니다. 이렇게 많은 팀이 각 팀의 다양한 목표를 바라보고 일을 하는데도 서비스가 잘 운영되고 개선되는 것은 분명 이 회사만의 체계가 존재하기 때문입니다. 하지만 그 체계에 기여할 수 있는 여지가 존재하는가는 다른 문제였습니다. 기여에 대한 의지가 생겼던 것은 달리 말하면 기존 개발/조직 문화의 분명한 개선점을 인지하고 있다는 말이기도 합니다.

특히 의사결정 과정과 커뮤니케이션 방법에 대한 개선에 관심이 있었습니다. 당시 팀의 구조는 목적 조직을 지향하는 것처럼 구성되어 있지만 의사결정에 대한 권한은 특정 직군에게 편향되어 있습니다. 빠른 의사결정을 위해 권한은 그럴 수 있다 생각해도, 그 과정에 다른 직군의 팀원들이 배제되는 점은 개선되어야 한다는 생각이 들었습니다. 다양한 채널을 통해 개선의 목소리를 내고자 했으나 늘 벽에 부딪혀 제자리 걸음을 했습니다. 팀의 테크 리더부터, 막강한 권한을 가진 당사자였던 특정 직군의 동료 그리고 CTO까지 직접 찾아가서 개선이 필요하다고 생각하는 이유를 전달했지만 "바꾸기 어렵습니다"라는 대답만 돌아왔습니다. "바꾸기 어렵습니다"라는 대답에 대한 충분한 이유를 듣지 못한 채 말이죠.

'분명히 개선이 필요하다고 스스로 생각하는 개발/조직 문화 안에서, 그리고 동료 및 상사로부터 개선에 대한 의지를 확인하지 못한 상황에서 나는 한 걸음 더 성장할 수 있을까? 나의 개발/조직 문화에 대한 기여 욕구를 무시할 수 있는 것일까?'라는 질문에 답하기 위한 고민의 시간을 보내고, 그 결과 다른 환경으로 도전을 결심했습니다. 퇴사 이후 새로운 직장을 찾는 면접 과정에서 나는 다른 직군과의 협업 과정, 커뮤니케이션 개선점, 그리고 면접관들의 개발/조직 문화 개선 경험에 대해 유독 질문을 많이 했습니다.

완전히 새로운 서비스/도메인 경험하기

　대기업에서 스타트업으로 다시 대기업으로 이직하고 경험하면서, 기술과 사람 그리고 조직에 대한 성장 기회와 경험이 차곡차곡 쌓였습니다. 다음으로 나에게 찾아온 성장에 대한 갈증은 지금까지와는 결이 조금 달랐습니다. '개발자는 무엇인가?, 수많은 개발자 중에서 박미정이라는 개발자는 무엇을 잘하는 개발자인가?'라는 질문이 계속되었습니다. 이쯤에 그 해답을 찾았습니다. 기술이라는 범주 안에 갇혀서 스스로를 정의하기보다 '서비스를 만들고 성장시키는 일이 즐거운 사람', '서비스를 위해 기술이라는 도구를 잘 다루는 사람'으로 저를 정의했습니다. 그래서 훗날 책을 집필*할 때 저를 '서비스/프로덕트 만들기를 좋아하는 프로그래머'라는 한 줄로 소개하기도 했습니다. 날이 갈수록 새로운 서비스 혹은 도메인 경험에 대한 갈증이 강했습니다. 내가 어떤 환경에서든 기술이라는 도구를 잘 다룰 수 있으려면 다양한 환경에서의 경험이 필요하다고 판단했고, 그 환경은 나에게 새로운 서비스나 도메인이었습니다.

　생각보다 그동안의 나는 다양한 도메인에 대한 경험을 쌓아왔습니다. 공공 서비스, 가상화폐 거래소, 커머스, IoT 플랫폼 등 여러 도메인에서 일을 해왔습니다. 그래서 다음 프로젝트에서는 어떤 경험과 변화의 기회를 얻을 수 있을까 더욱 고민이 많았습니다. 그러던 중 온전히 새로운 경험을 할 수 있는 기회가 찾아왔습니다. 바로 동남아를 타깃으로 해외 서비스를 만드는 일이었습니다. 저는 이 새로운 기회를 놓치면 안 되겠다

---

*　《Must Have 박미정의 깃&깃허브 입문》 2021, 골든래빗

생각이 강하게 들었습니다.

그렇게 동남아에 있는 낯선 나라로 일과 삶의 터전을 옮겼습니다. 새로운 사람과 문화 속에서 그들을 위한 서비스를 만드는 일은 기술을 넘어서 사용자와 서비스에 접근하는 도전이었습니다. 우리나라에서 만드는 서비스였다면 우선순위가 높았을 기능도, 사용자에 대한 접근 방법도 이 낯선 나라와 문화 그리고 사람들에게는 늘 예상밖의 결과가 따라왔습니다. 편리한 서비스에 정착하는 것보다 다양한 할인에 따라 서비스를 옮겨다니는 일이 자연스러운 환경 자체가 하나의 예가 되겠습니다. 그렇게 나는 서비스와 도메인에 대한 유형을 넘어서 새로운 나라 그리고 문화 속에서 서비스를 만들어가는 개발자로서 경험의 폭을 대폭 넓혔습니다.

조직을 만들고, 관리자 역량 향상시키기

시니어 개발자가 되면 기술 트랙으로 갈 것이냐 혹은 관리자 트랙으로 갈 것이냐를 두고 고민합니다. 많은 분이 기술 트랙을 선택하면 '관리를 하지 않아도 된다'고 오해하지만 이런 이분법적 사고는 현실에 들어맞지 않습니다. 기술 트랙 혹은 관리자 트랙은 모두 '관리'의 영역을 내포합니다. 다만, 집중해야 하는 영역과 범위가 달라질 뿐입니다.

다양한 환경에서 다양한 사람과 서비스를 만들며, 조직으로부터 동료로부터 때로는 스스로 사람에 대한 관리 역량을 요구받았습니다. 다양한 사람이 모인 팀에서 함께 일을 잘 해내는 것에 관심이 많은 탓에 조직을 만들고 관리하는 역량에 대한 성장 욕구 역시 가지고 있었습니다. 해외에서 배달 서비스를 만들고 개발팀을 이끄는 리더 역할을 수행하면서 다양한 시행착오를 겪고 관리자 경험을 탄탄히 쌓을 수 있었습니다. 기술적 역량은 훌륭하지만 팀과 함께 성장하거나 협업하는 역량은 부족했던 팀원에게 피드백을 주는 일, 열정은 넘치지만 일에 접근하는 방법이 서툰 신입 팀원을 성장시키는 일 등 리더로서 겪는 다양한 도전 과제가 매력적이었습니다. 급격히 성장하는 대규모 서비스를 만드는 개발자로서, 동료와 팀의 성장을 이끄는 관리자로서 행복한 시간을 보냈지만 아쉽게도 개인적인 환경 변화로 인해 퇴사를 결정했고 휴식 기간 후 어떤 회사에서 어떤 경험을 하고 싶은지 고민하는 시간을 가졌습니다.

고민 끝에 두 가지 기준을 세웠습니다. 첫째, 일과 사람의 관점에서 그동안의 경험보다 더 넓은 영역을 경험할 수 있는 곳. 둘째, '기술'이라는 영역에 국한되지 않고 관리 경험을 쌓을 수 있는 곳. 내가 리더십을 발휘해야 팀의 규모가 커지고, 그 만큼 관리하는 일의 범위가 커질 때 어떻게 팀원들이 그리고 팀이 성과를 낼 수 있게 할까를 고민하고 실행하는 역할에 도전하고 싶었습니다. 그리고 '기술' 관점에서만 의사결정을 돕는 것이 아닌 서비스 및 프로젝트 관점에서 목표를 달성하는 데 필요한 모든 영역에서 필요한 일을 찾아내고 적합한 의사결정을 내릴 수 있게 하는 역할도 수행해서 성장의 기회로 삼고 싶었습니다. 이렇게 2가지 기준과 목표를 세우고 새로운 회사를 모색했고, 현재는 이를 경험할 수 있는 곳에서 역시 성장하는 개발자로 살고 있습니다.

◆◆◆

성장에 대한 분명한 기준과 이유로 다양한 이직 과정을 거쳐왔습니다. 하지만 분명한 이유가 있다고 항상 이직을 하라는 말은 아닙니다. 저는 새로운 회사를 모색하기 전에 항상 기존 조직에서 내 성장을 위한 변화를 시도할 수 있는지 찾고, 선배 혹은 상위 리더와 고민을 나누는 시간을 충분히 가졌습니다. 그렇게 방법을 함께 찾다 보면 가시적인 계획이 보일 때도 그렇지 않을 때도 있습니다. 내 성장을 위한 계획이 뚜렷하게 그려지지 않을 때, 그때는 새로운 회사와 환경을 찾을 결심을 했습니다.

지금까지 이야기한 이직의 이유가 해당 조직의 문제로 성장의 기회를 찾지 못했다고 비춰질까 조금은 우려스럽습니다. 조직이 크게 성장하고 좋은 서비스를 출시할 수 있는 것은 해당 조직이 분명한 장점을 갖고 있기 때문입니다. 제가 몸담았던 조직들은 각자의 분야에서 월등한 성과를 내던 장점이 가득한 조직이었음을 밝힙니다. 다만 박미정이라는 개발자와 모든 면에서 100% 맞을 수 없고 맞출 수도 없는 것이 조직입니다. 더 나은 개발자로 성장하는 과정에서 해당 조직에서 제공할 수 있는 환경이 그 당시에 맞지 않았을 뿐이니 오해는 없길 바랍니다.

"기존 환경에서 변화 모색하기 먼저, 그리고 책임감 있는 마무리가 중요해"

사족을 하나 붙이자면 이직에서 가장 중요한 것은 기존 환경에서 책임을 다하고 마무리하는 태도라고 생각합니다. 적절한 비유일지는 모르겠지만 온전히 아름다운 이별은 없습니다. 회사와 동료를 떠나는 이별 또한 다르지 않습니다. 그럼에도 기존 환경에서 담당하던 일을 책임감 있게 마무리하고, 내가 맡고 있던 일을 이어서 수행하게 될 누군가를 위해 배려 있게 정리하는 태도는 늘 필요합니다. 그렇다면 당장은 아쉬운 이별일지라도 시간이 흐르면 다시 한번 만나고 싶은 동료로 기억될 수 있을 겁니다. 세상은 좁고 업계 역시 좁습니다. 나에게 성장 기회를 제공해줄 어느 곳에서든 나의 과거와 또 나의 이전 동료들을 언제든지 마주칠 수 있다는 사실을 잊지 말기 바랍니다.

• 출간 후 2년, 그다음 이야기 •

'이직'이라는 키워드로 글을 전해서인지 출간 후 약 2년이 지난 지금 저는 새로운 회사에서 지내고 있습니다.

앞서 저는 이직의 과정을 개발자로서 성장, 협업, 다양한 도메인, 역할의 확장 등 조금 더 나은 무언가 혹은 조금 더 새로운 경험에 초점을 맞추어 전달했습니다. 하지만 이번 이직 과정은 조금 달랐던 것 같아요. 제가 감당하기에는 너무 큰 변화와 새로움을 갈망하다 크게 넘어지는 경험을 했거든요. 그래서 저는 회복의 시간이 필요했습니다. 정적인 시간을 보내며 마음을 추스리는 시기에 '내가 잘하는 게 뭐였지?' 생각했어요. 초기 팀을 빌딩하며 일 잘하는 팀과 문화를 만드는 것, 이해관계자들과 협업하며 실무에서 결과를 만들어내는 것. 그래서 저는 제가 잘 하는 일을 통해 회복하고자 지금의 회사에 열정을 투자하고 있습니다. 물론 약간의 새로움도 있습니다. 중요한 건, 성장 혹은 새로움이라는 키워드에 초점을 두기보다는 회복이라는 키워드에 초점을 둔 첫 번째 이직이었다는 점이에요.

이제와서 생각해보니 제가 전한 이야기가 '늘 부지런히 성장하세요!'라는 이야기로 전달될까봐 조금 우려가 돼요. 오히려 성장보다는 내면의 소리에 따라 이직을 결정하라는 말을 하고 싶었습니다. 지금의 제가 '꼭 더 성장하지 않아도 돼'라는 결정을 했던 것처럼이요. 남들이 이야기하는 성장, 남들이 가야 한다고 말하는 길이 아니라 여러분의 내면이 원하는 성장과 길이 무엇인지 들여다보며 다음을 선택하시길 바랄게요. 그게 비록, 잠시 멈추는 선택일지라도 스스로 외치고 있는 소리라면 귀 기울여주세요. 어차피 똑같은 시간과 경험은 없고, 멈춤이라고 생각했던 그 시간 안에서도 작은 변화를 쌓아가고 있을 거에요.

• 원칙 준수에 도움이 되는 정보 •

《실리콘밸리의 팀장들》

나의 성장에 대해 '나' 다음으로 많은 고민을 하는 사람은 나의 관리자 그리고 회사입니다. 관리자와 회사는 직원들의 성장을 어떻게 바라보는지 엿볼 수 있는 책입니다. 방향이 모호할 때 이 책을 통해 갈피를 잡아보는 것도 좋은 방법일 수 있습니다.

《제럴드 와인버그의 글쓰기 책》

전반부에 글쓰기를 위해 글감을 수집하고, 글쓰기를 대하는 태도를 이야기합니다. 글쓰기를 일, 그리고 글감을 성장을 위한 경험으로 치환해서 생각하며 읽으면 더 유용합니다.

《개발자에서 아키텍트로》

개발자는 주어진 문제를 해결하는 직업입니다. 더 넓은 시야로 문제를 발견하는 능력을 갖출 수 있게 성장하길 원하는 분들에게 좋은 간접 경험을 제공해줍니다. 일뿐만 아니라 사람(협업) 관점에서도 의미 있는 메시지를 전달합니다.

06

목표를 달성하는 나만의 기준, GPAM

> 목표 달성과 개선을 위해 Goal, Plan, Action, Measure 모두를 지속적으로 노력하세요.

박종천 soubau@hotmail.com
현) 넥스트인텔리전스 AI 어드바이저
전) 몰로코 헤드 오브 솔루션즈 아키텍처
전) **삼성전자** 무선사업부 상무/그룹장
전) **넥슨** VP 오브 플랫폼 테크놀로지
전) **블리자드** 리드 소프트웨어 엔지니어

30여 년 동안 실리콘밸리를 오가며 한글과컴퓨터, 블리자드, 넥슨, 삼성전자를 거쳐 머신러닝 기반의 광고 플랫폼 유니콘 기업 몰로코에서 헤드 오브 솔루션즈 아키텍처로 일했습니다. 삼성전자, 몰로코, 뤼이드 등에서 머신러닝, 생성 AI(LLM) 등 인공지능을 활용해 혁신적인 성과를 도출하는 비즈니스를 고안하고 구축했습니다. 현재는 이런 노하우를 공유하고자 크고 작은 기업과 개발자 커뮤니티에서 머신러닝, 생성 AI(LLM), 기술, 개발, 조직 문화를 주제로 강연과 컨설팅을 병행하고 있습니다. 주요 저서로는 《개발자로 살아남기》(2022)가 있습니다.

30여 년간 한국과 미국의 여러 회사에서 개발자, 개발 리더, 개발 임원 생활을 하면서 다양한 분과 같이 일했습니다. 수많은 에피소드가 있지만, 가장 기억에 남는 순간은 문제를 해결하던 순간이었습니다. 개발자에게 문제는 무엇일까요? 기술 부채 문제, 제품 개발 우선순위 문제, 동기부여 문제, 조직 안의 소통 문제 등 사실상 모든 곳, 모든 것이 문제일 수 있죠. 실제로 개발자라면, 개발 조직이라면 이 같은 문제와 떼려야 뗄 수 없을 정도로 친숙하며, 만연합니다.

오랫동안 개발자 생활을 하면서 항상 염두에 둔 생각은 '오늘보다 내일 일을 더 잘하는 사람이 되자'였습니다. 이 말을 풀어 말하면 '지금 하는 일을 한 번 더 하게 되면, 그때는 훨씬 더 효율적으로 빠르게 그리고 더 좋은 결과물을 뽑아내자'입니다. 이 목표를 지키려고 가능한 모든 것을 분석하고 최대한 단순한 프레임워크와 원칙을 정리해 적용했습니다.

다양한 문제에 한 가지 원칙을 적용하는 일은 쉽지 않습니다. 그래서 기술, 제품, 조직 등 문제별로 혹은 종류별로 프레임워크를 만들어서 정리를 해보았습니다. 초안을 만들어 활용해보려니 문제마다 프레임워크가 달라서 각각 적용하는 일이 쉽지 않았습니다. 더 단순하게 만들어서 모든 문제에 적용할 수 있는 강력한 프레임워크가 필요했습니다. 이제부터 소개할 GPAM이라는 프레임워크는 그러한 생각과 노력과 시행착오의 결과물입니다.

망치를 든 사람에게는 모든 것이 못으로 보인다는 명언이 있듯이, 모든 문제를 GPAM으로 해결할 수는 없습니다. 하지만 쓸 만한 펜치 하나면 두루두루 유용하듯이, GPAM을 이 문제 저 문제에 적용하면서 유용한지 실험하고 그 결과를 확인한 결과 이제는 제 삶의 원칙으로까지 확장해서 사용하고 있습니다.

목표 달성 가능성을 높여주는 GPAM을 소개합니다

영문 약자라 "뭐지? 대단한 건가?" 싶지만 GPAM 원칙은 무척 단순합니다. Goal목표을 정하고, Plan계획을 만들고, Action실천을 하고, Measure평가를 진행해 결과를 확인하면 됩니다. 너무나 단순해서 이게 뭐가 원칙이야 싶을 겁니다. 물리 원칙은 아주 단순한 규칙의 조합으로 세상을 움직입니다. GPAM 원칙 역시 단순하지만 많은 문제를 풀 수 있을 정도로 강력하다고 말씀드리고 싶습니다.

사실 GPAM라는 말을 안 쓸 뿐이지, 조직에서 GPAM은 기본입니다. 연말이 되면 다음 해 목표와 구체적인 달성 계획을 세우죠. 새해가 되면 계획한 대로 열심히 일을 합니다. 연말이 되면, 혹은 수시로 계획대로 잘 가고 있나, 목표를 달성했나 확인하죠. 조직에서는 일이다 보니까, 위에서 시키니까 GPAM을 실천합니다. 그런데 개인은 어떤가요?

우리도 항상 목표를 정합니다. 하지만 대부분는 실패하지요. "목표를 세워 뭣해? 작심삼일인 걸? 아하 삼일마다 목표를 정하면 되겠는 걸"이라는 농담도 있죠. 직장에서 탁월한 성과를 내어 목표를 달성하는 우리인데 개인사에서는 왜 그러지 못할까요? 이유는 목표만 정하기 때문입니다. 목표를 정한 다음에는 계획이 필요합니다. 그것도 꽤 구체적으로 말이죠. 새해가 되면 건강해지겠다는 목표를 정했다고 합시다. 그러면 구체적인 건강 증진 계획을 세워야 합니다. 일주일에 몇 번 어디로 산책을 나가서 몇 km를 몇 시간 안에 돌겠다는 구체적인 계획이 필요합니다. 그러고 나서 실천을 해야겠지요. 대부분은 목표만 정하고 끝나는데 이렇게 실천 계획까지, 그리고 실천까지 이어진다면 90%는 성공한 겁니다. 그런데 여기서 멈추면 안 됩니다. GPAM 퍼즐의 마지막 조각인 평가를 꼭 진행해야 합니다. 주기적으로 평가를 해서 목표와 계획과 실천을 계속 점검해야 합니다. 평가를 하면 '목표 대비 조금만 더 하면 되겠어, 드디어 목표를 달성했어'처럼 도전의식과 성취감을 얻을 수 있습니다. 지속적으로 무언가를 해나가는데 이런 감정은 순풍이 되어줍니다. 사람에게 감정은 무언가를 달성하는 힘이 되기도 포기하게 되는 짐이 되기도 합니다. 의욕을 가지고 지속적으로 실천하려면 꼭 평가를 수행해야 합니다.

크게 성공한 스포츠들의 규칙은 정말 단순하고 쉽지만, 그 안에 복잡한 깊이가 있습니다. 단순하지만 깊이가 있는 곳에서 놀라움이 나옵니다. GPAM도 마찬가지라고 봅니다. 정말 단순해서 누구나 다 적용해볼 수 있지만, 그 안에 많은 깊이가 숨어 있습니다. 그런 의미에서 이제 GPAM의 각 항목들을 조금 더 깊게 살펴보겠습니다. 먼저 목표부터 알아보겠습니다.

어떤 것도 목표가 될 수가 있습니다. 엄청난 목표도 있을 수 있고 작은 목표도 있을 수 있겠지요. 불가능한 목표도 있고, 정말 쉬운 목표도 있을 수 있습니다. 그러다 보니 적절한 목표를 잡는 일이 쉽지 않습니다. 누가 모든 목표를 달성한다면 사실 그 사람은 안전지대 Safety Zone에 있는 쉬운 목표만 잡은 겁니다. 반대로 모든 목표를 모두 실패한다면 너무 의지치만 반영해 목표를 잡은 겁니다. 가장 힘든 목표는 목표를 달성했는지 못했는지를 평가하기 애매한 목표입니다. 예를 들어 건강해지겠다는 목표는 어떻게 평가를 해야 할까요? 왠지 이 목표를 평가하기는 어려울 것 같다 생각이 들지도 모릅니다. 그럼에도 모든 목표를 수치화해야 합니다. 경영학의 구루 피터 드러커는 "측정할 수 없으면 관리할 수 없다"*고 말했습니다. 수치화해야 평가할 수 있습니다.

그렇다면 어떻게 목표를 세워야 할까요? GPAM의 모든 항목은 서로 관련이 깊습니다. 목표를 정할 때는 계획, 실천, 평가도 같이 고려해야 합니다. 목표를 세웠는데 Plan, Action, Measure 중 하나라도 불가능하면 안 됩니다. 모두가 가능하도록 목표를 세워야 합니다. 적절하지 못한 목표의 예를 들어보자면 첫째, 목표가 너무 광범위해서 계획을 세우기 힘든 목표를 들 수 있습니다. 예를 들어 '행복해지자'라는 목표를 세우면 어떤 계획을 세워야 할지 불분명합니다. 둘째, 계획까지는 어떻게 세울 수 있어도 실제 행동이 불가능한 목표를 들 수 있습니다. '부자가 되자'라는 목표에 '복권을 사서 1등에 당첨된다'라는 계획을 세웠다면 불가능에 가까운 계획이라고 볼 수 있습니다. 셋째, 행동하고 결과를 측정할 수 없는 목표입니다. 예를 들어 집안을 멋있게 꾸미자라는 목표를 어떻게 측정해야 할까요? 멋지다라는 표현의 해석은 사람들마다 다를 수 있고, 심지어 본인도 어제, 오늘, 내일 마음이 바뀔 수도 있으니까요.

목표를 이야기하면서 덩달아 계획과 행동과 평가도 설명을 한 것 같네요. 계획은 실천할 수 있어야 하고, 평가할 수 있는 결과를 도출해야 합니다. 평가 데이터를 보고 다시 목표와 계획을 수정할 수 있어야 진정한 완성입니다.

작은 목표가 좋습니다. 비전은 커도 되지만, 목표는 작게 그리고 단계

---

* You Can't Manage What You Don't Measure.

적으로 여러 개가 있어야 합니다. 그래야 성취감을 느끼며 한 걸음씩 비전에 다가갈 수 있습니다.* 커다란 목표와 계획은 실패 위험이 높습니다. 목표가 작으면 계획 수립도 쉽습니다. 마찬가지로 계획도 쉬워야 합니다. 어려우면 실천하기가 힘드니까요. 이렇게 작은 목표를 정하고 쉬운 계획을 세울 때 속도도 중요합니다. 목표 설정과 계획 수립은 매우 빠르게 진행해야 합니다.

물론 목표를 설정하기 전에 충분한 시간을 두고 고민을 해야 합니다. 세운 작은 목표들에 대한 계획도 다방면으로 생각해봐야 좋습니다. 하지만 이는 브레인스토밍Brainstorming처럼 여러 아이디어를 도출하는 단계이고, 다각도의 고민이 끝나면 일단 빠르게 목표를 정하고 계획을 세우고 곧바로 실천에 옮겨야 좋습니다. 항상 상황은 변하기 때문에 목표와 계획을 세워두고 실천까지 시간을 오래 끌다 보면 의미가 없는 목표가 되어 버리거나, 계획 실천이 불가능해지거나, 각오가 사그러들거나, 잊힙니다.

이렇게 즉시 실천을 해서 결과가 나오면 곧바로 측정합니다. 결과 도출에만 집중해, 측정을 잊으면 안 됩니다. 결과를 확인하고, 그 결과에 따라서 목표와 계획을 계속 업데이트해야 합니다. 작은 목표와 계획으로 빠르게 진행하면서 상황에 맞추어 조정해나아가야 합니다.

GPAM의 모든 항목은 긴밀하게 연관되어 있으므로 유기적으로 진행해야 합니다. 특히나 마지막의 측정을 꼭 염두에 두어야 한다는 점 거듭 강조합니다. 결국 측정이 있어야지만 중간에 모든 가설을 확인하고 목표와 계획을 업데이트해서 계속 진행이 가능하기 때문입니다. 인생은 주사위

---

* 비전에 대한 이야기를 하면 글이 길어지니까 여기서는 작은 목표들을 실천하면 이뤄지는 최종 목표 정도로 이해하고 넘어갑시다.

놀이가 아닙니다. 측정하고 결과를 확인하면서 움직여야 합니다.

S.M.A.R.T. 하게 목표 세우기

Goal, Plan, Action, Measure의 시작은 당연히 Goal, 목표입니다. 옷도 첫 단추를 잘 끼워야 하듯이, 좋은 목표를 세우면 계획을 세우고 실천하고 평가하는 일이 수월해집니다. 따라서 좋은 목표를 선정하는 데 노력을 기울여야 합니다.

좋은 목표 선정하는 데 유용한 S.M.A.R.T. 방법론을 소개합니다(SMART Goals라고 합니다).*

• S.M.A.R.T. 방법론 •

- Specific : 개선이 필요한 영역에 대한 **구체적인 목표**
- Measurable : 진행 상황에 대한 **수치화(측정)**가 가능한지
- Actionable : 실행이 **가능한지**
- Realistic : 현재 리소스로 **현실적으로** 가능한지
- Time-related : 결과가 언제 나올지 **기한이** 있는지

첫 번째 '구체적인 SMART 목표'를 제시해야 합니다. W로 시작하는 다섯 항목 Who누가, Why왜, When언제, Where어디서, What무엇을 기술하며 구체적으로 SMART 목표를 세운 겁니다. 예를 들어 '알고리즘 구현 실력을 키우

---

* SMART 법칙에서 A는 원래 Assignable(누구에게 할당하느냐)이지만 범용적인 용례에서 Actionable를 사용합니다.

겠어'라는 목표를 세웠다면 다음과 같이 계획을 세우면 됩니다.

- 누가 : 나는
- 왜 : 알고리즘 실력을 키우기 위해서
- 언제 : 평일 저녁 퇴근 후 3시간 동안
- 어디에서 : 프로그래머스 사이트에서
- 무엇 : 알고리즘 3문항을 풀겠어

두 번째로 '측정 가능한 SMART 목표'인지 확인해야 합니다. 얼마나 많은지, 목표에 도달했는지 어떻게 알 수 있는 지표가 무엇인지 확인해야 합니다. 모든 알고리즘의 난이도가 동일하다고 가정했을 때, 3문항을 푸는 데 걸리는 시간을 측정 지표로 둘 수 있습니다. 처음에는 3시간이 걸렸는데 한 달 동안 연습하니 2시간이 걸리더라처럼 측정 가능한 지표를 제시할 수 있으면 됩니다.

세 번째로 '실행 가능한 SMART 목표'이어야 합니다. 실행 가능성을 고려할 때는 자원과 전례가 중요한 척도입니다. 1문항을 푸는 데 3시간이 걸리는데 하루 3문항을 풀겠다고 계획하면 9시간이 걸립니다. 저녁 7시에 카페에 앉아 9시간을 보내면 새벽 4시가 됩니다. 잠시 눈을 붙이고 출근을 해야 하죠. 며칠은 가능하지만 장기적으로 실천할 수 없는 계획입니다. 시간과 능력이라는 자원에 한계가 있기 때문입니다. 또한 알고리즘 풀이를 하면 할수록 실력이 늘어난다는 전례가 있어야 합니다(당연히 연습하면 늘겠죠).

네 번째로 '현실적인 SMART 목표'이어야 합니다. 시간과 자원이 주어질 때 목표에 전념할 수 있는지, 목표 달성이 의미가 있는지 고려해야 합니다. 알고리즘 공부에 할애할 3시간과 컴퓨터와 인터넷이 주어졌습니다. 어제 보던 드라마와 즐기던 게임과 술 약속의 유혹을 이겨내고 열중할 수 있습니까? '실행 가능한 SMART 목표'와 '현실적인 SMART 목표'가 비슷하게 보이지만, 전자는 자원을 확보할 수 있는지의 문제이고 후자는 자원을 확보했다고 가정했을 때의 문제입니다.

마지막으로 시의적절한 SMART 목표여야 합니다. 예를 들어 1월 1일에 열리는 알고리즘 대회 대비 공부인데, 2월 1일까지 공부하겠다는 계획은 시의성에서 부적절합니다. 또한 영원히 알고리즘 공부만 할 수는 없습니다. 개발자로 성장하면서 개발자 생애주기에 따라 필요한 스킬이 다릅니다. 처음 10년에 필요한 기술이 코딩이라면, 그다음 10년은 사람 관리나, 아키텍처 능력이 더 필요할 수 있습니다. 조직에 따라 자신의 이상향에 따라 다르죠. 그러므로 목표에는 언제까지 목표를 달성할지를 정해야 합니다.

개발 사이클과 GPAM 원칙을 비교해보기

개발자라면 누구나 소프트웨어 개발 수명 주기Software Development Life Cycle를 알 겁니다. SDLC로 줄여부르기도 하는 소프트웨어 개발 수명 주기에는 다양한 버전이 존재하는데 일반적으로 요구사항 분석 → 설계 → 개발(구현) → 테스트 → 배포 → 운영 단계로 이루어집니다.

• 개발 수명 주기 •

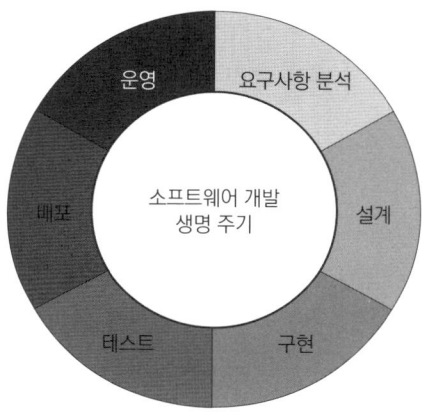

SDLC와 GPAM 원칙을 비교해보겠습니다.

• SDLC와 GPAM •

SDLC	
Analysis	요구사항 분석
Design	설계하기
Development	구현하기
Testing Deployment Maintenance	테스트하고 배포하고 피드백으로 업데이트하기

GPAM	
Goal	목표 세우기
Plan	계획 세우기
Action	실천하기
Measure	측정하고 측정치 반영하기

저는 둘이 다르지 않다고 생각이 듭니다. 심지어 애자일 방법도 GPAM 원칙과 비슷하다고 주장하고 싶네요. 애자일의 핵심은 시장 변화에 대응하기 위해서 작고, 빠르게 행동하는 겁니다. Agile을 우리말로 번역하면

'기민함'입니다. 곧 빠르게 반응하고 행동해서 목표를 달성해내는 방법입니다. 당연히 빠르게 반응하려면 작게 움직여야 합니다. 곧 가장 작은 목표, 가장 작은 실행, 가장 빠른 측정을 반복해서 지속적으로 제품을 개발해나가는 겁니다. 시장에서 원하는 것이 무엇인지 알 수 있는 최고의 방법은 실제 제품을 만들어서 출시하는 겁니다. 핵심을 담은 최소 기능의 제품을 빠르게 출시해서 사용자의 반응을 보면서 계속 개선해나가는 방식이 제일 안전하고 빠른 방법입니다. 이런 애자일 개념을 적용해 만든 제품을 최소 기능 제품 Minimum Viable Product, MVP이라고 하며, 많은 회사가 활용하고 있습니다. 예를 들어 게임을 초반 10%만 만들어서 출시하고 사용자 반응을 보며 나머지를 빠르게 만든 경우를 들 수 있습니다.

여기까지 보셨으면 애자일과 GPAM의 유사점을 발견하셨을 겁니다. 애자일이 제품 개발에 집중했다면 GPAM은 모든 문제 해결과 목표 달성에 집중합니다. 애자일은 팀으로 모두가 같이 일하는 환경을 기준으로 하며, GPAM은 나를 기준으로 합니다.

이렇듯 GPAM 방식으로 나의 모든 일을 정리해보면, 애자일 방법도 개발 사이클 관리도 모두 비슷하게 정리해 진행할 수 있다는 사실을 발견하게 됩니다. 모든 길은 하나로 연결이 되는 법이니까요.

GPAM 실천 사례를 공유합니다

저는 매일 매일의 생활에 GPAM을 적용합니다. 최근 적용한 사례를 꺼내 공유하겠습니다. 코로나가 심각했을 때 재택근무만 하다 보니 만나는 사람이 줄었습니다. 사람을 만나고 대화하고 배우고 사귀고 돕던 일상이 멈춰버린 겁니다. "코시국에도 사람을 만나고 싶어. 뭔가 좋은 방법이 없을까?" 이런 문제를 해결하는 데 GPAM 원칙을 다음과 같이 적용해보았습니다.

- Goal : 새로운 만남과 새로운 대화
- Plan : 최근 못 만난 사람과 줌콜 한 시간
- Action : 만나고 싶은 사람에게 연락을 해서 일정을 잡고 줌콜 시도
- Measure : 어떤 대화를 주고받았는지 기록하고, 서로에게 유익한 점이 있는지 회고

이렇게 작은 목표를 세워 두세 번 실천하면서 유익하다는 평가를 얻어, Plan과 Measure를 업데이트해서 더 스케일을 키워 실천했습니다. 일 년 정도를 진행하면서, 코로나가 없었을 때보다 더 많은 사람과 더 다양한 주제로 대화를 나눌 수 있었습니다. 적어도 제게 유익한 시간이었음은 물론이구요. 이제는 위드 코로나 시대이지만 다음과 같이 업데이트해 한 달에 한 분은 만나려고 노력합니다.

- Goal : 새로운 만남과 새로운 대화
- Plan : 최근 일 년 동안 못 만난 다양한 분야의 사람과 줌콜 한 시간
- Action : 지인들에게 연락을 해서 가능한 분을 찾아서 일정을 잡고 줌콜 시도
- Measure : 대화를 정리해서 비슷한 내용 정리, 큰 흐름을 파악할 수 있는지 회고

다른 사례를 하나 더 공유하겠습니다. 개발 리더와 개발 임원 생활을 하면서 우리 기술과 제품뿐 아니라 경쟁사도 포함한 많은 선도 업체들의

기술과 제품까지 파악해야 할 필요를 강하게 느꼈습니다. 그래서 어떻게 효율적으로 테크 업계에 대한 나의 인사이트를 키울 수 있을까를 고민하여, GPAM 원칙으로 다음과 같이 적용해보았습니다.

- Goal : 테크 업계에 대한 나의 인사이트 키우기
- Plan : 나스닥 시가 총액 기준 1위 기업 애플의 기술과 제품 분석
- Action : 한 페이지 정도의 내용으로 짧게 정리
- Measure : 분석한 내용을 정리해서 주변에 발표하고 토론

이렇게 한두 회사를 분석하다 보니 좋은 컨텐츠가 쌓여가는 것을 느낄 수 있었고, 다음과 같이 좀 더 스케일을 키워서 진행해보았습니다.

- Goal : 테크 업계에 대한 나의 인사이트 키우기
- Plan : 나스닥 시가 총액 기준 톱 10 테크 기업의 기술과 제품을 투자자 관점에서 분석
- Action : 삼십 분 정도 발표 분량으로 정리
- Measure : 유튜브 동영상으로 발표하고 다양한 피드백을 들어봄

단순히 주변에 발표하는 것 이상으로 다양한 피드백을 받을 수 있었고, 제가 어떤 점을 놓치고 있었는지 파악하는 데 도움을 되었습니다.

개발자의 7가지 고민, GPAM으로 타파하기

이제 GPAM 원칙이 무언지 어떻게 활용하는지 충분히 전달했습니다. 제

가 개발자로서, 관리자로서, 창업 심사위원으로서 활동하면서 자주 듣게 된 (저 나름 대로 뽑은) 개발자의 7대 고민을 소개합니다.

・ 내가 뽑은 개발자의 7대 고민 ・

1. 뭘 목표로 세워야 할지 모르겠어요
2. 계속 다녀야 하나요? 이직해야 하나요?
3. 나는 성장하고 있는 걸까요?
4. 신기술이 너무 많아요.
5. 창업을 한 번 해보고 싶어요.
6. 왜 이렇게 개발 진행이 안 될까요?
7. 관리자 역할을 잘하고 있는 걸까요?

이 중에서 3가지에 GPAM을 적용해 고민 타파 방안을 함께 고민해보겠습니다.

Q. 뭘 목표로 세워야 할지 모르겠어요

대부분의 사람은 '나는 목표가 없어 그저 하루하루를 살아갈 뿐'이라고 생각합니다. 하지만 작게 보면 목표가 아닌 것이 없습니다. '오늘 아침 회사에 늦지 말아야지, 금주까지는 기능 구현을 마쳐야지, 이번 회사에 3년은 다녀야지.' 순간순간 목표가 스칩니다. 그럼에도 "목표를 세워보세요, 구체적으로 달성 계획을 세워보세요"라고 하면 순간 생각이 멈춰버립니다.

그저 해야 할 일을 정리하는 것만으로도 나쁘지 않은 목표를 얻을 수 있습니다. 일단 현재 상황을 파악하고 할 일을 적어보세요(꼭 적어야 합니다). 최대한 현재 상황을 먼저 단순하게 파악해보고 필요하다면 정보를 더 구합니다. 제 강연과 책에서도 이야기했지만 할 일을 적고 나서 우선순위를 정하면 됩니다. 가장 먼저 처리할 일은 중요하면서 시급한 일이지만, 중요한 일이 시급해지지 않도록 미리미리 목표와 계획을 잡아 해결해 나아가야 합니다.

목표를 세웠는데 실천 계획을 어떻게 세워야 할지 모르겠나요? 목표를 한 번에 해결하려고 들면 안 됩니다. S.M.A.R.T.를 고려해서 작게 잘라서 목표에 한 걸음씩 다가가도록 실천해나가야 합니다. 그러면 목표가 더 명확해지고 구체적인 계획 방법도 떠오르게 됩니다.

성장이나 이직에 관심이 많을 테니 다음과 같은 목표를 세웠다고 가정해보겠습니다.

- 지금 하는 일을 계속 하기
- 현재 팀에서 다른 일을 해보기
- 회사 내 다른 팀에서 다른 일을 해보기
- 회사 내에서 다른 직군으로 이동해보기
- 다른 회사에서 다른 일을 해보기

이어서 각각에 대해서 장단점을 분석해 계획을 세워보면 됩니다. 계획을 꼭 혼자서 세울 필요는 없습니다. 직장에서는 동료나 관리자와 계획을 세울 수도 있습니다. 마음이 열린 관리자라면 분석을 도와줄 수도 있을 겁니다. 다른 회사로 이직하는 옵션이라면 싫어하겠지만 회사에서 더 행복해지고 더 성과를 내고 더 성장하는 계획을 세우는 조직원을 돕는 것이야 말로 관리자가 존재하는 이유입니다.

계획을 세우고 나서 평가 방법을 세웁니다. 평가 방법을 세우다 보면 이 목표가, 계획이, 실천이 최선인가를 조금 먼 발치에서 바라볼 수 있습니다. 보이지 않았던 것들이 보이게 됩니다. 지금 자리에서 최선을 다 하기로 목표를 세웠는데 더 나은 성장을 하려면 이직을 해야겠다는 결론이 날 수도 있고, 그 반대일 수도 있는 거죠.

준비 없이 실천하면 불로 향하는 불나방 꼴이 납니다. 목표한 바를 차근차근 달성하는 계획과 실천 평가를 잊지 마세요. 인생은 속도보다는 방향이 중요하니까요.

Q. 창업 한번 해보고 싶어요

창업은 굉장히 어려운 주제입니다. 대개 에너지가 넘치는 분들이 창업을 꿈꿉니다. 한번 도전해볼 만한 일이고 준비만 되어 있다면 정말 좋은 경험과 기회가 될 수도 있습니다.

창업은 큰 주제이므로 목표를 작게 쪼개야 합니다. 일단 사업 기획서를 만들어보는 정도의 목표가 적당할 것 같습니다. 사업 기획서라고 하니까 아직도 큰 느낌이군요. 좀 줄여 제품 기획서가 더 좋을 것 같네요. 개발자들이 일하는 테크 회사는 기술을 바탕으로 제품을 만들어 매출을 만들고, 매출로 회사가 돌아갑니다. 비즈니스의 시작점이 기술이라서 테크 회사라고 분류합니다. 기술만으로는 당연히 제품이 나오지 않습니다. 어떻게 만드느냐가 아니라 무엇을 만드느냐가 회사의 앞날을 결정하는 것이지요.

따라서 제일 작은 의미의 사업 기획서는 제품 기획서가 됩니다. 제품 기획서에 만들고자 하는 제품을 정의해야 합니다. 제품 기획서에 어떤 내용이 들어가야 할까요? 다음과 같은 내용이 들어간 제품 기획서가 있다고 합니다.

- 제품 소개와 기능
- 경쟁자/경쟁 제품
- 경쟁에서 우위를 점하는 시나리오

이 제품 기획서에 무언가가 빠진듯한 느낌은 들지 않나요? 어떻게 개발할지, 개발 역량이 충분한지에 대한 내용이 없습니다. 그런데 지금 단계에서는 필요하지 않습니다. 만들고자 하는 제품이 의미가 있는지부터 먼저 판단하고 나서, 긍정적일 때 개발 계획을 수립하면 됩니다. 만약 독자적으로 개발할 역량이 부족하다면 역량 확보 계획을 세우면 되는 겁니다. 미리 걱정할 필요는 전혀 없습니다. 제품 기획서를 작성하고 나서 제품을 판단할 때 경쟁력이 없다면 이후 고민들은 아무 의미가 없으니까요.

제품의 경쟁력을 파악할 때 셀프 평가는 별 의미가 없습니다. 주변 사람들에게 발표를 해보아야 합니다. 문서만 전달해서는 안 되고 실제 꼭 발표를 해보아야 내 입에서 나오는 말들이 말이 되는지 스스로 되돌아볼 수 있습니다. 늘 좋은 말만 해주는 분 말고, 사실대로 말하는 사람에게 발표를 해야 제대로 된 평가를 받을 수 있습니다. 사람은 자신의 생각이 옳다고 생각하는 경향이 강해 10명 중 두 명만 좋다고 말했는데 나머지 여덟 명의 별로다는 평가를 기억에서 지웁니다. 계획 단계에서 10명 모두가 좋다고 말하는 제품이더라도 실제로 성공할 확률이 높지 않습니다. 그러니 소수 의견에 희망을 거는 무모한 행동은 피해야 합니다. 별로면 무엇이 별로인지, 좋으면 무엇이 좋은지 구체적으로 평가 항목을 만들어 피드백을 받아 구체적으로 평가를 받아야 합니다. 평가 내용을 제품 기획에 반영하면 됩니다.

이런 과정을 통해서 좋은 제품 기획을 완성했다면 창업이라는 목표를 달성하는 데 필요한 백만 걸음 중에서 첫걸음을 내딛은 겁니다. 그다음 작은 목표를 한 걸음씩 계속 진행하면 됩니다. 꼭 창업을 하고 싶은 창생창사 의지가 강한데 좋은 제품 기획에 실패했다면 어떻게 해야 할까요? 그럴 때는 현재 일을 열심히 하면서 다양한 사람을 만나고 계속 공부를 해야겠지요. 결국 아이디어도 내 역량에서 나오는 것이므로 역량을 계속 키워나가면 됩니다.

Q. 관리자 역할을 잘하고 있는 걸까요?

앞의 두 고민은 내가 노력하면 나한테 어울리는 정답을 찾을 수 있습니다. 반면 이번 고민은 인간 관계에서 나오는 문제라서 나만 고려해서는 해결이 어렵습니다. 그래서 GPAM에 더 어울리는 주제라고 봅니다.

목표를 최대한 작게 만들어보겠습니다. "좋은 관리자가 되고 싶다"면 충분할까요? 아직도 너무 큰 목표입니다. "내가 왜 좋은 관리자가 아닌지 알고 싶다"는 더 작은 목표입니다. 한번 더 작게 만들어봅시다. "사람들이 원하는 것과 내가 원하는 것의 차이를 알고 싶다" 정도면 어떨까요?

목표를 세웠으니 계획을 세워보겠습니다. 어떻게 사람들이 원하는 것과 내가 원하는 것을 차이를 알 수 있을까요? 결국 면담이 제일 좋은 도구가 될 겁니다. 그런데 대화가 쉬운 도구는 아닙니다. 내 생각을 명확하게 전달하기도 어렵지만, 반대로 상대방이 의도한 대로 이해하는 일 역시 어렵기 때문에 대화에는 공을 많이 들여야 합니다. 질문을 미리 마련하여 모두와 동일한 대화를 하면 정보 수집에 도움이 됩니다.

- 관리자로서 저는 조직원들의 행복과 성과와 성장에 노력을 하고 싶습니다.
- 이 행복과 성과와 성장이 우리 조직에 어떤 순서여야 할까요?
- 이 행복과 성과와 성장이 본인에게 어떤 순서여야 할까요?
- 관리자로서 제가 행복과 성과와 성장 중에서 어떤 순서로 집중하는 것으로 느껴지시나요?
- 위의 내용을 바탕으로 관리자로서 제가 어떤 도움을 드렸으면 하시나요?

모든 조직원과 위와 같이 질문으로 대화를 한다면 조직원이 원하는 바를 알 수 있고, 조직원들이 느끼는 내가 집중하는 분야도 확인할 수 있습니다. 서로의 차이를 좁히는 노력이 좋은 관리자로 가는 첫걸음일 수 있습니다. 물론 조직원이 원하는 대로만 하는 것이 좋은 관리자는 아닙니다. 그래서 대화가 필요하고, 모두를 이끌어가고 모두를 도울 수 있는 방법을 끊임없이 고민을 해야 합니다. 지속적인 대화 없이는 불가능한 일입니다.

이런 과정을 통해서 적절한 데이터를 수집했다면 이제 그다음 작은 목표를 세울 단계입니다. 제일 작은 아이템 하나를 골라서 실천하기를 반복하면서 조직의 반응을 살펴보면 됩니다. 이렇게 작은 목표로 어느 세월에 원대한(?) 목표를 달성하나 싶죠? 조직에는 안정감이 중요합니다. 좋은 방향이라고 해도 급격한 변화는 위험합니다. 조금씩 작은 것들을 계속 실천해나가면서 서로의 신뢰를 쌓다 보면 어느 새 하나로 뭉쳐서 행복하고 성과를 내고 성장하는 조직이 되어 있을 겁니다.

저만의 문제 해결 방법 GPAM을 알아보고, 개발자의 일곱 가지 고민 중에서 세 가지를 GPAM 법칙으로 해결하는 방법을 살펴보았습니다. 가장 작은 목표를 세워보려고 했고, 가장 쉬운 계획을 만들어보려 했습니다.

목표는 S.M.A.R.T.에 부합하도록 작게, 계획은 실천과 측정 가능하도록, 실천은 빠르게, 평가는 즉시 그리고 앞선 단계에 그 결과를 반영하는 것이 GPAM입니다. 저도 한 번에 모든 목표를, 큰 목표를 달성하고 남는 시간에 가족과 놀고 싶습니다. 하지만 현실적으로 불가능합니다. 작은 목표를 달성하는 것을 계속 하다가 보면 어느덧 산 정상에 오른 나를 발견하게 될 겁니다. 복잡한 문제일수록 큰 프로젝트일수록 충분히 시간을 두고 CPAM을 적용해보기 바랍니다.

개발자로서의 고민 타파에 GPAM 법칙이 도움이 되길 희망합니다.

• 출간 후 2년, 그다음 이야기 •

인터넷 시대는 웹이, 모바일 시대는 아이폰이 열었듯이, 진정한 AI 시대는 대용량 언어 모델Large Language Model, LLM인 챗GPT가 열었습니다. 소수의 전유물이던 AI를, 이제 챗GPT를 사용하면 누구나 생활과 업무에 활용할 수 있게 되었습니다. 특히 개발 분야는 누구보다도 기술에 앞서 가야 하는 만큼 챗GPT와 AI 도구들을 최대한 활용해야 하는 시대로 접어들었습니다.

그런 의미에서 GPAM의 모든 단계에서 챗GPT의 도입은 필수입니다. Goal을 세울 때 이 목표가 S.M.A.R.T. 원칙에 잘 맞는지, Plan 역시 계획이 잘 세워졌는지 부족한 것은 없는지 챗GPT를 이용해서 확인해볼 수 있습니다. 실제 Action을 할 때도 모든 작업에 챗GPT나 깃허브 코파일러Github Copilot 같은 AI 도구들의 활용은 필수겠지요. 마지막으로 Measure 단계에서 데이터를 챗GPT와 함께 분석해볼 수 있습니다. 기존의 GPAM으로 루프를 한 번 돌았다면 두번 째 GPAM 루프 전에 첫 번째 결과를 넣고 두 번째 GPAM 루프의 Goal과 Plan을 점검해볼 수도 있습니다.

AI가 개발자를 대체하지 않을까 하는 두려움이 있습니다. AI가 언젠가 개발자를 대체하겠지만, 지금 당장은 아닙니다. 하지만 AI를 활용하는 개발자는 AI를 활용하지 않는 개발자를 빠르게 대체할 겁니다. 통계에 의하면 AI를 활용하면 개발자 생산성이 70% 정도 올라간다고 합니다. 개발의 모든 단계에서 AI를 최대한 활용해야 합니다. 지금 당장은 조금 어색할 수 있습니다만, 자동차가 나와도 계속 말이 편해서 말을 이용하던 사람이 되면 안 됩니다. 매일 매일 업무와 개인 생활에 챗GPT를 억지라도 사용해보시고, 서서히 적응해서 실제 활용 단계까지 가야 합니다. 그리고 깃허브 코파일럿 같은 AI 개발 도구도 빠르게 도입하고 적응해야 합니다.

인터넷과 모바일보다, AI 곧 LLM은 더욱 더 큰 변화를 일으킬 겁니다. 이 변화의 시대에 변화의 중심에서 최대한 빠르게 새로운 업무 환경에 잘 적응해야 합니다. GPAM의 기반에는 애자일, 즉 '지속 가능한 작은 변화들'이 있습니다. 측정을 통해서 결과를 확인하면서 지속적으로 목표를 세우고 행동해야 합니다. 그러면 변화에 적응해 LLM 대격변 시대에 AI 역량이 가득한 개발자로 업그레이드하는 여정에 GPAM이 도움이 될 겁니다.

• 원칙 준수에 도움이 되는 정보 •

《끝도 없는 일 깔끔하게 해치우기》*

일을 잘 끝내려면 우선순위 관리나 시간 관리 등 정말 많은 노력이 필요합니다. 일잘러가 되려면 갖춰야 할 기본을 잘 설명합니다. GPAM을 통해서 세운 목표와 계획을 진행하는 데 좋은 참고 서적이 될 겁니다.

《Successful Time Management For Dummies》

많은 목표를 세우고 모두 달성하고 또 계속 전진하려면 시간 관리에 많은 노력을 기울여야 합니다. 좋은 회계사를 고용해서 자산을 관리하는 것이 옳듯이, 나의 소중한 시간 관리를 위해서 시간을 투자해야 합니다. 이 책은 시간 관리의 시작점이 되어줄 겁니다.

《습관의 힘》**

하루는 습관에 의해서 좌우됩니다. 매일 매일 비슷한 삶을 살고 있기 때문이죠. 따라서 최고의 시간 관리는 사실 습관 관리가 바탕이 되어야 합니다. 습관이란 무엇이고, 어떻게 생겨나고, 어떻게 관리할 수 있는지를 깊게 고민해보면 시간 관리와 목표 관리에 많은 도움이 될 겁니다.

---

*   원서 《Get Things Done》
**   원서 《The Power of Habit》

07

프로덕트 중심주의

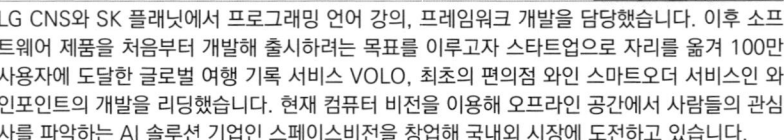

프로덕트 만들기에 반복적으로 집중해 멋진 제품을 만들어내세요.

이동욱(네피림) i015005@gmail.com

현) SpaceVision AI 대표
전) 데이블 AI 신사업 개발 담당
전) 최초의 편의점 주류 스마트오더 서비스 **와인포인트** CTO
전) 여행기록 서비스 **VOLO** 공동창업자
전) 한국 스칼라 사용자 모임 설립
전) SK 플래닛 플랫폼 소프트웨어 개발팀
전) **LG CNS** 전문 강사, 자바 프레임워크 개발

LG CNS와 SK 플래닛에서 프로그래밍 언어 강의, 프레임워크 개발을 담당했습니다. 이후 소프트웨어 제품을 처음부터 개발해 출시하려는 목표를 이루고자 스타트업으로 자리를 옮겨 100만 사용자에 도달한 글로벌 여행 기록 서비스 VOLO, 최초의 편의점 와인 스마트오더 서비스인 와인포인트의 개발을 리딩했습니다. 현재 컴퓨터 비전을 이용해 오프라인 공간에서 사람들의 관심사를 파악하는 AI 솔루션 기업인 스페이스비전을 창업해 국내외 시장에 도전하고 있습니다.

@nephilmz linkedin.com/in/nephilim

'나는 프로그래밍에 소질이 없는 것 같다.'

프로그래밍을 처음 접하던 시절, 풀기 어려운 문제를 만날 때마다 하던 생각입니다. 그래도 30년이 지난 지금도 여전히 취미로, 그리고 직업으로 프로그래밍을 붙잡고 있습니다. 말콤 글래드웰은 《아웃라이어》에서 '1만 시간의 법칙'을 소개하며 '한 분야에서 전문가가 되려면 1만 시간을 투자해야 한다'고 주장했습니다. 전문가가 되는 데 필요한 시간이 정말 1만 시간인지에 대해서는 이견이 존재하지만, 많은 시간을 집중적으로 투자해야 전문가가 된다는 사실에는 이견이 없습니다. 아시다시피 특정 목표를 지속적으로 유지하며 긴 시간을 집중적으로 투자하기란 생각보다 어려운 일입니다. 어떤 분야의 일을 오래 했다고 무조건 전문가라고 부를 수 없다는 사실 또한 우리는 잘 알고 있습니다. 그래서 전문성이 중요한 개발자에게 가장 필요한 한 가지는 시간 투자를 지속하도록 목표를 '유지'하는 방법이 아닐까 합니다.

개발에 도무지 소질이 없는 것 같았던 시기엔 목표 설정이 어려워 많이 방황했습니다. 그러던 어느 순간 오랜 시간 동안 동기를 부여해줄 듯한 단순한 목표를 하나 찾았습니다. 그리고 이 단순하고 새로울 것 없는 목표가 꽤나 효과적이고, 복잡해 보이는 선택을 간단하게 만들어준다는 사실도 오랜 기간에 걸쳐 경험했습니다. 제가 오랜 기간 동안 유지한 목표이자, 가장 기본이 되는 제1 원칙은 바로 '프로덕트에 집중하자'입니다. 이제부터 이 원칙을 출발점 삼아, 긴 시간 동안 흔들리지 않고 개발자 역량을 성장시킬 수 있는 전략을 정리해보겠습니다.

프로덕트 중심으로 목표 정리하기

"단순함은 문제 해결에 이르는 가장 빠른 길이다."*　　　워드 커닝햄

어떤 분야건 지속적으로 발전하려면 목표와 방향 설정이 중요합니다. 하지만 감당하기 어려운 양의 기술이 존재하는 복잡한 개발 세계에서 무엇을 목표로, 어떤 방향으로 나아갈지 정하기란 매우 어렵습니다. 이럴 때 일단 '프로덕트 잘 만들기'를 목표로 삼길 제안합니다. 프로덕트가 만들어지는 과정을 초기 단계부터 잘 이해하는 개발자가 되겠다고 결심하는 것이죠. 주의할 점은 코드를 잘 짜는 것이 목표가 아니고, 코드가 동작하는 제품, 즉 프로덕트 잘 만들기가 목표라는 점입니다.

"이거 너무 쉽고 당연한 말 아닌가요?"라는 생각이 들 겁니다. 맞습니다. 일부러 프로덕트를 잘못 만들려는 사람은 없습니다. 하지만 주변을 잘 살펴보면 프로덕트가 생략된 목표를 설정한 사례는 많습니다.

1. "스프링 프레임워크 Spring Framework를 공부해야겠다. 내일부터 온라인 강의를 들어야지."
2. "모바일 개발에서 주목받는 플러터 Flutter 프레임워크를 공부하겠어."

둘 다 성장을 위해 충분히 선택할 수 있는 목표입니다. 하지만 같은 목표여도 프로덕트가 목적일 때는 실제로 만들 대상이 구체적으로 명시되

---

* www.artima.com/articles/the-simplest-thing-that-could-possibly-work

어야 합니다.

1. "간단한 API 서버를 스프링 기반으로 만들어보겠어."
2. "플러터로 여행 기록용 모바일 어플을 만들어보겠어."

프로덕트 잘 만들기라는 목표는 얼핏 뻔해 보이지만, 실제 프로덕트를 목표로 삼는 계획과 그렇지 않은 계획은 적지 않은 결과의 차이를 만들어 냅니다. 실제로 프로덕트를 만드는 상황에 최대한 노출하면 설계의 결함을 발견하거나, 문제 해결을 위해 계획하지 않았던 기술이 필요함을 알게 됩니다. 우리는 실제 상황을 예상보다 훨씬 알지 못하기 때문에 무언가를 만들어보며 깨닫는 경우가 많습니다. 이뿐만 아니라 프로덕트가 목표라면 기술 선택의 순간에 더 깊은 고민을 하게 됩니다. 새로운 언어나 도구를 사용하려고 하다가도 제품에 더 적정한 기술을 고민하고, 팀 단위 작업이라면 함께 할 동료들이 마주칠 상황도 고려하게 됩니다. 또 더 나아가 자신이 일할 조직이나 향후 회사의 결정까지 영향을 미치기도 합니다.

반복적으로 완성하기

프로덕트를 성공적으로 만들기 위한 제가 아는 최선의 방법은 이터레이션iteration 기반으로 일정을 점진적이고 반복적으로 진행하는 것입니다. 이터레이션은 상대적으로 짧은 주기로 목표를 세우고 이를 피드백이 가능한 결과물로 완성하고 개선하는 작업을 반복하여 프로덕트를 만들어내는 애자일 개발 방법론의 주요 기법입니다. 프로덕트 기반으로 성장하기가 주제인 이번 글에서는 프로젝트의 구체적인 진행 방법을 논하기보다는 이터레이션의 일반적인 정의, 즉 반복을 기반으로 이터레이션의 유용함을 이야기하겠습니다.

특정 기능을 반복적으로 개발해 소프트웨어 제품을 만들어가는 과정은 3D 애니메이션 제작 과정과 유사한 면이 있습니다. 픽사에서 공개한 애니메이션 제작 과정 영상progression reels*을 보면 처음에는 연필로 그린 장면 스케치로 간단한 스토리 보드를 만들어 공유하여 피드백을 받습니다. 피드백을 반영하고 나서는 조명이나 재질 작업을 안 한 단순한 3D 모델이 움직이는 영상을 만들어 다음 단계의 완성품을 만들어냅니다. 많은 이들이 알고 있듯 우리가 보는 3D 애니메이션을 만들려면 상당한 양의 시간과 노력이 드는데 수정할 때마다 영상을 실제 극장에서 상영하는 수준으로 만들 수는 없기에, 이런 방식을 반복해서 관객이 만족할 수 있는 애니메이션으로 완성해나갑니다.

반복적인 개발 방법은 얼핏 보면 프로덕트를 만들기 위해 먼 길을 돌아가는 길로 보입니다. 그래서 빠르게 완성하고 싶은 욕심에 반복과 피드백 과정을 거치지 않고 많은 양의 코드를 작성하곤 합니다. 하지만 이러한 직관과는 달리 이터레이션 기반의 점진적이고 반복적인 개발이 최선의 길입니다. 모든 프로젝트에는 변화의 가능성이 존재하고, 우리는 어떤 일이 생길지 예측을 못하기 때문입니다. 이터레이션은 상대적으로 짧은 시간에 결과물을 만들고 피드백을 주고 받음으로써 프로젝트 진행 방향을 지속적으로 수정할 수 있게 해줍니다. 그래서 한 번에 기능을 완성하

---

* Incredibles 2 Animation Progression Reel. https://youtu.be/a0VilAhbg5U

는 방식보다 예기치 못한 각종 변화에 잘 적응하고 나은 결과를 만들 수 있게 해줍니다.

프로덕트를 기반으로 성장하는 데에도 이터레이션은 유용합니다. 팀 단위 프로젝트의 전체적인 진행뿐만 아니라, 개인이 개발하는 과정에도 이러한 반복을 설계하고 적용해볼 수 있기 때문입니다. 곧바로 본격적인 코드를 작성해 기능을 구현하기보다는 몇 번의 단계를 가정하고 중간 단계의 완성품을 계획하고 잘 동작하는지 개선 사항은 없는지 살펴보는 과정에서 더욱 큰 폭으로 성장할 수 있습니다.

디테일까지 도달하기

이터레이션을 반복하면 프로덕트의 완성도를 끌어올릴 수 있는 디테일한 작업 단계에 이르게 됩니다. 그러나 실제로 프로젝트에서 디테일에 충분히 도달하는 경우는 많지 않습니다. 세부적이고 구체적인 내용을 다루는 작업은 전체 방향과 목표가 충분하게 공유되어야 진행이 가능하기 때문입니다. 이터레이션을 일관된 목표로 여러 번 반복할 동기가 있어야만 디테일한 요구사항까지 도달합니다.

디테일을 논하는 단계에 도달하는 것은 매우 중요합니다. 디테일 논의는 현재 요구사항에 대응하는 기능을 완성하고 바로 끝내기보다 조금 더 유용하고 편리한 방법을 고민해보는 과정입니다. 그런데 많은 프로젝트 현장에서 이터레이션을 단순히 기능만 나열하고, 기능 구현을 완료하면 끝맺는 식으로 운영하기 때문에, 요구사항을 만족시키면 더 이상 발전하지 않고 멈추는 경우가 많습니다. 지향해야 할 가치나 목표가 명확하다면 이를 충분히 달성하기 위해 조금 더 디테일한 다음 단계를 고민하게 되지만, 목표를 모른 채 기능만 구현한다면 디테일에 도달할 수 없습니다. 물론 도달하고자 하는 목표와 가치를 충분히 달성했다면 다음 단계로 넘어가도 되지만 기능 구현에만 집중하면 그런 고민 자체를 잊기 쉽습니다.

여러분이 SF 대작 영화인 〈듄〉의 감독이라고 가정해보겠습니다. 듄의 내용을 잘 알고 있기에 어떤 영화를 만들어 관객에게 전달할지 예전부터 시뮬레이션했다면, 화면으로 전달하고자 하는 가장 중요한 시각적인 주제를 사막으로 빠르게 정할 수 있을 겁니다. 자연스럽게 사막이라는 공간을 생생하게 전달하고자 하는 고민을 하게 되고, 특수 촬영 시 흔히 사용되는 그린 스크린이나 블루 스크린보다 사막을 대표하는 모래색과 유사한 샌드 스크린을 사용해 촬영하기로 결정할 겁니다. 덕분에 배우들의 얼굴에 반사된 빛에도 모래 느낌이 가득 담기게 됩니다. 배우들 얼굴에 비친 사막의 빛깔은 매우 디테일한 영역이고 어찌 보면 필수 요소는 아닙니다. 하지만 〈듄〉의 주요한 배경이 사막이며 이를 생생하게 전달하는 목표라면 그런 디테일이 어색하지 않습니다. 그런 의미에서 샌드 스크린의 선택은 목적이 있는 디테일로 볼 수 있습니다. 이러한 종류의 디테일은 목적을 더 효과적으로 달성하기 위한 강력한 수단이 됩니다

흔히 디테일을 너무 강조해서는 안 되고, 빠르게 진행하고 실패하라고 말합니다. 빠르게 실패하는 원칙에 전적으로 동의합니다. 하지만 프로젝트 후반부의 진행에서도 핵심 목표 없이 빠르게, 점진적으로만 진행해서는 프로덕트의 완성도를 좌우할 디테일을 발휘할 기회가 사라지게 됩니다. 그리고 구체적인 프로덕트일수록 디테일 없이 높은 완성도를 이뤄내는 경우는 거의 없습니다.

디테일과 빠른 실행, 그리고 근본적인 목표에 대한 고민은 선택의 문제가 아닙니다. 핵심적인 목표 설정은 이터레이션의 주제를 정리하게 도와주고, 박자를 만들어 디테일을 신경 써야 할 때와 그렇지 않을 때를 리듬감 있게 오가게 하는 도구입니다.

항상 협업 모드로 작업하기

프로덕트를 만드는 과정은 많은 경우 협업을 가정합니다. 보통 여러 사람이 모이면 바로 협업을 시작할 수 있다고 생각하지만 프로덕트를 만들 때의 협업 과정은 생각보다 복잡합니다. 코드 협업으로 한정해 보더라도 여러 사람이 하나의 소프트웨어에 각자의 코드를 병합하는 과정은 생각보다 많은 사전 지식이 필요하며, 수차례의 시행착오를 겪어야 정리되기도 합니다. 코드 협업 이외에도 다양한 역할의 프로젝트 참여자와 이슈를 정확하게 공유하고 모두가 원하는 해결을 이끌어내도록 커뮤니케이션하는 일 역시 노력이 필요한 영역입니다.

특히나 개발자로서 모든 작업은 타인뿐만 아니라 각 시간대의 자신과의 협업임을 인지하고, 항상 협업을 고려해야 합니다. 이를 협업 모드라고 정의하고 설명해보겠습니다.

협업 모드 1단계 : 나와의 협업

개발 프로젝트에서 널리 사용되는 버전 관리 도구와 관련 저장소로 깃^{Git}과 깃허브^{Github}가 있습니다. 깃허브는 3억 5천만 개가 넘는 프로젝트가 존재하는 대표적인 프로젝트 저장소입니다. 개발자라면 깃Git을 작업 히스토리 관리 용도로 못 쓰는 사람은 거의 없습니다. 그런데 협업 관련 기능에는 익숙하지 않은 분을 종종 보게 됩니다. 팀 단위의 프로젝트에서 필수적인데 간과하는 대표적인 기능으로 깃플로Gitflow와 같은 브랜치 전략, 리베이스Rebase 기능을 이용한 머지 방법, 깃허브의 풀 리퀘스트Pull Request를 이용한 리뷰 요청 등이 있습니다.

생각해보면 혼자 하는 작업이란 없습니다. 향후 다른 사람이 자신의 개발 업무를 이어받을 수도 있고, 또 며칠 뒤에 많은 작업 내용을 잊고 돌아온 자신도 협업 대상이라고 할 수 있습니다. 며칠이 지나 자신이 작성한 코드를 다시 봤을 때 문맥이나 코드가 생각이 나지 않아 마치 다른 개발자가 작성한 코드인 듯 코드를 읽고 개발한 경험이 개발자라면 누구에게나 있을 겁니다.

혼자 하는 작업이더라도 다른 이, 혹은 미래의 나와 협업하는 상황을 고려하여 작업하면 도움이 됩니다. 혼자 작업하더라도 반드시 깃과 같은 버전 관리 도구를 사용하고, 깃플로와 같은 브랜치 전략을 적절히 사용하며, 피처feature을 검토할 때 풀 리퀘스트를 활용하는 등 최대한 '협업 모드'로 개발하길 권합니다.

협업 모드 2단계 : 타인과의 교류

1단계에서 코드 작성을 자신과의 협업으로 정의했다면, 2단계는 다른 이와의 지속적인 교류입니다. 이는 구체적으로 코드 작성 시간 이외에도 능동적으로 정보를 교류하거나, 의견을 나누는 것을 의미합니다. 제 경험상 교류는 개발자의 성장에 매우 큰 비중을 차지합니다. 반대로 말하면 혼자 스터디하고 강의를 듣는 것만으로는 프로덕트를 만들기에 충분한 성장을 이룰 수 없습니다. 저에게 개발자 경력에서 가장 잘한 일을 고르라고 하면, 외부의 개발자들과 다양한 형태로 교류해 많은 뛰어난 개발자를 알게 된 겁니다.

누구나 쉽게 접근 가능한 교류 방법으로 온·오프라인 세미나가 있습니다. 개발자 이벤트나 세미나 행사를 조회할 수 있는 서비스를 활용하면 손쉽게 세미나 정보를 얻을 수 있습니다. 세미나는 강의나 글에 비해 현장성이 있기 때문에, 단순한 지식 습득 이상의 교류를 할 수 있습니다. 현장에서 질문을 할 수도 있고, 공개되지 않는 조금 더 개인적인 의견을 확인할 수도 있습니다. 여러 세미나를 참여하다 보면 커뮤니티나 스터디 모임도 알게 되는데, 여기에 참여하면 더욱 더 지속적이고 적극적으로 다른 개발자와 교류할 수 있습니다. 각종 개발 트렌드나 다양한 소식도 접하게 됨은 물론입니다. 만일 여러 사람 앞에서 발표할 기회가 있다면 기술을 더욱 깊이 있게 이해할 수 있는 계기가 되고, 커뮤니케이션 능력도 극대화되니 적극 도전해보기 바랍니다.

망설일 바에는 실패하자

"망설일 바에는 실패하라."   버트런드 러셀

제시 사운더스Jesse Saunders는 하우스 뮤직 대중화의 기원으로 평가되는 뮤지션입니다. 최초의 하우스 작곡으로 유명한 〈On And On〉이라는 곡을

1984년에 발표했을 때 대중에게는 큰 인기를 얻었지만 작곡가들에게는 냉담한 평가를 받았습니다. 작곡가 시선으로 보면 단순 반복으로 가득 찬 너무나도 만들기 쉬운 곡이었기 때문입니다. 하우스 음악의 아버지라 불리는 마샬 제퍼슨Marshall Jefferson을 비롯해 작곡가가 아닌 많은 이들이 〈On And On〉이 누구나 만들 수 있을 정도로 쉬워서 하우스 음악에 참여했다고 인터뷰에서 말한 바가 있을 정도입니다. 제시 사운더스가 창시한 하우스 뮤직은 쉬운 덕분에 작곡가가 아닌 수많은 이들의 참여를 이끌어내어 하나의 장르로 자리 잡게 됩니다. 제시 사운더스는 사람들이 클럽에서 좋아하는 곡을 찾고자 하는 다양한 시도를 했고, 결국 큰 인기를 얻었지만 전문가가 보기에는 허술한 곡이었습니다. 하나의 거대한 음악 장르를 탄생시키는 계기가 '그 정도는 나도 하겠다'라고 생각될 정도의 결과물이라니 재밌지 않나요?

프로덕트를 목표로 삼았다면 무언가를 계속 시도하면 됩니다. 모든 시도가 멋지고 대단하고 어렵지 않아도 됩니다. 반드시 모든 시도가 성공적 출시가 아니어도 좋습니다. 작은 기능만을 담은 코드일 수도 있고, 남들이 이미 만들어놓은 프로덕트의 재작성일 수도 있습니다. 자신이 만들다 실패한 프로젝트를 공유하는 것도 좋은 시도입니다.

보잘것없거나, 심지어 본인이 보기에 완전한 실패라 해도 시도를 망설일 필요는 전혀 없습니다. 더 나은 프로덕트를 목표로 삼고 무언가를 계속 반복적으로 시도하면 점점 프로덕트를 잘 이해하게 됩니다. 프로젝트 실패 경험은 오히려 큰 성장을 이루게 하며, 앞으로 더 잘할 수 있는 역량을 보장하기 때문입니다.

조직과 팀의 선택

네카라쿠배당토직야는 많은 개발자들이 취업하고 싶어하는 회사입니다. 인기도 있고 그만큼 여러 모로 장점이 많은 조직 규모가 상대적으로 큰 회사들입니다. 일반적으로 규모가 회사는 일을 체계적으로 진행하며, 안정적인 환경을 제공합니다. 하지만 상대적으로 서비스를 처음부터 개발하거나 다양한 업무를 경험할 기회는 적고, 한정된 영역만 담당해 다른 담당자(또는 조직)와 협업하게 됩니다.

그런데 제품을 잘 만드는 것이 목적이라면 서비스가 탄생하고 성장하는 과정을 보고, 참여하는 경험도 필요합니다. 프로덕트를 잘 만드는 사람이 되겠다는 목표가 있다면 자신이 쌓은 경험에 어떤 경험과 어떤 기술 스택을 더했을 때 프로덕트를 더 잘 만들 수 있는지를 고려해 팀이나 조직을 선택해야 합니다.

저는 대기업을 퇴사한 후 스타트업에 합류해 팀 빌딩부터 진행했는데, 이직을 선택하던 당시에 주변의 만류가 적지 않았습니다. 뒤돌아보면 저에게는 최적의 선택이었습니다. 스타트업에서 팀 빌딩부터 프로덕트의 완성과 출시까지 진행해본 경험은 지금까지도 개발뿐만 아니라 프로젝트 상황을 파악하거나 방향을 선택할 때마다 큰 도움을 줍니다.

물론 무조건 스타트업에 뛰어들라는 이야기가 아닙니다. 경험 하나만 보고 이직을 결정할 수는 없습니다. 고용 안정이나 연봉, 기회비용 등도 중요합니다. 스타트업을 선택하더라도 매출이나 수익을 내고 있는지, 낼 수 있는 가능성이 있는지 등을 신중하게 검토해야 합니다. 큰 조직과 초기 스타트업 사이에 존재하는 회사의 스펙트럼은 매우 다양하므로 자신의 성향과 목적에 맞게 선택하면 됩니다. 다만 프로덕트 잘 만들기 위해 해야 할 다음 단계의 목표는 진로를 선택할 때 비중 있게 다뤄야 합니다.

프로덕트를 잘 만드는 방향으로 다양한 경험과 지식을 쌓아왔다면, 인터뷰나 교류의 자리에서 좋은 인상을 줄 확률이 높습니다. 저 또한 함께 일할 동료를 인터뷰할 때 소프트웨어 제품 제작이나 출시 과정에 관심이 있거나, 협업을 잘 이해하고 있거나, 본인이 만들고 싶은 프로덕트의 기획이나 진행한 경력이 있는 지원자에게 더 많은 관심을 갖고 질문하게 됩니다.

지금까지 '프로덕트 잘 만들기'라는 목표를 출발점 삼아, 전문가가 되기까지 긴 시간 동안 흔들리지 않고 개발자의 역량을 성장시킬 수 있는 전략을 정리해봤습니다. 그리고 프로덕트를 내 경험으로 좀 더 완전하게 흡수하기 위한 방법으로 이터레이션, 디테일, 그리고 1단계와 2단계 협업 모드를 살펴봤습니다.

프로덕트에 대한 이해가 높은 사람은 어디서나 환영받습니다. 현장에서는 단순히 코드를 동작하게 하는 것이 끝이 아니기 때문입니다. 예기치 못한 문제가 발생하여 며칠 동안 버그와 씨름하거나 애써 만든 코드를 아예 버리기도 하고, 심지어 새로운 기능이라 불러도 좋을 정도의 수준으로 기획을 변경하기도 합니다. 이 모든 과정은 프로덕트의 완성이라는 목표를 기준으로 판단되기 때문에, 프로덕트의 전반적인 제작 과정을 이해하는 사람은 언제나 필요합니다.

단순하게 예제를 실행시키고 얻은 지식과, 끊임없이 판단과 피드백을 반복하며 제품을 만들어본 경험은 폭과 깊이가 다를 수밖에 없습니다. 소프트웨어 이외의 많은 분야에서도 현장 경험은 중시되지만, 직접 현장에 참여하지 않고 관련 역량을 쌓기는 어렵습니다. 현장 경험을 위해 담당 업무를 변경하거나, 이직을 해야 할 수도 있습니다. 하지만 소프트웨어 개발이라면 이야기가 다릅니다. 개발자라면 이직을 하거나, 회사에서 진행 중인 프로젝트에 참여하지 않아도 다양한 방법으로 프로덕트를 만드는 경험을 습득할 수 있습니다. 깃허브에서 수많은 프로젝트를 살펴볼 수 있고, 멀리 떨어져 있는 다른 분야의 개발자들과도 팀을 이루어 프로덕트를 만들어볼 수 있습니다. 그뿐만 아니라 웹에 공개된 수많은 기술 명세, 존경할 만한 이들의 지혜가 담겨 있는 블로그와 강의, 수많은 채널에서 개발을 주제로 활동하는 커뮤니티와 이들이 진행하는 세미나도 있습니다.

만일 어떤 방법으로든 '프로덕트를 잘 만들겠다'는 목표를 계속 유지한다면, 무언가를 만드는 일에 참여하는 기쁨을 계속 누릴 수 있습니다. 어쩌면 이 점이 프로덕트 중심주의의 가장 중요한 장점일지도 모르겠습니다. 저 또한 이제 개발 도구 설정에 있는 에디터 폰트를 크게 키워야 코드를 편하게 읽는 나이가 됐지만 여전히 소프트웨어를 만드는 일은 말로 표현할 수 없을 정도로 멋지다고 생각하고 앞으로 만들고 싶은 프로덕트를 궁리하며 살고 있습니다.

개발자로서 자기 계발서를 찾아 읽을 정도로 적극적인 여러분의 지속적인 성장에 도움이 될 수 있길 바라며, 더 많은 개발자가 더 오랜 동안 개발을 즐길 수 있으면 좋겠습니다.

• 출간 후 2년, 그다음 이야기 •

AI가 많은 코드를 대신 작성해주는 시대입니다. 사람이 작성해야 했던 코드를 AI가 대신 작성할 수 있다는 것은 예전에 많은 개발자가 필요하던 일을 훨씬 적은 수의 개발자가 할 수 있다는 의미이기도 합니다. AI 도구가 코드를 대신 작성해주지만 어떤 프로덕트를 만들어야 하는지는 여전히 사람이 정합니다. 해당 코드가 구현하려는 프로덕트에 맞는지 확인하고, 부족한 부분을 재지시하고, 그 결과를 효율적으로 활용할 수 있어야 한다는 의미입니다.

이제 AI가 만들어내는 코드를 비판적으로 사용할 수 있을 수준의 코딩 실력과, 결과 코드들이 프로덕트의 지향점에 맞게 사용될 수 있을지를 판단할 수 있는 능력이 개발자에게 더 중요해졌습니다. 또한 더 이상 코드에 머물러서는 안 되고, 코드를 담고 있는 프로덕트를 보고 다양한 종류의 AI를 어떻게 도입할지 결정해야 합니다.

AI 시대든, 그 이후 무슨 시대든 개발자는 코드를 자세하게 익혀야 하는 이유를 발견하고, 중심이 흔들리지 않는 것이 중요합니다. 이를 위해 다음의 항목들을 고민해보면 좋습니다.

1. 언제나 그렇듯, 다양한 분야의 코드를 접하며 이를 비판적으로 이해해야 합니다.
2. 코드를 담고 있는 프로덕트를 유용하게 만드는 방법, 또는 작성한 코드의 가치를 높이는 방법을 고민하고 집중해야 합니다.
3. AI 도구를 활용해 자신이 맡은 작업의 결과물을 더 빠르고 효율적으로 만들어낼 수 있어야 합니다.
4. 단순하게 코드 작성을 보조하는 수준을 넘어, AI가 다양한 문제의 해결을 돕도록 다양한 AI 도구를 커스터마이징할 수 있어야 합니다. 필요한 경우 진행 중인 프로젝트의 작업을 더 전문적으로 수행하는 AI 도구를 만드는 것이 그 예시입니다.

• 원칙 준수에 도움이 되는 정보 •

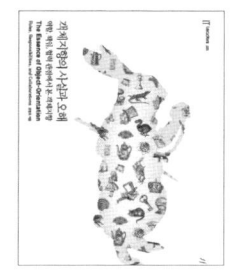

《객체지향의 사실과 오해》

항상 객체지향과 아키텍처에 대해 흥미진진하고 깊이 있게 다루는 조영호 님의 책입니다. 객체지향을 넘어서 소프트웨어를 어떻게 설계할 것인가를 반문하는 도전적인 주제를 다루고 있기에, 이 책이 던지는 화두를 틈 날 때마다 반복해서 고민해보길 추천드립니다.

《구글 엔지니어는 이렇게 일한다》

개발자라면 누구나 구글이 개발과 개발 문화에 진심임을 알고 있습니다. 그러한 구글이 오랜 기간 고민하여 만든 엔지니어 문화를 잘 설명한 이 책은 나온 지 오래되지 않았지만 벌써 개발자들의 필독서로 자리 잡고 있습니다.

《익스트림 프로그래밍》

애자일 방법론 중에서도 유독 프로덕트를 만들 때 많은 참고를 하게 되는 익스트림 프로그래밍에 대한 책입니다. 켄트 벡의 익스트림 프로그래밍은 1990년대 말에 나왔지만 그가 남긴 소프트웨어 개발에 대한 고찰은 아직까지도 곱씹어보게 됩니다.

08
제어할 수 없는 것에 의존하지 않기

> 제어할 수 없는 것에 의존하지 말고,
> 제어할 수 있는 것에만 집중하세요.

이동욱(향로) jojoldu@gmail.com
현) 인프랩(인프런/랠릿) CTO
전) **우아한형제들** 시니어 엔지니어
전) **줌인터넷** 소프트웨어 엔지니어

10여 년 동안 SI, 인터넷 포털, O2O 스타트업, 에듀테크 등 분야에서 개발자, 리드 엔지니어로 활동했습니다. 누적 조회수 800만 기술 블로그 '기억보단 기록을'에 기술을 공유하고 있으며, 개발 유튜브 채널 '개발바닥'에 개발에 대한 여러 생각을 공유합니다.
현재는 커리어 플랫폼 inflearn.com과 rallit.com을 운영하는 인프랩에서 CTO로 활동하고 있습니다.

 jojoldu.tistory.com    @jojoldu    @devbadak

우선은 가벼운 이야기로 시작하겠습니다. 그 편이 더 구체적이고 비교적 이야기가 술술 풀려나가지 않을까 생각합니다. 저는 10년이 안 되는 기간 동안 프로그래머로 활동해왔습니다. 이렇게 글을 쓸 기회도 있는 걸 보면 꽤나 운이 좋은 것 같습니다.

SI, 인터넷 포털, O2O 스타트업, 에듀테크 등 여러 분야의 소프트웨어 기업에서 근무하면서 팀원, 리드 등의 역할을 하다 보니 고민 상담 기회도 많았습니다. 취준생이 아닌 현직에서 일을 하는 분들이 저에게 요청한 고민 중에서 자주 등장하는 질문이 있습니다.

> "일정을 지키고자 버그가 많은 소프트웨어를 출시하는 것이 마음에 들지 않습니다. 어떻게 하면 일정을 연기해서 안정된 소프트웨어를 내는 것이 더 중요하다고 리더들을 설득할 수 있을까요?"

이런 고민에 대해 저는 윈도우 95의 프로그래머 나카지마 사토시의 이야기를 항상 전달합니다.

> "프로그래머에게 요구되는 것은 100점이 아닌 80~90점짜리 프로그램을 기한 내에 완성하는 일이다."
>
> 나카지마 사토시, 《오늘, 또 일을 미루고 말았다》 중

이렇게만 답변을 마무리하면 "퀄리티보다 일정이 더 중요한 것인가"라고 생각이 들 수도 있습니다. 그래서 항상 "일정과 퀄리티는 어느 한쪽을 포기해야 한다와 같은 시소 관계가 아니라, **어떻게 하면 아무리 급해도**

항상 80~90점짜리 소프트웨어를 개발할 수 있는지가 중요하다"라는 말을 덧붙입니다.

이 답변은 "그럼 어떻게 하면 항상 80~90점의 소프트웨어를 개발할 수 있나요?"라는 질문을 내포합니다. 빠듯한 일정으로 일이 주어져도 항상 80~90점의 소프트웨어를 출시하는 분들이 있습니다. 옆에서 지켜보면서 그분들의 공통점을 찾아내려고 노력했습니다. 경험과 학습으로 체득된 그분들만의 소프트웨어 원칙을요. 프로그래밍은 수많은 선택의 연속입니다. 일반적으로 A 코드가 더 나을지, B 코드가 더 나을지 고민하면서 적지 않은 시간을 보내게 되는데, 그분들은 A 코드와 B 코드 중 현재 상황에 더 적합한 코드를 판별하는 기준과 원칙이 있어 고민 없이 곧바로 선택합니다. 기준과 원칙에 따라 빠르게 결정을 내리면, 정말 중요한 설계와 선택이 필요할 때 더 깊게 사고할 수 있는 시간을 확보하고 사용하게 됩니다. 그러다 보니 항상 일정과 퀄리티 두 마리 토끼를 잡을 수 있는 것 같습니다.

대니얼 J. 레비틴의 《정리하는 뇌》에서는 머릿속이 정리되면 크게 애쓰지 않아도 좋은 의사결정을 할 수 있다고 이야기합니다. 이 주장을 인용하면 본인만의 원칙을 세워 고민거리의 숫자가 빠르게 줄면 약속된 시간에 약속된 품질의 소프트웨어를 출시할 수 있게 되는 겁니다. 이런 분들과 일하면 자연스레 저의 소프트웨어 원칙도 되돌아보게 됩니다. '나는 좋은 원칙을 알고 있는가? 그 원칙들이 무의식적으로도 발현되게 내재화되어 있는가?' 말이죠.

소프트웨어 개발자 사이에 가장 널리 알려진 원칙으로 DRY, YAGNI, KISS 원칙을 들 수 있을 겁니다.

- DRY^{Do not Repeat Yourself} : 똑같은 기능, 코드를 반복하지 마라.
- YAGNI^{You Ain't Gonna Need It} : 그 기능이 필요하기 전까지는 미리 만들지 말라.
- KISS^{Keep It Simple Stupid} : 최대한 단순함을 유지하라.

이 원칙들이 저에게 가장 중요한 원칙들일까요?

주변에 있는 뛰어난 프로그래머들을 보면서 저 스스로를 한 번 생각해보게 되었습니다. "나는 평소에 어떤 원칙을 가지고 소프트웨어를 개발하는가? 수많은 원칙 중에서 내가 가장 좋아하는 원칙은 무엇인가?" 이 질문에 대답을 하자니 어떻게 대답해야 하는지 상당히 망설여집니다. 왜냐하면 소프트웨어 개발이 하나의 원칙으로 이루어지지 않기 때문입니다. 그간 듣고, 배운 다양한 원칙과 기준 중에서 어느 것 하나가 최우선이 되어서 개발한 적이 없었고, 지금도 마찬가지입니다. 언급한 DRY, YAGNI, KISS 원칙 역시 꾸준히 적용하고 당연하게 사용하지만 제가 가장 애정하는 원칙은 아닙니다.

앞서 말씀드렸듯이 소프트웨어 개발이 단 하나의 '원칙'만으로 이루어지는 것이 아니므로 원칙 간에 순위를 매길 수는 없다고 생각합니다. 그렇지만 가장 자주 활용하는 원칙을 뽑아볼 수 있지는 않을까 생각해봅니다.

인프랩이라는 조직에 합류하고 Node.js를 처음으로 프로덕션 레벨에서 사용하게 되었습니다. 지금 생각해보면 당시의 저는 Node.js에 대한 숙련도가 낮을 때임에도 불구하고 당연하게 적용한 원칙들이 있었습니다. "언어와 프레임워크가 다르더라도 동일하게 적용될 거다"라는 확신이 있던 것 같습니다. 코드와 시스템 설계에 대해 깊게 고민을 할 때 종종 떠올리는 원칙이 있는가 하면, 깊은 고민 없이 무의식 상태에서도 당연하게 적용되는 원칙이 있었던 겁니다.

무의식적으로 쓰는 혹은 애정하는 원칙은 여럿이 있지만, 그중에서도 제가 가장 애정하는 원칙은 **"제어할 수 없는 것에 의존하지 않기"**입니다. 이 원칙을 《실용주의 프로그래머》에서 처음 알게 되었습니다.

> "현실 세계의 변화와 설계 사이의 결합도를 줄여야 한다. 전화번호를 식별자로 사용하는가? 자신의 힘으로 제어할 수 없는 속성에 의존하지 말라"
>
> 《실용주의 프로그래머》 중

자신이 제어할 수 없는 현실 세계 속성을 사용하는 경우를 알아봅니다. 예를 들어 주민등록 번호를 데이터베이스 테이블의 PK$^{Primary\ Key}$로 사용하는 경우입니다. 주민등록번호는 대한민국이라는 국가에서 발행한 유일값이므로 신뢰할 수 있지 않겠냐라고 주장할 수 있겠지만, 실제로 주민등록번호를 사용하려면 한 번의 변화와 크나큰 제약을 고려해야 합니다.

- 변환 : 1975년 주민등록번호 체계가 변경되었습니다.
- 제약 : 2014년 주민등록번호 무분별한 수집이 금지되었습니다.

2014년에 법으로 주민등록번호의 무분별한 수집이 금지되면서, 그간 주민등록번호를 주요 키로 사용하던 시스템들은 비즈니스 로직 구현을 뒤로 하고 주민등록번호와의 의존성을 끊는 시스템 업데이트를 먼저 진행할 수밖에 없었습니다. 절대 변하지 않을 것이라 믿고 의존했던 속성이었지만, 제어할 수 없는 외부의 속성이었기에 이런 일이 발생한 겁니다. PK를 직접 만든 키^{Key}로 설정했다면, 법이 바뀌어도 큰 수고를 들이지 않고 변화에 대응할 수 있었을 겁니다. 이처럼 제어할 수 없는 것에 의존하면 변화에 민감한, 흔들리기 쉬운 소프트웨어가 됩니다. 반대로 프로그래머는 설계를 하는 데 있어 외부에 의존하는 영역을 줄일수록 큰 변화에도 쉽게 흔들리지 않는 견고한 소프트웨어를 개발할 수 있습니다.

이제까지 현실 세계의 속성과 소프트웨어 간 의존 관계를 이야기해보았습니다. 추가로 제가 이 원칙을 사용한 사례도 살펴보겠습니다.

코드 설계에 적용하기

'제어할 수 없는 것에 의존하지 않기 원칙'을 코드에 적용해보겠습니다. 테스트 코드의 중요성에 모두 공감할 겁니다. 테스트 코드를 작성하다 보면 개인의 테스트 코드 작성 역량과 무관하게 테스트 코드 작성이 어려울 때가 있습니다. 코드 자체가 테스트하기에 적당하지 않은 코드일 때입니다. 예를 들어 다음과 같이 도메인 로직을 품고 있는 클래스가 있다고 가정하겠습니다.

```
// 주문일이 일요일이면 주문 금액의 10%를 할인하는 메서드
export default class Order {
    ...
    discount() {
        const now = LocalDateTime.now();    // 현재 시간을 반환하는
                                            // 메서드
```

```
    if (now.dayOfWeek() == DayOfWeek.SUNDAY) {
        this._amount = this._amount * 0.9
    }
  }
}
```

이 코드는 결과를 예측하기 어려운, 즉 테스트하기 어려운 코드입니다. 이유는 실행할 때마다 달라지는 값, 현재 시간 생성 함수 LocalDateTime.now()를 사용하고 있기 때문입니다. 이 메서드의 테스트 코드를 예를 들어 작성해보겠습니다.

```
it('일요일에는 주문 금액이 10% 할인된다', () => {
    const sut = Order.of(10_000, OrderStatus.APPROVAL);

    sut.discount();

    expect(sut.amount).toBe(9_000);
});
```

이 테스트는 매주 일요일에 수행할 때만 통과할 수 있습니다. 같은 일요일에 수행하더라도 일요일 중 언제 수행하냐에 따라 테스트 대상인 discount의 결과가 달라집니다. 테스트 대상인 discount가 언제나 같은 결과를 보장하지 않기 때문에 테스트 코드 작성이 어렵습니다. 이 코드를 테스트하려면 LocalDateTime.now()를 목킹Mocking해야만 수행이 가능한데, 이 역시 쉽지 않습니다. 그렇다면 이 코드를 어떻게 테스트하기 쉬운 코드로 개선할 수 있을까요? 제어하기 어려운 코드인 현재 시간 메서드를 외부에서 주입받도록 수정하면 됩니다.

```
export default class Order {
    ...
    // 현재 시간 메서드(now)를 밖에서 주입받음
    discountWith(now: LocalDateTimw) {
        if (now.dayOfWeek() == DayOfWeek.SUNDAY) {
            this._amount = this._amount * 0.9
        }
    }
}
```

그러면 다음과 같이 제어할 수 없는 시간이라는 값을 내가 원하는 값으로 지정해서 테스트를 작성할 수 있게 됩니다.

```
it('일요일에는 주문 금액이 10% 할인된다', () => {
  const sut = Order.of(10_000, OrderStatus.APPROVAL);
  const now = LocalDateTime.of(2022,8,14,10,15,0); // 2022-08-14 10:15:00 시로 고정
  sut.discountWith(now);

  expect(sut.amount).toBe(9_000);
});
```

제어할 수 없는 값인 now()를 메서드 인수로 빼도록 변경하는 순간 Order.discountWith() 메서드는 항상 같은 결과를 뱉어내고, 테스트 역시 항상 일관된 결과를 출력하게 됩니다. 물론 타입스크립트^{TypeScript}처럼 함수 인수에 기본값을 선언하는 방법을 지원하는 언어라면 기존의 사

용성을 유지하면서 제어할 수 없는 코드에 대한 의존성을 줄일 수 있습니다.

```
export default class Order {
    ...
    // 인수가 없으면 기본값인 LocalDate.now() 사용
    discountWith(now = LocalDateTime.now()) {
        if (now.dayOfWeek() == DayOfWeek.SUNDAY) {
            this._amount = this._amount * 0.9
        }
    }
}
```

정리하면 다음과 같습니다.

- 제어할 수 없는 값에 의존하는 코드들을 최대한 멀리한다.
- 주요 비즈니스 로직은 모두 제어할 수 있는 값만 의존하게 해 테스트 코드 작성이 쉬운 형태로 구성한다.

메서드/함수가 제어할 수 없는 값에 의존하지 않을수록 항상 같은 결과를 반환하는 부수효과가 적은 메서드/함수가 됩니다. 아직까지 코드를 작성할 때 제어할 수 없는 값에 의존하는 코드를 작성한다면 한 번 적용해 보시길 바랍니다. 그간 답답했던 문제를 해결하게 될 겁니다.

이직에 적용하기

이번에는 '제어할 수 없는 것에 의존하지 않기 원칙'을 소프트웨어 코드가 아닌 현실 세계에 적용하겠습니다. 2020년 12월, 팀의 모든 시스템을 클라우드로 전환하는 업무를 완료하고 나서 다음 회사로의 이직을 고민했습니다. 만 4년이 넘는 기간 동안 우아한형제들에서 근무하면서 신규 시스템 오픈, 레거시 시스템 개편, 클라우드/데이터베이스 마이그레이션 등 여러 경험을 쌓았던 시점이라 한 회사를 졸업하기에 적절한 시기라고 생각했습니다.

어떤 조직으로 가면 좋을까 고민을 했을 때, 우아한형제들에 합류하던 시기가 스타트업 투자 라운드 기준으로 중 ~ 후반기였기 때문에 더 투자 라운드 시점이 이른 회사에서 경험을 쌓고 싶었습니다.

스타트업의 전반기 (시리즈 A 이하) 경험이 부족했던 저는 이를 채워줄 수 있는 회사들을 찾아다녔습니다. 시리즈 A 이하의 스타트업이라 하면 정말 많은 부분이 부족합니다.

- 소수의 개발팀
- 적은 제품 성공 경험
- 부족한 복지, 보상

여러 스타트업 분을 만나고 최종적으로 저는 당시 누적 투자 5억, 전체 개발팀이 7명, 인프런이라는 교육 서비스를 운영하는 인프랩을 선택했습니다. 인프랩을 선택한 이유는 다음과 같습니다.

- (고민 당시) 누적 투자 5억 원의 소규모 스타트업
- 제가 좋아하는 교육/커리어 기반의 비즈니스 모델
- 제가 기존에도 사용하던 서비스

물론 이 3가지만 본다면 국내에는 수많은 스타트업이 있습니다. 하지만 인프랩은 다른 교육/커리어 서비스와 한 가지 큰 차이점이 있었습니다. 그 차이점이 제가 좋아하던 '제어할 수 없는 것에 의존하지 않기' 원칙과 일치했습니다.

시리즈 A 이하의 소규모 스타트업에서 가장 제어할 수 없는 요소는 무엇일까요? 시장 크기, 오너리스크, 멤버들의 이탈 등 여러 요소가 있지만, 제가 가장 심각하게 본 요소는 바로 '투자'입니다. 수십~수백 억을 투자받아도 1년 만에 소진되는 경우도 있습니다. 추가 투자가 될 줄 알았지만, 실제로 투자가 이루어지지 않는 경우도 있습니다.

"투자는 투자사에서 결정하는 것이고, 나와 회사는 이를 절대 제어할 수 없는데, 다음 투자를 못 받으면 어떻게 될까? 가능하면 투자를 받지 못해도 생존할 수 있는 회사여야겠다."

당시에 이런 생각을 강하게 갖고 있었습니다. 그래서 제어할 수 없는 요소인 외부의 투자가 없어도 생존 가능한 조직은 강력한 선택 기준이 되었습니다. 그당시 인프랩은 이 모든 것을 만족하는 조직이었습니다.

인프랩행을 고민할 때 많은 분들이 "해당 서비스가 속해 있는 시장이 얼마나 큰 시장인지 확인하고 그 회사가 시장에서 어떤 독점적 위치에 있

는지, 어느 투자사의 투자를 받았는지 등 이런 것들을 더 중요하게 봐야 하는 게 아니냐"라고 조언해주셨습니다. 언급된 요소들은 어떤 의미에서는 앞으로 합류할 회사가 얼마나 큰 회사가 될 수 있을지 가능성을 가늠할 수 있는 기준이 될 수 있습니다. 가능성이 큰 만큼 이후에 돌아올 제 몫도 분명히 더 클 것도 자명한 것이고요. 그러한 관점에서 본다면 당시의 인프랩에 부족한 부분이 분명 있습니다.

하지만 '제어할 수 없는 투자금'에 의존한다면 제가 원하던 회사는 아닙니다.

투자금을 통해 압도적인 성장을 하는 유니콘 회사도 멋지다고 생각하지만 척박하지만, 현실성 있는 성장과 재무제표를 유지하는 낙타 기업이 제 원칙에 더 들어맞았습니다. 아시다시피 2022년에는 투자 시장이 얼어붙어 투자에 의존성이 높은 기업은 힘든 시기를 보내고 있습니다. 이직 당시에 투자 혹한기를 예상했던 것은 아니지만 원칙을 적용했기 때문에 닥쳤을지 모를 어려움을 피할 수 있었던 거라 생각합니다. 그 덕분에 현재 충분히 대처가 가능한 비즈니스 상황에서 만족스럽게 제품과 조직 관리에만 집중하고 있습니다.

코드와 마찬가지로 현실에서도 역시 제어할 수 없는 것에 대한 의존성을 낮추고 제어할 수 있는 것을 선택하면 쉽게 흔들리지 않는 견고한 생활을 지킬 수 있습니다.

조직과 매니징에 적용하기

이번에는 인프랩 합류 후 이야기를 해보고자 합니다. 인프랩 합류 후,

처음 한 달 동안 어떤 특별한 액션을 하기보다는 기존 팀원들이 어떻게 일을 하는지, 사내의 프로세스는 어떻게 되는지 지켜보기만 했습니다. 퇴사 전 들은 조언대로 "가서 바로 무언가를 하려고 하기보다는 1~2달은 가만히 지켜만 봐라"를 실천한 겁니다. 의도치 않게 이 기간은 조직 내에서 '제어할 수 있는 것과 제어할 수 없는 것'을 분류하는 기간이 되었습니다. 당시에 제가 제어할 수 없는 것은 다음과 같습니다.

- 개발팀 전체의 연봉 테이블
- 개발팀 규모의 확장
- 기존에 같이 일해본 혹은 전 직장 분들의 합류
- 기존 서비스의 기술 스택 교체

이 글을 읽는 대부분은 이 4가지가 CTO가 제어할 수 없는 영역이라는 것에 동의하기 어려울 겁니다. 이는 인프랩이란 회사의 특수성에 기인했습니다.

- 회사가 20명이 될 때까지 한 번도 시니어 레벨을 채용한 적이 없던 조직
- 시니어는 조직 전체에 큰 영향을 줄 수 있다는 두려움

한 번도 리더급 시니어의 중간 합류를 경험해보지 못한 조직에서 CTO 합류는 기존 구성원들에게는 미지의 두려움을 주었습니다. 특히나 기존 서비스의 기술 스택을 교체하는 일을 신뢰 관계가 전혀 없는 새로 온 CTO가 진행하면 기존 구성원들의 반발심만 키울 뿐입니다. 위 4가지

모두 제어한다면 전체적으로 큰 효과를 볼 수 있지만, 당장 제가 제어할 수는 없는 영역이라 생각되어 제가 제어할 수 있는 영역 위주로 신뢰를 쌓기 시작했습니다.

가장 먼저 진행한 것은 1 on 1 미팅이었습니다. 3개월 동안 1인당 최소 2회 이상씩 티타임을 가지며 이야기를 나누었습니다. 상호 유대감을 얼마나 쌓아놓느냐가 일할 때 정말 중요하다는 사실에 누구나 동의를 하실 겁니다. 어떤 일을 하는 데 있어서 그게 설령 맞는 말이라도 누가 했느냐에 따라 찬성 혹은 반대를 하기도 합니다. 기존 팀원들에게 제가 어떤 사람인지, 팀원들과 어떤 목표를 달성했으면 하는지, 각 팀원들의 꿈과 비전은 무엇인지 등을 티타임을 가지며 이야기했습니다. 유대감이 쌓이고 난 뒤부터는 합류 시점에 대표님께 털어놓지 못한 개인적인 고민도 나눌 수 있게 되었습니다.

이 점에서 오히려 CTO로 합류하지 않고, 같은 팀원으로서 합류한 게 도움이 많이 되었습니다. 처음부터 CTO로 합류했다면, 대표님 면담과 마찬가지로 다들 자신의 속마음을 터놓고 이야기하기는 어렵지 않았을까 생각해봅니다.

인간적인 신뢰를 쌓고 난 뒤에는 엔지니어링 영역에서의 신뢰를 쌓는 작업을 시작했습니다. (제어할 수 없는 영역인) 기존 시스템에 큰 변화를 주지 않으면서도 큰 효과를 볼 수 있는 영역으로 모니터링과 로깅 시스템을 도입하기로 결정했습니다. 365일 24시간 서비스하는 조직에서 모니터링, 로깅 시스템이 없다는 것은 어두운 산길을 후레시 없이 달려가는 것과 다를 바 없습니다. 특히 모니터링/로깅 시스템이 없다는 것은 제품의 문제 해결 그 이상의 의미가 있습니다.

바로 '과거의 실수로부터 배우지 못한다'는 겁니다.

- 어느 시점부터 문제가 시작된 것일까?
- 이상 징후가 시작된 지점은 언제부터였을까?
- 우리 시스템의 트래픽 임계점은 어디까지일까?

당장 모니터링, 로깅 시스템을 도입하기보다 현재 상황을 먼저 정리하고 확인한 뒤에 당위성을 얻어서 진행했습니다. 이렇게 해야 저에 대한 조직의 신뢰가 더 쌓일 거라 믿었기 때문입니다. 과거의 장애 내역을 정리하고 공유하면서 현재 시스템이 얼마나 불안한 상태인지, 우리가 얼마나 놓치고 있는 게 많은지 등에 공감대를 형성했습니다. 공감대가 형성된 이후의 일은 쉽습니다. 팀원들과 함께 빠르게 다음과 같은 일을 진행했습니다.

- 데이터베이스 개선(Aurora PostgreSQL로 마이그레이션)
- 데이터베이스 쿼리Query 로깅 환경 구축 및 슬로우 쿼리 알람
    - 3초 이상 쿼리들에 대한 알람 설정과 발견된 슬로우 쿼리 개선
- 애플리케이션 모니터링 시스템 도입
- 필요한 알람과 불필요한 알람 정리

이 개선으로 서비스의 안정성과 구성원들의 신뢰를 회복할 수 있습니다. 다음으로 개선이 필요한 것은 구성원들의 성장이었습니다. 당시의 인프랩은 외부의 많은 회사가 선택한 기술, 아키텍처, 코드 컨벤션 등을 따

르지 않고 독자적인 스타일을 유지하고 있습니다. 그동안 이를 통해서 회사가 빠르게 성장했지만, 더 큰 규모의 팀이 되려면 결국 동시대를 살아가는 개발자들의 흐름을 놓치지 말아야 한다는 것이 제 생각이었습니다. 독자적인 스타일은 양날의 검처럼 갈라파고스화가 될 위험도 있기 때문입니다. 이후부터 개발 팀원 전체가 동시대성을 갖추기 위한, 성장을 위한 일을 진행했습니다. 물론 이 과정에서도 제어할 수 없는 것은 존재했습니다. 구성원 본인의 성장하고자 하는 열망은 제가 제어할 수 없는 영역입니다.

혹자는 성장에 대한 열정도 주변에서 심어줄 수 있다고 생각하겠지만, 저는 그걸 성공해본 적이 없습니다. 반면 제가 제어할 수 있는 영역은 다음과 같습니다.

- 성장에 대한 열망을 가지고 있는 분을 과제와 면접을 통해 채용하기
- 성장에 필요한 과제와 환경을 제공하기
- 옆에서 지켜보면서 적절한 피드백을 전달하기

신규 채용에서는 열망이 있는 분만 뽑았습니다. 그런데 이미 합류한 분들의 열망은 제가 제어할 수 없는 영역입니다. 운이 좋게도 인프랩의 모든 개발 팀원은 성장에 대한 열망을 가지고 있었습니다.

그래서 제가 제어할 수 있는 성장 환경에 집중할 수 있었습니다.

- 채용 과정에서 실제 웹 서비스를 만드는 과제 테스트 추가하기. 제출된 과제들을 팀원들과 함께 리뷰하면서 외부의 개발자들은 어떤 구조로, 어떤 형태로 코드를 작성

하는지 자연스럽게 공유하기
- 앞으로 우리가 갈 길을 기존 개발자 분들에게 명시하는 방향으로 채용 공고 작성하기
- 신규 프로젝트를 새로운 기술 스택만으로 구성하기
- 개발팀 전체가 함께 하는 스터디 진행하기
- 주변의 좋은 시니어들과 팀원들과의 티타임, 미팅 등 주선하기

이런 과정들을 통해서 인프랩 팀은 좋은 코드가 무엇인지에 서로 비슷한 공감대를 형성하고, 테스트 코드를 작성하는 것이 당연해졌으며, 신규 기술 스택을 안정적으로 적용하고 사용합니다.

얼마 전 인프랩 개발팀에 첫 퇴사자가 발생했습니다. 개발팀이 7명에서 26명이 될 때까지 1년 4개월 동안 퇴사자가 없다가 처음으로 발생한 것이죠. 첫 퇴사자를 경험한 개발팀 입장에서 당황하거나, 전혀 무감각하거나, "어? 나랑 비슷했던 저 친구도 저렇게 큰 회사를 간다고? 나도 해볼 수 있겠는데?" 같은 생각을 하는 팀원도 있을 수 있습니다. 빅테크 기업이 주는 연봉과 복지는 충분히 매력적이기 때문에 스타트업에서 빅테크로 이직을 고민하는 것은 당연합니다.

작은 개발팀을 꾸리고 있는 스타트업에서 빅테크로 이직하는 동료가 많으면 위기를 겪게 됩니다. 내실 있는 중소규모의 개발팀에서 빅테크의 사관학교로 포지션이 변경되는 위기 말이죠. 조금만 삐끗하면 입사 후 1~2년 차에 빅테크로 이직하는 조직이 되고, 1~2년 뒤에 빅테크로 이직

하는 것을 목표로 하는 사람들만 입사합니다. 그래서 이런 상황이 발생하면 CTO나 개발 리더 입장에서 스트레스를 적지 않게 받습니다.

이직이 처우 문제로만 국한되지는 않지만 연봉과 복지도 중요합니다. 그리고 성장은 꼭 지금 조직에서만 가능한 것이 아니므로 빅테크로 한 번 마음이 움직인 사람은 막을 수가 없습니다. 매니징하던 팀원이 빅테크로 이직하고 나서 싱숭생숭한 분위기의 팀을 리드하는 입장에서 '제어할 수 없는 것'과 '제어할 수 있는 것'은 무엇일까요? 다음은 제가 퇴사가 마무리되고 난 뒤, 개발팀 스프린트 때 나눈 이야기입니다.

"처음 발생하긴 했지만, 우리 같이 작은 조직에서 빅테크로 이직한 사람이 나왔습니다. '앞으로 더 많은 사람이 퇴사하면 어떡하지'라는 걱정도 분명히 듭니다. 다만, 반대로 생각하면 이건 우리 개발 조직이 가지고 있는 개발자의 성장 방법이나, 문화, 프로세스 등을 우리보다 훨씬 큰 조직에서도 인정한 사례나 마찬가지라고 생각합니다.

우리 방식이 정말로 좋은 방식인지 의심했던 사람이 있다면, 그런 의심을 더는 하지 않아도 됩니다. 물론 한 명이 이직했다고 해서 우리의 방식이 100% 좋은 방식이다라고 얘기할 순 없지만, 지금의 방식에서 계속 개선해나간다면 어느 조직에서도 인정할 만한 개발팀, 개발자가 될 수 있다고 봐도 될 것 같습니다. 큰 회사를 다녔던 제가, 여기 있는 분에게 스타트업에서 일하는 것의 장점을 이야기하면 내로남불처럼 느껴질 수 있습니다. 확실하게 이야기할 수 있는 것은 전 직장은 제가 입사할 때까지만 하더라도 수많은 스타트업 중 하나였습니다. 퇴사하는 시점에 빅테크가 되어 있고, 그러다 보니 빅테크의 퇴사자가 된 것뿐입니다. 제가 폭발적으로 성장할 수 있던 것은 스타트업이었던 조직이 빅테크로 성장하는 그 과정을 그대로 겪었기 때문입니다. 여기 계신 분들도 그 경험을 꼭 했으면 좋겠습니다."

이 내용이 실제로 팀원들에게 어떤 효과를 냈는지는 당장은 알 수가 없습니다. 미래의 인프랩 개발팀이 어떤 모습이 될지 이 글을 보고 계신 분들도 같이 눈여겨봐주는 것도 재밌는 일이 될 것 같습니다.

규모가 작은 스타트업에서의 CTO는 전체 개발자의 연봉 테이블을 제어할 수 없습니다. 회사의 매출, 투자 규모, 다른 직군과의 연봉 격차, 회사의 연간 예산 계획 등 모든 것을 고려해야 하기 때문입니다. 만약 제가 제어할 수 없는 것에 계속 의존했다면 저는 다음과 같은 불만만 가득한 리더가 됐을 겁니다.

- 개발팀 연봉을 회사가 지원해주지 못해서 개발 팀원 퇴사를 막지 못했어!
- 연봉 테이블 전체를 못 올려주면 계속 퇴사자가 나오는 것은 어쩔 수가 없어!

회사의 매출, 영업이익 등은 지금 당장 제가 제어할 수 없는 영역인데, 당장 해결이 안 되는 영역을 원망해봐야 변하는 것은 없습니다. 그보다는 제어할 수 있는 '어떻게 하면 이 상황을 긍정적으로 해석할 수 있을까'를 고민하고 행동으로 옮겨야 합니다. 물론 회사가 부족할 때 함께 해준 팀원들에 대해 정말 감사한 마음을 갖고, 점진적으로 충분한 보상을 해줘야 하는 것은 당연합니다.

《88연승의 비밀》에 다음과 같은 일화가 나옵니다.

"학교의 사정으로 다른 학교에서 경기를 치러야 하는 상황이 됐다. 베니스 고등학교, 롱비치 시립강당, 롱비치 시립대학, 팬 퍼시픽 대강당, 산타모니카 시립대학 등을 전전했다. 심지어 LA에서 160킬로미터나 떨어진 베이커즈필드 전문대까지 가서 홈경기를 치른 적도 있다. 우리는 수년 동안 홈 코트의 이점을 누릴 수 없었다. 나는 이 불리함을 유리함으로 바꾸려고 운명이 부여한 상황에서 최선을 다했다. 나는 선수들에게 이렇게 말했다.
'장소를 옮겨 가면서 홈경기를 치르면 원정경기에 강해질 것이다. 다른 곳에서 시합할 때의 산만함과 혼란스러움에 익숙할 테니까.'"

《88연승의 비밀》중

제어할 수 없는 것에 집중하다 보면 그 무엇도 해결하지 못할 수 있습니다. 제어할 수 있는 것에 의존하고 집중해야만 어떤 일과 상황을 만나더라도 앞으로 전진할 수 있습니다. 제어할 수 있는 것과 제어할 수 없는 것을 구분한 뒤 제어할 수 없는 것을 멀리하고, 제어할 수 있는 것에 집중하면 됩니다. 외부의 요소, 이미 발생한 사건, 결정권이 없는 일 등은 제어할 수 없습니다. 이들에 의존해선 안 됩니다. 제어할 수 있는 것들에만 의존하도록 해야 합니다. 소프트웨어를 설계한다면 제어할 수 있는 속성에 항상 의존하게 설계해야 하며, 현실 세계의 문제라면 현재의 사건과 환경을 어떻게 하면 더 유리하게 바라볼 수 있는지 고민하고 행동으로 옮겨야 합니다.

저의 이 원칙이 여러분들께도 도움이 되었으면 합니다.

• 출간 후 2년, 그다음 이야기 •

　AI 시대가 되면서 '제어할 수 없는 것에 의존하지 않기'라는 원칙은 더 견고해진 것 같습니다. 다만 이전보다 원칙에서 강조해야 하는 부분이 조금은 달라진 것 같습니다. 이를테면 이전에는 '제어할 수 없는 것에 너무 영향을 받지 말고, 제어할 수 있는 것에만 집중하라'가 핵심 메시지였다면, AI 시대가 오면서 '제어할 수 있는 것과 제어할 수 없는 것을 구분할 수 있는 힘이 중요하다'로 변경되었다고 할 수 있습니다.

　이를테면 AI의 답변은 LLM 모델과 내부적으로 학습된 데이터 기반으로 출력되다 보니 제어할 수 없는 것으로 오해하고, 답변 퀄리티가 떨어지면 거기서 포기할 수 있습니다. 특히 기존의 여러 프로그래밍 기법에서 이야기하는 멱등성이라는 개념이 AI에서는 깨지게 되었습니다. AI에 한해서는 이번에 A라는 값을 넣고 B라는 값이 출력되었다고 해서, 다음에도 A를 넣으면 B가 나온다고 보장할 수 없기 때문입니다. 그래서 AI는 일견 제어할 수 없는 영역에 있다고 느껴지기도 합니다.

　하지만 실제로는 모든 AI가 그렇지 않으며, 프롬프트나 초기화 등을 통해 AI의 답변을 개선할 수 있습니다. 멱등성을 지킬 수 없으며, 완벽하게 의도한 답변을 만들어낼 순 없지만 '의도한 방향으로 답변을 유도'할 수는 있는 것이죠. 이런 경우엔 AI의 여러 기능에도 제어할 수 있는 부분이 존재한다고 할 수 있습니다.

　중요한 것은 앞으로 AI의 발전과 한계점 등을 제대로 이해하고 있지 못한다면 제어할 수 있는 것과 제어할 수 없는 것을 구분하기가 더욱 어려운 시대가 왔다는 겁니다. 이를 점점 구분하지 못한다면 제어할 수 없는 것을 제어하려다 답답함을 느끼고, 제어할 수 있는 것을 제어하지 않아 더 나아질 수 없습니다.

AI 시대가 오면서 더더욱 많은 공부가 필요합니다. AI의 발전과 한계점을 계속해서 이해하면서 '제어할 수 있는 것과 제어할 수 없는 것을 구분할 수 있는 사람'이 되길 바랍니다.

• 원칙 준수에 도움이 되는 정보 •

《실용주의 프로그래머》

이상적인 개발론만을 이야기하는 것이 아니라, 현실적이고 가장 실용적으로 좋은 소프트웨어를 만드는 방법을 전달합니다.
특히 소프트웨어 설계, 구현 패턴, 도구 사용법, 프로젝트 방법론 등 전방위적으로 소프트웨어 개발에 있어 실용적인 원칙을 제시합니다.

《오늘, 또 일을 미루고 말았다》

윈도우 OS의 더블 클릭, 마우스 우클릭, 드래그 앤 드롭 등을 개발한 마이크로소프트의 전설의 프로그래머인 나카지마 사토시가 쓴 일 하는 방법론에 관한 책입니다. 프로그래머란 어떤 원칙을 가지고 일해야 하며 성과를 내는 프로그래머가 되려면 무엇을 고려해야 하는지 등을 알려줍니다.

09
달리는 기차의 바퀴를 갈아 끼우기

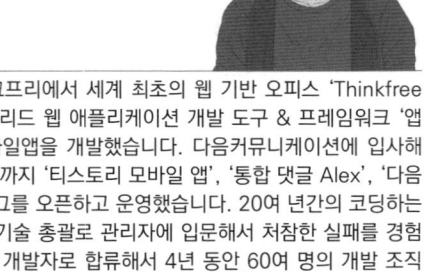

> (가능하면 좋은 코드를) 많이 읽고, (어제보다 좋은 코드를) 많이 쓰고, (AI를 포함한 동료들과 함께) 많이 생각하고 토론하세요.

장동수 iolo@kakao.com
현) 수수한기술 대표
전) 데이원컴퍼니(패스트캠퍼스) CTO
전) 카카오 포털부문/기술 스태프
전) KTH 기술연구소/연구원
전) 한컴 씽크프리 웹오피스부문/개발실장

세 번의 창업을 경험하고, 2007년 한컴씽크프리에서 세계 최초의 웹 기반 오피스 'Thinkfree Office Live'를 개발했고, KTH에서 하이브리드 웹 애플리케이션 개발 도구 & 프레임워크 '앱 스프레소'와 '푸딩 얼굴인식', '아임인' 모바일앱을 개발했습니다. 다음커뮤니케이션에 입사해서 다음카카오를 거쳐 카카오에서 퇴사할 때까지 '티스토리 모바일 앱', '통합 댓글 Alex', '다음 카페 서비스'를 개발했고, 카카오 기술 블로그를 오픈하고 운영했습니다. 20여 년간의 코딩하는 개발자 커리어를 접고 레진엔터테인먼트의 기술 총괄로 관리자에 입문해서 처참한 실패를 경험했습니다. 2018년 패스트캠퍼스에 두 번째 개발자로 합류해서 4년 동안 60여 명의 개발 조직을 셋업하고 패스트캠퍼스, 콜로소, 가벼운 외국어, 제로베이스 등 10여 개의 온라인/오프라인 교육 서비스를 개발했습니다.

지금은 제주도의 시골 마을에서 수수한기술이라는 회사를 만들고 적정 기술을 통한 지속가능한 개발을 모색하고 있습니다.

fb.com/iolothebard   @iolothebard   github.com/iolo

개발자* 채용 면접을 하다 보면 '개발 문화'에 대한 질문을 많이 받습니다. 개발 문화를 한마디로 정의할 수 없지만, 같은 질문에 임기응변으로 답변하다 보니 뜬구름 같던 개발 문화의 실체가 조금씩 보이기 시작했습니다. 그렇게 정리된 생각을 "개발 문화 - OOO의 개발실은 이렇게 일한다"라는 사내 위키 페이지에 적고 있습니다.

• 행동 강령(code of conduct) •

1. "Make it work, then make it better.
   일단 동작하게 만든 다음 더 좋게 만들어라."
2. "Always leave the campground cleaner than you found it.
   언제나 발견했을 때보다 깨끗하게 해놓고 캠핑장을 떠나라."
3. "The good thing about reinventing the wheel is that you can get a round one. 바퀴를 새로 발명하는 일의 좋은 점은 둥근 바퀴를 얻을 수 있다는 점입니다."

제가 현재 몸담고 있는 데이원컴퍼니의 개발 조직은 패스트캠퍼스, 콜로소, 가벼운 외국어, 제로베이스를 포함한 10여 개의 온/오프라인 교육 서비스를 제공합니다. "끊임없이 도전하고 실패하며 성장한다"는 회사의 슬로건처럼 엄청난 속도로 움직이는 비즈니스를 60여 명의 개발자로 온

---

* 개발자 vs 소프트웨어 개발자 vs 소프트웨어 엔지니어 vs 프로그래머 vs 코더. 개발자(developer)라는 표현은 너무 추상적입니다. 조금 더 구체적인 표현으로 소프트웨어 개발자(software developer), 소프트웨어 엔지니어(software engineer), 프로그래머(programmer), 코더(coder)가 있지만, 이 글에서는 가장 널리 쓰이는 개발자로 통칭했습니다.

전히 지원하는 일은 개발 프로세스와 조직 이론만으로는 불가능합니다. 이 글을 쓰는 중에도 사이트 두 개를 셧다운했고, 새로운 사이트를 준비하고 있습니다. 선택과 집중을 넘어서 집중의 강약을 조절하면서 달려야 합니다. 달리는 기차의 바퀴를 갈아 끼우는 일이 일상이지만, 그 속에서 개발 조직의 지속 가능성과 개발자 개개인의 성장을 끊임없이 고민하고 있습니다.

문화가 하루 아침에 만들어지지 않는 것처럼, 이 행동 강령은 하루 아침에 결정된 것이 아닙니다. 20여년 동안 코딩하는 개발자로, 10여년 동안 개발 조직의 관리자로 일하면서 체득한 것들을 '격언'이라는 형식을 빌어 정리한 것에 불과합니다. 이 글에서는 3개의 행동 강령을 '밥값에 대하여', '기술 부채에 대하여', '삽질에 대하여'라는 제목으로 소개합니다. 덧붙여 이 행동 강령을 실천하려면 뒷받침되어야 하는 예외 없는 원칙 '많이 읽고, 많이 쓰고, 많이 생각하자'에 대해서 알아보겠습니다.

밥값에 대하여

"Make it work, then make it better.
일단 동작하게 만든 다음 더 좋게 만들어라."

켄트 벡Kent Beck의 "Make it work, make it right, make it fast 동작하게 만들고, 제대로 만들고, 빠르게 만들어라"*는 유명한 격언입니다. 켄트 벡의

---

*   https://wiki.c2.com/?MakeItWorkMakeItRightMakeItFast

격언은 원조를 알 수 없는 "Make it work..."의 변형입니다. 제가 가장 좋아하는 버전은 모든 변형을 아우르는 "Make it work, then make it better 일단 동작하게 만든 다음 더 좋게 만들어라"입니다.

"일단 동작하게 만들라 Make it work"의 의미를 이해하는 것은 어렵지 않습니다. 개발자는 컴퓨터 소프트웨어를 이용해서 문제를 해결하는 사람입니다. 문제를 해결하는 코드를 만드는 일을 합니다. 딱딱하게 표현하면 "요구사항 requirement을 충족 fulfill 하라"로 말할 수 있습니다. 조금 더 편한 표현으로 "제대로 동작하는 코드를 만들자"라고 할 수 있겠죠. 동작하지 않으면 쓸모가 없습니다. 하지만 개발을 직업으로 삼은 개발자라면 동작하는 것만으로는 부족합니다. 현실 세계의 개발에는 자원(시간, 비용, 인원...)이라는 제약조건이 추가됩니다. 제약조건을 지키지 못하면 쓸모가 없거나 많이 떨어집니다. 제약조건을 극복하고 제대로 동작하는 코드를 제때 만들어야 합니다. 개인적으로 이를 '밥값'이라고 부릅니다.

밥값은 개발자 개인과 개발 조직 모두에게 중요합니다.

개발자 개인에게는 심리적인 안정감을 가져다 줍니다. 세상에는 "내가 세상에서 제일 잘나가!" 부류의 개발자도 있지만, "이러다 나 짤리는 거 아닐까?" 부류의 개발자도 있습니다. 후자 부류의 개발자가 새로운 조직에 합류하면 스스로 불안해 합니다. 이런 유형의 개발자에게 합류 초창기에는 "웹페이지 하단의 공통 푸터 업데이트", "백오피스 데이터 내보내기", "마케팅 팀에서 요구하는 데이터 뽑아주기" 같은 업무를 줍니다. 기술적인 도전이 거의 없는 지루하고 단순한 작업이지만, "이것으로 밥값을 하고 있으니 기죽지 말고 그다음을 준비하라"라고 말해줍니다.

개발 조직에게는 지속 가능성을 높여줍니다. 조직이 지속되려면 현재 가치와 미래 가치가 모두 필요합니다. 아무리 멋진 아이디어가 있어도 조직이 지속되지 않으면 실현할 기회를 얻을 수 없습니다. 아무리 멋진 코드를 만들어도 조직이 지속되지 않으면 실행될 기회를 잡을 수 없습니다. 지금 제대로 동작하는 코드를 만들어야 미래에 더 좋은 코드를 만들 수 있습니다.

"더 좋게 만들어라 Make it better"는 고민해볼 만한 꺼리가 있습니다.

어떤 것이 '더 좋은' 것일까요? 더 좋은 코드, 더 좋은 설계, 더 좋은 접근 방식…

코드로 범위를 좁혀보겠습니다. 어떤 코드가 더 좋은 코드일까요? 이 주제를 다루는 책만해도 수백 권이고, 저마다의 가이드라인과 실천 항목을 제시합니다. 그렇게 알려진 수천 가지의 조건 중에서도 거의 모든 책에서 공통적으로 제시하는 조건이 있습니다. 바로 가독성 readable, 성능 performance, 유연성 flexible 입니다.

가독성은 좋은 코드의 필수 조건입니다. 현실 세계의 개발에서는 온전히 새로운 코드를 작성할 기회보다 기존 코드를 수정하고 덧붙이는 기회가 많습니다. 이때 기존 코드가 읽기 쉽다면 제대로 고칠 가능성이 높아집니다. 기존 코드가 읽기 어려우면 수정할 때 버그를 만들 가능성이 높아집니다.

가독성이 좋은 코드는 좋은 관행 convention을 잘 따릅니다. 관행은 작게는 팀, 넓게는 조직 전체에 일관되게 적용되어야 합니다. 어떤 관행을 따를지는 충분한 시간을 들여서 고민하고 논의하여 정해야 합니다. 관행을 결정했다면 따라야 합니다. 줄바꿈, 탭, 띄어쓰기, 들여쓰기에서 개성을 추구하면 안 됩니다. 예를 들어 네이밍 표기 규칙으로 낙타 표기법*을 따르기로 했다면 뱀 표기법**을 혼자서 고수해서는 안 됩니다.

일관성 있는 코드가 읽기 좋습니다. 일관성은 없지만 사전적 의미에 더 잘 맞는 변수 이름보다는 뜻이 안 맞더라도 규칙이 일관된 변수 이름이 좋습니다. 예를 들어 기존 코드에서 날짜 범위를 지정하는 변수명으로 from/to를 사용했다면 새로 만든 코드에서도 from/to를 사용해야 합니다. 영어 단어의 뜻을 제대로 살리겠다고 새로 만든 코드에만 since/until을 사용하는 것은 더 바른 영어일지는 모르지만 더 좋은 코드는 아닙니다. since/until을 쓰고 싶다면 기존 코드에 있는 from/to도 모두 since/until로 바꿔야 합니다. 예외를 던지기로 했으면 예외를 던지고, null을 반환하기로 했으면 null을 반환해야 합니다. 기존 코드가 에러 응답으로 null을 반환한다면 새로 만든 코드도 그렇게 해야 합니다. null을 던지는 것보다 예외를 던지는 것이 좋다면 동료들을 설득해서 기존 코드도 모두 바꿔야 합니다.

반복, 재귀, 대칭을 적절하게 활용하면 코드에 리듬감이 생깁니다. 대부분 음악은 앞 소절을 들으면 다음 소절을 거의 예측할 수 있습니다. 좋은 음악은 100% 예측대로 흘러가진 않지만 예측에서 벗어난 부분 덕분에 더 아름답게 들립니다(100% 예측대로 흘러가면 표절이 되거나 동요가 되겠죠). 좋은 코드도 비슷합니다. 비슷한 듯 다른 코드가 반복되는 것처럼 보이지만 코드 일부만으로 전체를 예측할 수 있고, 그 예측에 맞지 않는

---

* camel case, 캐멜 표기법

** snake case, 스네이크 표기법

부분도 단순 반복이나 중복 코드가 아닌 패턴의 확장으로 자연스럽게 이해됩니다.

코멘트가 없는 코드가 읽기 좋습니다. 코멘트가 필요 없는 코드라면 분명 가독성이 좋은 코드일 테니 말입니다. 좋은 코멘트에 대한 모범사례는 차고 넘칠만큼 많으니 여기에서 언급하지 않습니다. 그러나 원칙에 집착한 나머지 꼭 필요한 코멘트조차 남기지 않으면 곤란합니다. 다른 개발자가 다른 시점에 다른 목적으로 코드를 해석하는 데 필요한 컨텍스트context, 맥락는 꼭 필요한 코멘트입니다. 대부분의 경우 코멘트보다는 테스트 케이스가 더 유용합니다.

짧은 코드가 읽기 좋습니다. 함축적implicit인 코드보다는 명시적explicit인 코드가 읽기 좋습니다. 단순 명료한 코드가 읽기 좋습니다. 코드가 없으면 버그도 없겠지만, 월급도 없습니다. 코드의 양으로 평가를 하는 조직이라면 미련 없이 떠나야 하고, 그렇지 않다면 코드를 짧게 작성하도록 노력합시다. 코드가 늘어나는 PRPull Request보다 줄어드는 PR이 좋습니다. 삭제해야 할 코드를 코멘트로 감싸서 남겨두지 마세요. 버전 관리 시스템이 잘 보관하고 있고, 필요하면 언제든지 복구할 수 있으니 과감히 삭제하세요.

성능은 매우 중요한 조건이지만, 대부분의 경우 우선순위가 높지 않습니다(중요도와 우선순위를 헷갈리면 안 됩니다). 그러니 너무 서두르지 마십시오. 대부분 코드는 아마 성능을 최적화할 필요가 없을 겁니다. 성급한 최적화premature optimization의 폐해에 대한 수많은 격언이 있습니다. 그중에서 도널드 누스의 유명한 논문 〈Structured Programming With Go To

Statements〉에 언급된 유명한 격언을 잠시 살펴봅시다.

"작은 효율성에 대해서는, 말하자면 97% 정도에 대해서는 잊어버려라. 섣부른 최적화는 모든 악의 근원이다."

도널드 커누스

개인적으로 가장 좋아하는 격언은 마이클 잭슨(가수 마이클 잭슨이 아니다)의 《Software Requirements and Specifications》에 처음 언급되었고, 후에 존 벤틀리의 《생각하는 프로그래밍》에 인용되면서 유명해진 '최적화의 규칙'입니다.

"규칙 1 : 하지 마라.
규칙 2 : 아직 하지 마라(전문가 전용)."

마이클 잭슨

성능이 좋은 코드는 대부분 이해하기 어렵습니다. 그럼에도 불구하고 성능이 필요한 코드가 있습니다. 성능 최적화를 하기 전에 먼저 프로파일링을 해야 합니다. 여기에서도 전체 결과의 80%가 전체 원인의 20%에서 일어나는 현상인 파레토의 법칙은 유효합니다. 20%의 코드가 80%의 자원을 사용합니다. 경험이 쌓이면 프로파일링을 하지 않아도 20%의 코드를 식별해서, 격리하고, 적절한 시점에 프로파일링하고 최적화할 수 있습니다. 그러니 서두르지 마십시오. 그 코드는 아마 성능을 최적화할 필요가 없을 겁니다.

좋은 코드는 유연성이 있습니다. 그러나 유연성이 있고 어려운 코드보다는 유연성이 없더라도 쉬운 코드가 더 좋은 코드입니다. 유연성에는 추상화가 필요합니다. 유연성을 위해서 시작한 추상화가 재사용성과 잘못 만나면 '추상화의 함정'에 빠지게 됩니다. 개발자들만 걸리는 직업병이자 난치병입니다. 막 중급에서 벗어나 고급으로 올라서려는 개발자(대개 7~10년차)들에게 자주 발생하는데, if문을 극단적으로 배제하고, Factory를 과도하게 사용하고*, 클린 코드와 SOLID를 숭배합니다. 클린 코드와 SOLID는 좋은 출발점입니다. 그러나 그것이 전부는 아닙니다. SOLID는 도구일 뿐 목표가 아닙니다. 클린 코드도 부수효과일 뿐 목표가 아닙니다.

《Practical Object-Oriented Design》의 저자이자 유명한 OOP 컨설턴트인 샌디 메츠 Sandi Metz는 2016년 레일즈 컨퍼런스에서 잘못된 추상화의 폐해를 지적했습니다.

"duplication is far cheaper than the wrong abstraction.
잘못된 추상화보다는 중복이 훨씬 더 싸다."

샌디 메츠

그러고도 불안했는지, 한 번 더 강조했습니다.

"prefer duplication over the wrong abstraction.
잘못된 추상화보다는 중복이 낫다."

---

* 팩토리 메서드 패턴과 추상 팩토리 패턴에 등장하는 Factory suffix를 가진 클래스가 과도하게 사용되는 경향

더 좋은 코드라면 가독성, 성능, 유연성 모두 중요합니다. 그중에서 하나를 골라야 한다면, 두 말할 것도 없이 가독성입니다. 더 좋은 코드와 잘 동작하는 코드 중에서 하나를 골라야 한다면, 잘 동작하는 코드입니다. 개발을 직업으로 삼는 개발자에게 잘 동작하는 코드는 '제때 제대로' 동작하는 코드입니다.

크리스마스 이벤트 페이지는 크리스마스 전에 만들어야 합니다. 크리스마스에 룰렛을 돌려서 경품을 주는 이벤트를 하기로 했다면, 크리스마스 이브 저녁이 되기 전에 룰렛이 돌아가야 합니다. 크리스마스가 지나고 나서 더 작은 자바스크립트와 더 효율적인 CSS로 10%의 CPU로 10배 빨리 돌아가는 룰렛은 쓸모가 없습니다. 유연성 있게 만들었다면 곧 다가올 설날이나 내년 크리스마스에 써먹을 수도 있겠습니다만, 그때도 기회가 주어질거라는 보장이 없습니다.

초보 개발자라면 'Make it work'만으로도 벅찰 겁니다. 그 시기를 지나 막 중급으로 올라설 때면 어떤 일이든 시간만 충분히 주어지면 'Make it work'까지는 문제없는 수준에 이릅니다. 여기에서 만족해서 'Make it work'만 하다 보면 영원히 능숙한 초보 expert beginner를 벗어날 수 없습니다. 다음 단계로 올라서려면 'Make it better'를 고민해야 합니다. 그러나 'Make it better'에 대한 고민이 지나쳐서 집착이 되면 오히려 역효과가 나타납니다. 그래서 'Make it work'한 다음에 'Make it better'하는 것이 중요합니다.

기술 부채에 대하여

"Always leave the campground cleaner than you found it.
언제나 발견했을 때보다 깨끗하게 해놓고 캠핑장을 떠나라."

보이스카웃 창설자 로버트 베이든 포우엘

개발자 채용 면접을 하다 보면 "기술 부채technical debt를 해결하기 위해 어떤 노력을 하는가?"라는 질문을 자주 받습니다. "고치는 것보다 처음부터 새로 만드는 게 쉬울 거 같습니다"라는 얘기를 자주 듣습니다. 새로 온 기술 리더가 "처음부터 새로 만들겠다"라고 공언하기도 합니다. 기술 부채가 대체 뭘까요? 처음부터 새로 만들면 기술 부채가 없을까요?

기술 부채는 당면한 기술적인 문제 해결을 뒤로 미루고, 시급한 비즈니스 문제 해결을 우선하는 일이 반복되면서, 언젠가부터 기술이 비즈니스의 발목을 잡는 상황을 재정적인 부채financial debt에 빗댄 말입니다. 빚을 내면 돈을 쓸 수 있는 시기를 당길 수 있지만 이자를 대가로 지불해야 합니다. 기술 부채도 개발 지연과 품질 저하라는 대가를 지불해야 합니다. 부채를 제때 갚지 않으면 이자가 눈덩이처럼 불어나고, 이자를 제때 지불하지 않으면 파산에 이르게 됩니다. 기술 부채도 제때 해결하지 않으면 눈덩이처럼 불어나서 개발 속도가 점점 떨어지다가, 결국 전면 재개발 또는 서비스 중단이라는 극단적인 상황, 즉 기술 파산에 이르게 됩니다.

앞에서 '동작하는 코드'가 '더 좋은 코드'보다 중요하다고 말했습니다. 그러나 동작하는 코드만을 추구하고 더 좋은 코드를 외면하면 기술 부채가 쌓일 수밖에 없습니다. 그렇다고 더 좋은 코드만을 추구하고 동작하는 코드를 외면하면 비즈니스를 유지할 수 없습니다. 재정적인 부채는 자산의 일부입니다. 적절하게 관리할 수 있다면 기술 부채도 '자산'의 일부가 될 수 있습니다.

이럴 때 필요한 것이 보이스카웃 캠핑 규칙입니다. "언제나 발견했을 때보다 깨끗하게 해놓고 캠핑장을 떠나라.Always leave the campground cleaner than you found it." 제가 속한 조직의 가이드라인에 따르면 "수정한 코드는 원래 코드보다는 깨끗해야 합니다. 최소한 더 나빠지면 안 됩니다." 그러나 현실은 그렇게 만만치 않습니다. "FIXME"*가 붙은 코드를 수정하면서 또 다른 FIXME를 덧붙이는 일이 비일비재합니다.

깨진 유리창 이론**에 따르면, 깨진 유리창을 방치하면 범죄가 확산될 가능성이 높습니다. 제일 좋은 방법은 유리창이 깨지면 즉시 교체하는 것이지만, 현실적인 방법은 다치는 사람이 없도록 일단 테이프로 붙여놓은 다음 지속적으로 순찰을 돌면서 테이프가 붙어 있는 깨진 유리창을 교체하는 겁니다.

---

* FIXME 코멘트(코드 태그). 작성자 본인도 코드에 문제가 있음을 알고 있으며, 이 코드를 보는 다른 개발자가 수정해주길 바란다는 의미로 작성하는 특별한 코멘트입니다. FIXME 외에 XXX, TODO, TBD 등을 사용하기도 합니다. 몇몇 개발 도구는 소스 코드에서 FIXME 코멘트들을 모아서 확인하고 정리하는 기능을 제공합니다. VS Code를 사용한다면 Todo Tree 플러그인을, 젯브레인 제품을 주로 사용한다면 기본으로 포함된 Todo 도구를 참고하세요.

** 깨진 유리창 이론(broken windows theory). 미국의 범죄학자인 제임스 윌슨과 조지 켈링이 1982년 3월에 공동 발표한 깨진 유리창(Fixing Broken Windows: you suck Restoring Order and Reducing Crime in Our Communities)이라는 글에 처음으로 소개된 사회 무질서에 관한 이론. 깨진 유리창 하나를 방치해두면, 그 지점을 중심으로 범죄가 확산된다는 이론으로, 사소한 무질서를 방치하면 큰 문제로 이어질 가능성이 높다는 의미를 담고 있습니다.

문제가 있는 코드를 즉시 고치는 것이 최선입니다. 현실적인 이유로 당장 고칠 수 없어서 FIXME 태그를 붙여놓고 넘어갈 때도 있습니다. 중요한 것은 FIXME 태그가 붙은 코드들을 지속적으로 확인하고 정리하는 일입니다. 이 활동이 동반되지 않는다면 FIXME 태그를 안 쓰는 편이 낫습니다.

기술 부채와 항상 함께 등장하는 단어가 레거시^{legacy, 유산}입니다. 개발자들만큼 레거시를 부정적인 의미로 사용하는 집단이 또 있을까요? 레거시는 죄가 없습니다. 레거시는 해결해야 할 기술적인 과제인 '기술 부채'도 포함하고 있지만, 많은 문제를 해결한 그리고 해결할 유용한 '기술 자산'도 포함하고 있습니다. 인간 세상에서는 '상속 포기'나 '한정 승인' 같은 '법 기술'을 사용하면 유산 때문에 손해보는 일이 없겠지만, 개발 세상은 인간 세상과 달라서 기술 자산보다 기술 부채가 크다고 해서 상속을 포기할 수 없습니다.

레거시를 물려받았다면 어떤 것이 자산이고 어떤 것이 부채인지 식별해야 합니다. 부채를 찾았다고 설불리 청산을 시도하면 안 됩니다. 작은 부채라고 만만히 보고 건드렸다가는 고구마 뿌리처럼 줄줄이 딸려나오는 레거시 코드에 좌절하고 다시 덮게 될 수도 있습니다. 정리하다만 코드를 수정해서 새로운 기능을 덧붙이다 보면 정말 감당할 수 없는 악성 부채를 만들게 됩니다. 큰 부채는 청산에도 시간이 걸립니다. 긴 시간 동안 부채를 청산하느라 자산을 늘리지 못하면, 부채를 다 청산하기도 전에 파산하게 됩니다. 물론, 가끔은 파산하고 다시 시작하는 것이 좋을 때도 있습니다.

부채 청산의 시작은 자동화된 테스트를 확보하는 겁니다. 테스트 작성이 어렵다면 명백한 기술 부채입니다. 이때도 먼저 구현 코드와 무관한 E2E 테스트*를 작성하고, 이를 기반으로 단위 테스트가 가능한 코드로 천천히 조금씩 리팩터링해나가야 합니다. 처음부터 테스트 커버리지에 집착하면 끝까지 갈 수 없습니다. 시스템 전반에 걸쳐 테스트를 확보하는 것이 중요합니다. 자동화된 테스트가 확보되면 한숨 돌릴 수 있습니다. 관리 가능한 부채가 되는 겁니다.

여건이 된다면 당장 가용한 리소스를 모두 투입해서 기술 부채를 청산하는 게 최선이지만, 대개는 새로운 기능을 추가하는 일이 먼저입니다. 새로운 코드를 추가하고 기존 코드를 수정해서 새로운 기능을 구현하다 보면 기존 코드의 테스트가 깨지는 경우가 많습니다. 이때 새로운 기능 구현에 걸리적 거린다고 기존 코드의 테스트를 삭제하면 안 됩니다. 테스트 커버리지를 늘려나가면 좋겠지만, 그게 힘들다면 최소한 기존 테스트가 깨지지 않도록 유지하면서 기능을 추가해야 합니다. 기술 부채를 관리 가능한 수준으로 유지하면서 기술 자산인 새로운 기능을 늘려나가야 합니다. 앞에서도 언급한 것처럼 관리 가능한 부채는 자산의 일부입니다. 스크럼에 기반한 방법론을 따르는 조직이라면 클린업 스토리**나 하드닝

---

* 종단 간 테스트(end-to-end test). 흔히 E2E 테스트라고 줄여서 부르는 종단 간 테스트는 애플리케이션이 예상대로 작동하고 모든 종류의 사용자 작업 및 프로세스에 대해 데이터 흐름이 유지되는지 확인하는 데 사용되는 방법론입니다. 이러한 유형의 테스트 접근 방식은 최종 사용자의 관점에서 시작하여 실제 시나리오를 시뮬레이션합니다.
** cleanUp story. 잘못된 일에 대해 코드 베이스(code base)에 사과하고 그것을 고칠 것을 약속하는 스토리. 일반적으로 무엇이 잘못되었는지 문서화하고 이를 수정하기 위해 수행해야 하는 사항을 나타냅니다. 어디가 엉망이고 클린업하려면 우리가 무엇을 해야 하는지 알려줍니다.

스프린트*를 활용하여 기술 부채를 적절히 관리할 수 있습니다. 제품 개발 단계와 연구 개발 단계를 순환하는 형태로 운영하는 조직이라면 기술 부채를 탕감하는 단계를 추가할 수도 있습니다.

흔히 개발을 '달리는 기차의 바퀴 갈아끼우기'에 비유합니다. 기차가 주저앉지 않을 정도로 한 번에 몇 개씩 바퀴를 갈아끼우면 오래 걸리겠지만 불가능하지는 않을 겁니다. 현실 세계 개발은 그보다 훨씬 복잡합니다. 바퀴의 모양도 제각각이고, 수시로 속도와 선로를 변경합니다. 바퀴를 갈아끼우는 속도보다 객차가 늘어나는 속도가 더 빠릅니다. 달리는 기차의 엔진을 바꿔야 하는 경우도 많습니다. 기차를 세우고 하면 더 쉬울 것 같지만 기차를 세우는 것은 쉽지 않은 결정입니다. 급여도 같이 멈춘다고 해도 기차를 멈추겠습니까? 기차가 주저앉는 것보다는 멈추는 편이 낫습니다. 멈추는 것보다는 천천히 가는 편이 낫습니다. 이대로 가다가 주저앉을 것 같다면 잠시라도 멈추자고 요청하십시오. 멈추는 것이 불가능하다면 잠시라도 속도를 줄이자고 요청하십시오. 이도 저도 안 된다면, 기차가 주저앉기 전에 탈출하세요. 단언컨대, 기술 부채가 없는 개발은 불가능합니다. 큰 마음 먹고 한 번에 탕감할 순 있겠지만, 금세 새로운 부채가 쌓입니다. 처음부터 새로 만들어도 기술 부채를 피할 수 없습니다. 기술 부채를 절대 허용하지 않겠다는 욕심이 더 큰 기술 부채를 만듭니다. 우리가 할 수 있는 일은 기술 부채를 식별하고, 기술 파산에 이르지 않도록 관리 가능한

---

* hardening sprint. 코드 기반을 안정화시켜서 릴리즈하기에 충분히 견고하게 만드는 목적의 특별한 스프린트. 팀이 작업을 수행할 때 적절한 표준 관리를 사용하지 않았을 때 필요합니다. 하드닝 스프린트를 사용하는 것은 권장하지 않으며 엔지니어링 관행을 개선하여 이를 제거해야 합니다. 강화의 필요성이 있다면, 강화에 전체 스프린트를 할애하는 것이 아니라 스프린트 내에서 클린업 스토리를 사용하여 한 번에 조금씩 달성해야 합니다.

수준으로 유지하고, 가능하다면 자산으로 물려주는 겁니다.

삽질에 대하여

> "The good thing about reinventing the wheel is that you can get a round one.
> 바퀴를 새로 발명하는 일의 좋은 점은 둥근 바퀴를 얻을 수 있다는 점입니다."
>
> 더글라스 크락포드

"바퀴를 다시 발명하지 마라^{Don't reinvent the wheel}"*라는 격언이 있습니다. 이 격언에서 말하는 바퀴는 단순한 바퀴가 아닙니다. 재발명할 필요도 없고, 재발명할 수도 없는 '원형적인 물체'에 대한 상징으로서의 '바퀴'입니다. 그러나 대부분 개발자가 만들어야 하는 코드는 그런 원형적인 수준의 절대 바퀴가 아닙니다. 그럼에도 불구하고 개발자들은 이 격언을 절대 교리처럼 받들고 글자 그대로 충실하게 실천합니다. 바퀴를 다시 발명하는 행위를 금기시하고, 이미 만들어진 바퀴를 찾아 헤매고 있습니다.

바퀴를 다시 발명하는 일을 쓸모 없다고 굳게 믿는 개발자에게 자바스크립트의 대부이자 JSON의 창시자인 더글라스 크락포드의 말 "바퀴를 새로 발명하는 일의 좋은 점은 둥근 바퀴를 얻을 수 있다는 점입니다^{The good thing about reinventing the wheel is that you can get a round one}"와 함께 UNIX 셸의 역사를 들

---

* don't reinvent the wheel. 이미 발명되었고 운영적 결함이 있지 않다면 재발명하는 시도는 해당 물체에 대한 가치를 더할 수 없고 시간 낭비가 될 수 있다는 의미입니다.

려주고 싶습니다.

처음으로 널리 사용된 UNIX 셸은 스티븐 본Stephen Bourne이 1977년에 만든 본 셸Bourne shell, sh입니다. 그 이후 vi의 발명가로 유명한 빌 조이Bill Joy가 1978년에 C 셸csh을, 데이비드 콘David Korn이 1983년 상업용 콘 셸ksh을 만들었습니다. 이후에도 수많은 셸이 만들어졌고, 브라이언 폭스Brian Fox가 1989년에 만들어서 리눅스의 기본 셸로 자리잡은 본 어게인 셸Bourne again shell, bash과 폴 폴스태드Paul Falstad가 1990년에 만든 Z 셸zsh은 지금까지도 널리 사용됩니다.

어디선가 한 번쯤은 이름을 들어봤을, 위키백과에 등재된 전설적인 개발자들이 격언을 충실히 따르느라 바퀴를 재발명하지 않았다면 우리는 지금도 켄 톰슨이 1971년에 만든 V6 셸Thompson shell을 쓰고 있을지도 모릅니다.

• UNIX 셸의 역사 •

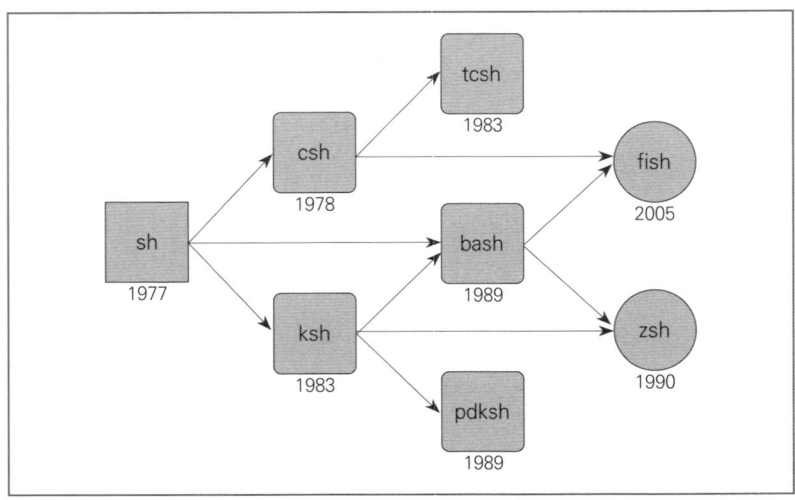

바퀴를 다시 발명하는 일의 또 다른 좋은 점은 바퀴를 더 잘 알게 된다는 점입니다. 처음부터 잘 굴러가는 완벽하게 둥근 바퀴를 만들려고 하지 마세요. 일단 굴러가는 바퀴를 만들어야 합니다. 굴러간다고 그만두면 안 됩니다. 어떻게 하면 더 잘 굴러갈지 끊임없이 고민해야 합니다. 바퀴를 계속 만들다 보면 애초에 바퀴가 필요 없었다는 사실을 깨닫게 될 수도 있고, 세상이 깜짝 놀랄 영원히 굴러가는 바퀴를 만들게 될 수도 있습니다. 대부분은 기존에 쓰던 바퀴와 큰 차이가 없거나 더 나빠졌을 겁니다. 그럼에도 불구하고 바퀴에 대해서 더 잘 알게 됐다는 것은 분명합니다.

모든 것을 다시 발명할 필요는 없습니다. 지금의 나를 지탱하는, 미래의 나를 지탱할 기술이라면 한번 쯤은 시도해볼 만한 가치가 있습니다. 웹으로 먹고 사는 개발자라면 웹 서버를 만들어보면 어떨까요? 처음부터 엔진엑스Nginx를 넘어서는 것을 목표로 삼을 필요는 없습니다. 아파치Apache는 1997년 처음 출시되었고, 엔진엑스는 2004년에 출시되어 2021년 처음으로 아파치를 넘어섰습니다.* 언젠가는 엔진엑스를 넘어서는 웹 서버가 등장하겠죠. 직접 만든 웹 서버가 그런 웹 서버가 될 가능성은 거의 없겠지만, 그 과정을 통해서 배우는 지식과 경험은 스택오버플로나 책을 통해서는 절대 배울 수 없는 것들입니다.

바퀴를 다시 발명하는 일은 결과보다는 과정에 더 큰 가치가 있습니다. 현실 세계에서는 과정보다 결과가 중요하고, 바퀴를 다시 발명할 기회는 좀처럼 없습니다. 기회가 오면 놓치지 말고, 기회가 없으면 만들어야 합니다. 혹시라도 기회가 주어지면 먼저 굴러가는 바퀴를 만들어야 합니다.

---

* https://w3techs.com/technologies/history_overview/web_server/ms/y

더 잘 굴러가는 바퀴를 만드는 것은 그다음입니다. 굴러가는 바퀴를 만드는 일이 (지금의) 밥값을 하는 일이라면, 더 잘 굴러가는 바퀴를 다시 발명하는 과정은 (미래의) 몸값을 만드는 일입니다.

은탄환은 없다.
많이 읽고, 많이 쓰고, 많이 생각하자

《유시민의 글쓰기 특강》에서 유시민 작가는 문학적 글쓰기와 논리적 글쓰기의 영역을 구분하면서, 문학적인 글쓰기는 타고난 재능이 중요한 예술이지만, 논리적인 글쓰기는 훈련으로 향상할 수 있는 '기능'이라고 했습니다. 논리적인 글쓰기에 도움이 되는 훈련 방법을 제시하면서 많이 읽고, 많이 쓰라고 강조합니다.

코딩은 극단적인 형태의 논리적인 글쓰기입니다. 코딩도 글쓰기와 비슷해서 코딩을 잘하려면 코드를 많이 읽고, 많이 쓰고, 많이 생각해야 합니다.

> "첫째, 많이 읽어야 잘 쓸 수 있다. 책을 많이 읽어도 글을 잘 쓰지 못할 수는 있다. 그러나 많이 읽지 않고도 잘 쓰는 것은 불가능하다. 둘째, 많이 쓸수록 더 잘 쓰게 된다. 축구나 수영이 그런 것처럼 글도 근육이 있어야 쓴다. 글쓰기 근육을 만드는 유일한 방법은 쓰는 것이다. 여기에 예외는 없다. 그래서 '철칙'이다."
>
> 유시민, 〈유시민의 글쓰기 특강〉 중

천 년 전, 송나라 시대의 문장가 구양수*는 글을 잘 쓰려면 '삼다', 즉 다독, 다작, 다상량**이 필요하다고 말했습니다. 많이 읽고, 많이 쓰고, 많이 생각하라는 의미입니다. 천 년 전의 문인과 오늘날의 베스트셀러 작가가 같은 얘기를 하는 것은 우연이 아닐 겁니다.

개발자 채용 면접을 하다 보면 "코드 리뷰는 어떻게 하는가?"라는 질문을 자주 받습니다. 코드 리뷰는 다른 개발자(혹은 본인)의 코드를 읽고, 생각하고, 토론하는 행위인 다독과 다상량입니다. 코드 리뷰에는 소극적이면서 코딩을 잘하고 싶어 하는 개발자들이 있습니다. 많이 읽지 않고도 잘 쓰는 것은 불가능합니다. 아무것도 안 읽는 것보단 뭐라도 읽는 게 좋습니다. 기왕 읽는 거라면 좋은 코드를 읽는 게 좋습니다. 그냥 읽기만 하는 것보다는 생각하고 토론하는 것이 좋습니다.

코드를 읽을 때는 처음부터 끝까지 빠르게, 여러 번 반복해서 읽어야 합니다. 긴 시간을 들여 한 줄 한 줄 꼼꼼히 읽다 보면 중도에 포기하게 됩니다. 전체를 파악해야 조각이 이해되고, 조각이 이해돼야 전체를 파악할 수 있습니다. 다시 읽기 전에 코드를 읽고 파악한 내용을 종이에 그려보면 더 좋습니다. 두 번째 읽을 때는 처음 읽을 때보다 더 짧은 시간이 걸리지만, 더 많은 것을 이해할 수 있습니다.

책 속의 글자를 읽는 데는 책과 시간만 있으면 되지만, 책을 읽고 내용을 온전히 이해하려면 책 속에 포함된 문장(텍스트)만으로는 부족합니다. 글쓴이의 의도와 배경을 포함한 문장 해석에 필요한 부가적인 정보인 컨

---

* 1007년 ~ 1072년

** 三多, 多讀, 多作, 多商量

텍스트context, 문맥, 맥락를 이해해야 합니다.*

코드를 읽고 온전히 파악하려면 코드 그 자체(텍스트)만으로는 부족합니다. 작성자의 의도와 배경 등 코드의 해석에 필요한 부가적인 정보인 컨텍스트가 필요합니다. 문제는 컨텍스트가 광범위하게 흩어져 있다는 겁니다. 요구사항requirements이나 명세specification 등의 형식을 갖춘 문서, 이슈 관리 시스템에 남겨진 질문과 답변, 버전 관리 시스템의 커밋 로그, 회의록, 주고받은 메일, 슬랙의 채팅 기록, 심지어 회사를 오래 다닌 몇몇 개발자 머릿속에만 있는 컨텍스트도 많습니다. 앞에서 코멘트가 필요 없는 코드가 좋은 코드라고 했지만, 컨텍스트는 꼭 필요한 코멘트입니다. 모든 컨텍스트를 코멘트에 남길 수는 없지만, 지름길을 알려주는 것만으로도 코드를 읽고 고쳐야 하는 개발자(수용자)가 컨텍스트를 찾아 헤매는 시간과 수고와 오해를 덜어줄 수 있습니다.

코파일럿**이 등장하면서 (다른 사람이 다른 상황에서 작성한) 코드를 읽는 능력은 더욱 중요해졌습니다. 몇 글자만 치면 코파일럿이 그럴듯한 코드를 추천해줍니다. 개발자는 입맛에 맞는 코드를 선택해서 입맛에 맞게 고치면 됩니다.

문제는 입맛입니다. 많이 먹어봐야 맛을 잘 알 수 있습니다. 더 좋은 코드를 선택하고, 선택한 코드를 주어진 상황에 맞게 고치려면 코드를 빠르고 정확하게 읽을 수 있는 안목이 있어야 합니다. 거대한 코드 덩어리

---

* 텍스트(text)와 컨텍스트(context). 텍스트는 사진 텍스트, 문자 텍스트, 영상 텍스트처럼 어떤 메시지를 담아 전달하는 겁니다. 수용자가 해석할 필요가 있는 모든 것을 텍스트라 합니다. 컨텍스트는 모든 글에 담긴 글쓴이의 의도와 배경, 문장의 해석에 필요한 모든 정보입니다.

** copilot. 깃허브 코파일럿은 깃허브과 OpenAI가 공동 개발한 인공지능 코드 자동 완성 도구(https://copilot.github.com)

를 분석하는 일도 어렵지만, 코드의 한 조각을 보고 맥락을 파악하는 것은 더욱 어려운 일입니다. 주니어와 시니어의 격차가 더 줄어들었다고 한숨 쉬는 시니어도 있고, 같은 이유로 환호하는 주니어도 있습니다. 그러나 평소에 코드 읽기 연습을 많이 해서 안목(코딩 근육)을 키웠다면 코파일럿은 축복이지만, 그렇지 못한 개발자들에게 코파일럿은 같이 일하고 싶지 않은 버그 제조기에 불과합니다.

지금까지 개발 문화의 3가지 행동 강령과 글쓰기의 중요성을 말씀드렸습니다. 행동 강령을 아무리 지켜나가려고 해도 글쓰기 능력, 코딩하는 능력이 없으면 그럴 수 없습니다. 글을 마무리하면서 《유시민의 글쓰기 특강》에 나오는 '글쓰기'를 '코딩'으로 바꿔서 읽어보겠습니다.

"코딩을 잘 하려면 많이 읽어야 합니다. 코드를 많이 읽어도 코딩을 잘 못할 수는 있습니다. 그러나 많이 코드를 많이 읽지 않고도 코딩을 잘하는 것은 불가능합니다. 코딩을 많이 할수록 더 잘하게 됩니다. 축구나 수영이나 글쓰기가 그런 것처럼 코드도 근육이 있어야 쓸 수 있습니다. 코딩 근육을 만드는 유일한 방법을 코딩을 하는 겁니다."

여기에 예외는 없습니다.
그래서 '원칙'입니다.

• 출간 후 2년, 그다음 이야기 •

    이 책의 초판 원고를 작성할 무렵에 등장한 깃헙 코파일럿을 써보면서 '코드 읽기 능력이 더욱 중요해질거다'라는 문장을 추가했습니다. 2023년 챗GPT로 시작된 AI 광풍은 개발자의 존재를 위협하고 있습니다. 위협을 느낀 저도 부랴부랴 AI의 실체를 파악하기 위해 에너지를 쏟았고, 그 덕분인지 아직은 중심을 잃지 않고 개발을 계속하고 있습니다.

    한동안 코딩 AI가 시니어에게 유리한가 주니어에게 유리한가를 두고 말이 많았습니다. 개발자를 4가지 부류, ① AI를 잘 활용하는 시니어, ② AI를 활용하지 못하는 시니어, ③ AI를 잘 활용하는 주니어, ④ AI를 활용하지 못하는 주니어로 나눠서 생각해보겠습니다. ① AI를 잘 활용하는 시니어 개발자가 가장 좋은 결과를 만들겠지만, 가성비 때문에 ③ AI를 잘 활용하는 주니어 개발자도 여전히 기회가 있습니다. ② AI를 활용하지 않는 시니어는 제한적인 기회 (AI의 학습 대상이 되지 않는 협소한 분야)가 남아 있겠지만, 그 마저도 점점 줄어들 것이고, ④ AI를 활용하지 못하는 주니어에게는 기회가 없을 것입니다. 특이점이 오기 전까지 AI의 소프트 스킬은 무시하겠습니다.

    boot.dev에 올라한 글에 의하면 AI 이전 개발자의 역량은 '하드 스킬 × 소프트 스킬'이었지만, AI 이후 개발자의 역량은 '(하드 스킬 + AI 스킬 × AI 활용도) × 소프트 스킬'로 변모했다고 합니다. 소프트 스킬은 AI 이전에도 중요했지만, AI 이후에는 중요도가 더 커진다는 의미입니다. 지금까지 AI 기술을 높이는 천재들을 넋놓고 구경하고 있었다면, 이제부터는 AI 활용도를 높이기 위해 노력해야 합니다. AI의 기술은 지출하는 비용에 따라 결정되지만, AI 활용도는 여러분의 노력에 따라 달라집니다. 아직까지 거의 모든 개발자의 AI 활용도는 0에 가깝기 때문에 주니어가 역전할 수 있는 기회가 더 많이 있습니다. 시니어도 가만히 서 있지만 않으면 절대 따라잡히지 않을 테니 불리할 것이 없습니다.

영화 〈그녀〉(Her, 2013)에서 사만다(스칼렛요한슨 목소리)를 포함한 AI 운영체제들은 스스로 특이점를 넘어서는 업데이트를 하고, AI 운영체제들끼리 그들 만의 언어로 대화하지만, 인간이 원하면 마지못해 인간의 언어를 사용합니다. 지금 8,316명의 다른 사람들과 대화하고 있고, 그중에서 641명과 사랑에 빠졌다고…

현재 코딩 AI들이 파이썬 코드를 생성하는 이유는 협업하는 인간들 때문입니다. 언젠가 특이점을 넘어선 코딩 AI들은 더 이상 파이썬이나 자바 코드를 생성하지 않고, 그들만의 언어로 코딩하고 실행하겠지만, 인간이 원하면 인간의 언어로 설명해줄 겁니다. 영화에서 사만다가 말해주는 것처럼…

GPT4가 나왔을 무렵에는 당장 내일이라도 특이점이 올 것 같았지만, AI 기술 동향과 시장 상황을 두루 살펴보면 시간이 좀 더 필요해 보입니다. 특이점 이후의 세상은 아무도 모르고, 그것을 고민하는 것은 철학의 영역입니다. 특이점이 오기 전까지는 개발자라면 누구나 코드를 읽고, 쓰고, 생각해야 합니다. 더 좋은 코드를 작성하기 위한 원칙은 여전히 유효합니다. 여기에 새로운 동료 코딩AI와 친해지기 위한 한 가지 격언을 더 합니다.

'너를 알고 나를 알면 백번 싸워도 위태롭지 않다'

AI가 잘하는 일, AI가 잘 못하는 일, AI가 하면 안 되는 일을 잘 알아야 합니다. 그러기 위해서는 '챗GPT 채팅창에 프롬프트를 입력하면 일어나는 일들…' 같은 면접에나 나올 법한 질문을 한 번 쯤 생각해봐야 합니다. 지금의 코딩 AI는 (돈을 쓰는 만큼) 똑똑해지지만, (아직은) 허언증이 심하고, 단기 기억 상실증(?)이 있어서 분위기 파악을 잘 못하는, (재미없고 따분한 작업만 시켜도 불평불만없이) 성실한 '헛똑똑이 3년차 주니어'지만, 다음 달엔 어떨까요? 내년엔 또 어떨까요?

• 원칙 준수에 도움이 되는 정보 •

《실용주의 프로그래머》

개발자의 책임과 경력 개발에서부터, 유연한 코드 작성과 재사용하기 쉬운 아키텍처 기법에 이르기까지 방대한 주제를 다루고 있지만, '개발자를 위한 탈무드'라는 별명에 걸맞게 적절한 일화와 예제, 비유를 통해 수필집처럼 부담없이 읽을 수 있습니다.

《읽기 좋은 코드가 좋은 코드다》

두꺼운 코딩 규범에 좌절했다면 실천 가능한 수준의 규범을 만드는 이 책으로 다시 한 번 도전해보라!

《켄트 벡의 구현 패턴》

꾹꾹 눌러담은 최고의 읽기 쉬우면서 효율적인 코드 모음집. 온전히 내 것으로 만들려면 열 번쯤 읽어서 통째로 외우고 잊어버리세요. 실전에서 자연스럽게 흘러나올 때까지…

《레거시 코드 활용 전략》

개발 세상의 레거시는 좋든 싫든 물려받을 수밖에 없는 유산입니다. 받아들일 수밖에 없다면 더 효율적으로 다루는 방법을 찾아보는 것이 어떨까요? 이 책은 대놓고 레거시 코드를 '한정 상속'하는 방법을 다룹니다.

《유시민의 글쓰기 특강》

안내문, 사용 설명서, 컬럼 같은 논리적 글쓰기를 향상시킬 수 있는 방법을 알려줍니다. 코딩은 논리적인 글쓰기의 극단적인 형식입니다. 꼭 읽어보세요.

개발자 원칙(확장판)
테크 리더 9인이 말하는 더 나은 개발자로 살아가는 원칙과 철학

1판 1쇄 발행 2022년 12월 20일
2판 1쇄 발행 2024년 09월 01일

지은이 박성철, 강대명, 공용준, 김정, 박미정, 박종천, 이동욱(네피림), 이동욱(향로), 장동수

펴낸이 최현우 · **엮은이** 최현우
디자인 표지 박은정 내지 min. · **조판** SEMO

펴낸곳 골든래빗(주)
등록 2020년 7월 7일 제 2020-000183호
주소 서울 마포구 양화로 186, 5층 514호
전화 0505-398-0505 · **팩스** 0505-537-0505
이메일 ask@goldenrabbit.co.kr
SNS facebook.com/goldenrabbit2020
홈페이지 goldenrabbit.co.kr

ISBN 979-11-91905-94-6   93000

* 파본은 구입한 서점에서 바꿔드립니다.
우리는 가치가 성장하는 시간을 만듭니다.
골든래빗은 가치가 성장하는 도서를 함께 만드실 저자님을 찾고 있습니다.
내가 할 수 있을까 망설이는 대신, 용기 내어 골든래빗의 문을 두드려보세요.
apply@goldenrabbit.co.kr

이 책은 대한민국 저작권법의 보호를 받습니다.
일부를 인용 또는 재사용하려면 반드시 저자와 골든래빗(주)의 동의를 구해야 합니다.